講義形式でわかりやすい

不動産ファンドの教科書

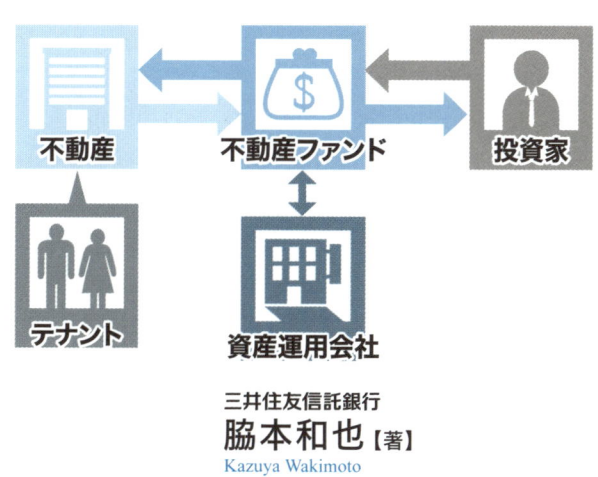

三井住友信託銀行
脇本和也【著】
Kazuya Wakimoto

秀和システム

はじめに

　2003年に初めて「不動産ファンド」に関わる業務に携わり、早いもので、既に11年が経ちました。この間、様々な立場で、不動産ファンドビジネスに関わり、自分なりに思うこのビジネスの要点は、以下の3点に集約されます。

> 1. 不動産に投資したいと思う人は世界中に存在する。
> 2. なぜなら、不動産は誰かに貸すことで収益が得られるから。
> 3. つまり、不動産を利用したいと思う誰かの存在が非常に重要である。

不動産に投資したいと思う人は、「投資家」です。
また、不動産を利用したいと思う誰かは、「テナント」です。
そして、テナントに貸している「不動産（収益物件）」を、
投資家と結びつけているツールが、「不動産ファンド」であり、
これを運営するのが、「資産運用会社（AM）」ということになります。

　この5つの関係を示したのが、本書の各講義の最初に登場する下記の図です。

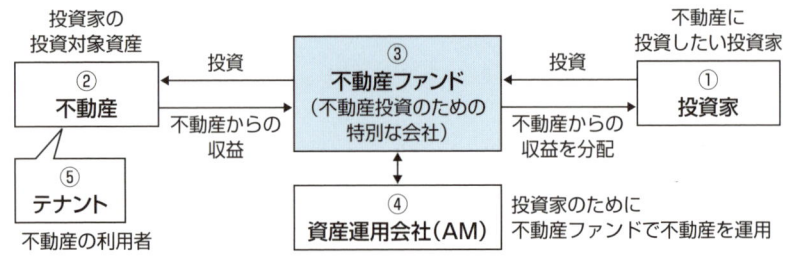

　本書では、上記の5つをキーワードに、一見難解に思える不動産ファンドの仕組みを出来るだけ、分かりやすく説明することに努めました。
　説明にあたっては、2011年から2年間、業務の傍ら実施した大学での「不動産投資特論」の授業、また、2010年から毎年続けている一般財団法人日本ビルヂング経営センター主催の「だれでもわかる不動産証券化セミナー」など、

主に学生の方や新入社員の方を対象にした講義で用いた多くの資料や図も参考にしています。

なお、分かりやすさを重視するために、本書においては、用語の定義が学術上や法律上のものとは違っていたり、仕組みの詳細まで説明できていない部分もあったりしますが、その点については何卒ご容赦いただければと思います。

不動産ファンドは、想像以上に、私たちの日常生活の中に組み込まれています。

何気なく預けている預金が、また、毎月積み立てている年金が、さらに、万一に備えて支払っている保険料が、不動産ファンドを通じて不動産に投資されています。

また、平日働いているオフィスビルが、毎日の生活拠点である賃貸マンションが、週末買い物に出かける商業施設が、不動産ファンドにより投資されていたりします。

さらに、不動産ファンドは、世界中の投資家と不動産を結びつけています。

あなたは知らない間に、NYの不動産オーナーとなっているかも知れません。

また、毎日何気なく眺めているビルは、欧州の資産家がオーナーかも知れません。

このように、不動産ファンドビジネスは、生活に密着したビジネスである一方で、ダイナミックなグローバルビジネスでもあります。

不動産ファンドを学ぶことは、今後社会に出る学生の方にとっても、新社会人の方にとっても、さらには、既に社会人となられている方にとっても、様々なビジネスを進めていく上で必ず役立つものと考えます。

この本が、そのような方の一助となれば幸いですし、一方で、不動産ファンドビジネスの発展に多少なりとも寄与できれば光栄です。

最後に、この場をお借りして、今回の執筆でも、いつもどおり献身的にサポートしてくれた妻に、また、本書執筆・出版の機会を与えていただいた秀和システムの方々に、お礼の言葉を述べさせていただきます。

2014年8月

脇本 和也

講義形式でわかりやすい 不動産ファンドの教科書

Contents

はじめに 2

講義の概要
- **本講義の目的**：不動産ファンドを学ぶ理由 12
- **本講義の構成**：全13回 14

第1講 誰が不動産に投資しているのか？
— 投資家① —

ポイント
株式や債券に投資している投資家の多くは不動産の投資家でもある

1-1	投資対象としての「不動産」	18
1-2	政府系ファンド 　—不動産に投資している世界の投資家①	20
1-3	年金基金—不動産に投資している世界の投資家②	22
1-4	保険会社—不動産に投資している世界の投資家③	24
1-5	資産運用会社（AM） 　—不動産に投資している世界の投資家④	26
1-6	REIT—不動産に投資している世界の投資家⑤	28
1-7	主要な不動産投資家と不動産に向かう投資資金の流れ	30
コラム1	「ファンド」って何？	32
コラム2	「AM（エー・エム）」って何？	34

第2講 なぜ、不動産に投資するのか？
―投資家②―

ポイント
不動産には、預金、債券、株式とは異なる魅力がある

- 2-1 預金―他の代表的な投資対象①.................................36
- 2-2 債券（国債）―他の代表的な投資対象②.....................38
- 2-3 債券（社債）―他の代表的な投資対象②.....................40
- 2-4 株式―他の代表的な投資対象③.................................42
- 2-5 不動産―投資の対象となる不動産とは？.....................44
- 2-6 不動産に投資する主な3つの理由...............................46
- コラム3 「リスク」と「リターン」って何？.....................48

第3講 不動産投資におけるインカムゲインとは？
―不動産①―

ポイント
不動産投資ではインカムゲイン「純収益」の把握がまず重要

- 3-1 不動産のインカムゲイン：純収益...............................50
- 3-2 不動産の純収益①：NOI..52
- 3-3 不動産の総収入内訳...54
- 3-4 不動産の総支出内訳...56
- 3-5 不動産の純収益②：NCF..58
- 3-6 キャッシュフロープロジェクション①：
  インカムゲインの想定...60
- コラム4 「グロス」と「ネット」って何？.........................62

第4講 不動産投資におけるキャピタルゲインとは？
―不動産②―

ポイント
不動産のキャピタルゲイン「売買差益」は純収益と利回りで決まる

- 4-1 不動産のキャピタルゲイン／ロス① 64
- 4-2 不動産のキャピタルゲイン／ロス② 66
- 4-3 不動産の価格が決まるプロセス 68
- 4-4 投資家が価格を決める基本式（収益還元法：直接還元法）...... 70
- 4-5 投資家が価格を決める基本式（収益還元法：DCF法）...... 72
- 4-6 キャッシュフロープロジェクション②：
  投資額及び売却額の想定 74
- **コラム5** 不動産の「簿価」と「時価」って何？ 76

第5講 不動産投資におけるレバレッジとは？
―不動産③―

ポイント
不動産投資の利回りはレバレッジ「借入」の活用で大きく変わる

- 5-1 不動産投資における借入（レバレッジ）の活用 78
- 5-2 借入の効果（正のレバレッジ効果）...... 80
- 5-3 借入の効果（負のレバレッジ効果）...... 82
- 5-4 借入比率（LTV）とレバレッジ効果 84
- 5-5 イールドギャップとレバレッジ効果 86
- 5-6 キャッシュフロープロジェクション③：
  借入（レバレッジ）の想定 88

| コラム6 | 「ノンリコースローン」って何？ | 90 |
| コラム7 | 「メザニン」って何？ | 91 |

第6講 不動産ファンドを通じて不動産に投資する理由
—不動産ファンド①—

ポイント
不動産ファンドは誰もが気軽に不動産に投資するためのツール

6-1	直接不動産投資のイメージとその問題点	94
6-2	不動産会社への投資は？	96
6-3	不動産ファンドを通じた間接不動産投資とは？	98
6-4	不動産の証券化・金融化とは？① ：不動産ファンドの出資持分	100
6-5	不動産の証券化・金融化とは？②：不動産信託受益権	102
6-6	信託の仕組みと不動産信託受益権の概要	104
コラム8	「二重課税の回避」って何？	106

第7講 不動産ファンドの基本的な4つの仕組み
—不動産ファンド②—

ポイント
不動産ファンドが機能するには4つの仕組みが必須である

7-1	少額の資金で投資が可能な（小口化の）仕組み —仕組み（1）	108
7-2	TK-GKスキーム—小口化①	110
7-3	TMKスキーム—小口化②	112

7-4	REITスキーム―小口化③	114
7-5	不動産投資・運用ノウハウ不要の仕組み―仕組み(2)	116
7-6	法人税・内部留保をほぼゼロにできる仕組み―仕組み(3)	118
7-7	収益物件の保有に特化できる仕組み―仕組み(4)	120
コラム9	「不特法」って何？	122

第8講 日本の代表的な3つの不動産ファンドの概要
―不動産ファンド③―

ポイント
「私募ファンド」「J-REIT」「私募REIT」が代表的な不動産ファンド

8-1	私募ファンド①（TK-GKスキーム）―期間限定の不動産ファンド	124
8-2	私募ファンド②（TMKスキーム）―期間限定の不動産ファンド	126
8-3	J-REIT（REITスキーム）―上場している不動産ファンド	128
8-4	私募REIT（REITスキーム）―非上場の不動産ファンド	130
8-5	3つの不動産ファンドの特徴（まとめ）	132
コラム10	「REIT投信」って何？	134

第9講 不動産ファンドビジネスの概要
―資産運用会社（AM）①―

ポイント
不動産ファンドビジネスの主役は資産運用会社（AM）

| 9-1 | 不動産ファンドビジネスとは？ | 136 |

9-2	不動産ファンドビジネスの流れとカタカナ用語	138
9-3	不動産ファンドビジネスに関わる主なプレイヤー	140
9-4	資産運用会社（AM）の概要とビジネスモデル―主なプレイヤー①	142
9-5	デベロッパーの概要とビジネスモデル―主なプレイヤー②	144
9-6	不動産仲介会社の概要とビジネスモデル―主なプレイヤー③	146
9-7	PM会社の概要とビジネスモデル―主なプレイヤー④	148
9-8	レンダーの概要とビジネスモデル―主なプレイヤー⑤	150
コラム11	不動産ファンドに関わる様々な専門家	152

第10講 私募ファンドのビジネスモデル
― 資産運用会社（AM）② ―

ポイント
私募ファンドの運用は期間限定の不動産投資プロジェクト

10-1	マーケティング―アクイジションプロセス①	154
10-2	ソーシング―アクイジションプロセス②	156
10-3	デューデリジェンス―アクイジションプロセス③	158
10-4	デットファイナンス―アクイジションプロセス④	160
10-5	ドキュメンテーション―アクイジションプロセス⑤	162
10-6	クロージング―アクイジションプロセス⑥	164
10-7	アセットマネジメントプロセス	166
10-8	ディスポジションプロセス	168
コラム12	不動産ファンドに関わる様々な専門用語	170

第11講 J-REITのビジネスモデル
―資産運用会社（AM）③―

ポイント
J-REITの運用は上場不動産賃貸会社の運営のようなもの

- 11-1 「私募ファンド」と「J-REIT」のビジネスモデルの違い 174
- 11-2 資産運用会社の設立と商品検討―ビジネスの流れ① 176
- 11-3 投資法人の設立と商品組成―ビジネスの流れ② 178
- 11-4 投資法人の上場と商品販売―ビジネスの流れ③ 180
- 11-5 商品販売後の追加物件取得①―ビジネスの流れ④ 182
- 11-6 商品販売後の追加物件取得②―ビジネスの流れ⑤ 184
- 11-7 J-REITの分配金の仕組み 186
- 11-8 J-REIT保有不動産の3つの価値 188
- コラム13 「J-REIT」と「私募REIT」のビジネスモデルの違い 190

第12講 投資の対象となる不動産のタイプ
―テナント①―

ポイント
誰か（テナント）に利用してもらえる不動産が投資の対象となる

- 12-1 代表的な投資対象不動産のタイプ 192
- 12-2 オフィスビルの概要 194
- 12-3 住宅（賃貸マンション）の概要 196
- 12-4 商業施設の概要 198
- 12-5 その他の投資対象不動産 200
- コラム14 様々な会社のビジネスと密接に関連している不動産 202

第13講 投資対象不動産における主な留意事項
―テナント②―

ポイント
テナントに不動産を利用してもらうには様々な留意点がある

- **13-1** テナントに利用してもらうために必要な不動産の権利........204
- **13-2** 土地―テナントに利用してもらうための留意点①........206
- **13-3** 建物―テナントに利用してもらうための留意点②........208
- **13-4** 賃貸借契約―テナントに利用してもらうための留意点③........210
- **13-5** レントロールと坪単価の概要........212
- **コラム15** 世界中のテナントに利用されている不動産........214

索引........215
おわりに........221

講義の概要
本講義の目的：
「不動産ファンド」を学ぶ理由

　『不動産ファンド』とは、投資家が不動産投資のために使う特別な会社のことで、簡単に言うと、投資家のために不動産を保有してくれる大家のようなものです。

　実は、**不動産投資信託**として知られている**REIT（リート）**も、不動産ファンドの一種です。REITも含めた不動産ファンドは、世界中で普及し、日本においても既に約27兆円という膨大な不動産を保有する日本最大の大家集団と言える存在となっています。それゆえ、様々なビジネスにおいても無縁ではいられない存在です。

　例えば、図のように、金融ビジネスにおいては、「証券会社」「銀行」「保険会社」「**資産運用会社（AM）**」にとって、不動産ファンドは重要な顧客であるとともに、投資対象商品の一つともなっています。

　また、不動産ビジネスにおいては、不動産ファンドが、「不動産会社」の伝統的なビジネスにおいて重要な顧客（開発事業における買主、管理事業における不動産オーナー、仲介事業における不動産の買主・売主・貸主）となっています。このような不動産ビジネスは、不動産会社だけでなく、「商社」や「電鉄会社」など多くの会社も手掛けています。

　さらに、「どのような会社」のビジネスにおいても、本社や支社のためのオフィス、社員が住むための賃貸マンション、様々な商品を売るための商業施設、店舗やネットで売る商品を保管するための物流施設、お客さんに泊まってもらうための宿泊施設など様々なタイプの不動産が必要です。最近では、『不動産ファンド』という大家が、それらの不動産の貸主や売主となっていることも珍しくありません。

　このように、様々なビジネスを行う上で不動産ファンドの概要を知っておくことが重要になっています。それこそが、不動産ファンドを学ぶ意義と言えるでしょう。

不動産ファンドとは？

　不動産ファンドとは投資家のために不動産を保有してくれる大家のようなもの。不動産に投資するためのツール、不動産投資のための特別な会社とも言える。

講義の概要　本講義の目的：「不動産ファンド」を学ぶ理由

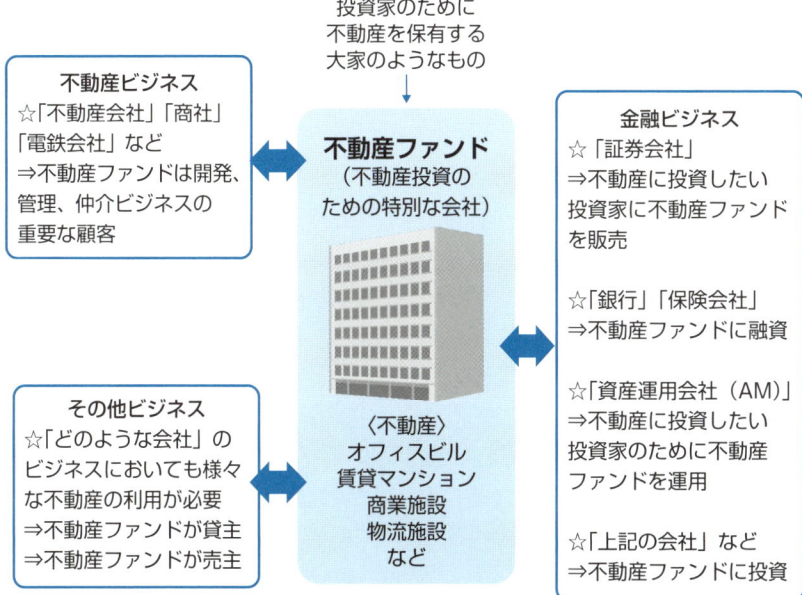

日本における保有資産総額（2013年12月時点）：約27.3兆円
（(株)三井住友トラスト基礎研究所調査に基づく）

 **重要な専門用語**

不動産ファンド
　➡投資家が不動産投資のために使う特別な会社。
ファンド（Fund）
　➡投資家が様々な投資対象資産への投資のために使う特別な会社。
投資信託
　➡様々な株や債券等をパッケージにした金融商品。
不動産投資信託
　➡様々な不動産をパッケージにした金融商品。REITのこと。
REIT（Real Estate Investment Trust／不動産投資信託）
　➡不動産ファンドの一種でリートと呼ぶ。
資産運用会社（AM：Asset Manager）
　➡投資家のために様々な資産を運用することを本業とする会社。

講義の概要 本講義の構成：全13回

　不動産ファンドには、図1のとおり、①投資家、②不動産、③不動産ファンド、④資産運用会社（AM）、⑤**テナント**という5つの構成要素があります。

　本講義は、この5つの要素を中心に、図2のとおり、全13回で構成しています。
　以下は、各要素ごとの各講義の概要です。

①投資家
　不動産ファンドとは、投資家が不動産投資をするためのツールにすぎません。
　そこで、まずは、どのような投資家が不動産に投資しているのか（第1講）、なぜ、不動産に投資するのか（第2講）を見ていきます。

②不動産
　次に、不動産から、どのように収益を上げることができるのか（第3講）（第4講）、借入によりどのように収益を高めることができるのか（第5講）を説明します。

③不動産ファンド
　第6講から第8講では、まず、なぜ、不動産投資を行う際に不動産ファンドが用いられるのか（第6講）を解説します。そのあと、不動産ファンドの基本的な仕組み（第7講）と、日本の代表的な3つの不動産ファンド「**私募ファンド**」「**J-REIT**」「**私募REIT**」の概要を解説します（第8講）。

④資産運用会社（AM）
　第9講から第11講では、**資産運用会社（AM）**により実施される不動産ファンドビジネスの概要（第9講）を説明したあと、具体的な「私募ファンドとJ-REITのビジネスモデル」（第10講）（第11講）の2つを解説していきます。

⑤テナント
　不動産はテナントという利用者があって初めて収益を上げることができます。
　そこで最後に、このテナントによって利用される、すなわち投資対象となる不動産のタイプ（第12講）とそれら不動産の主な留意点（第13講）を取り上げます。

不動産ファンドの構成要素

　不動産ファンドには5つの構成要素がある。①投資家、②不動産、③不動産ファンド、④資産運用会社（AM）、⑤テナント

講義の概要　本講義の構成：全13回

「不動産ファンド」の5つの構成要素を中心に解説

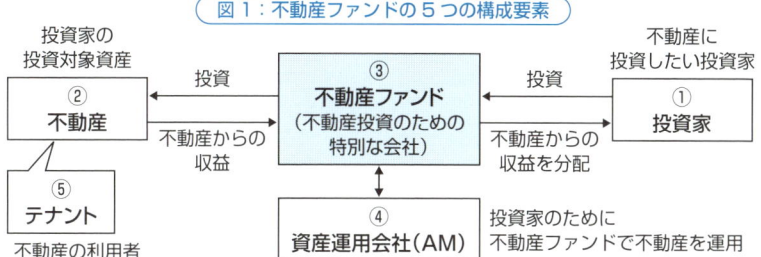

図1：不動産ファンドの5つの構成要素

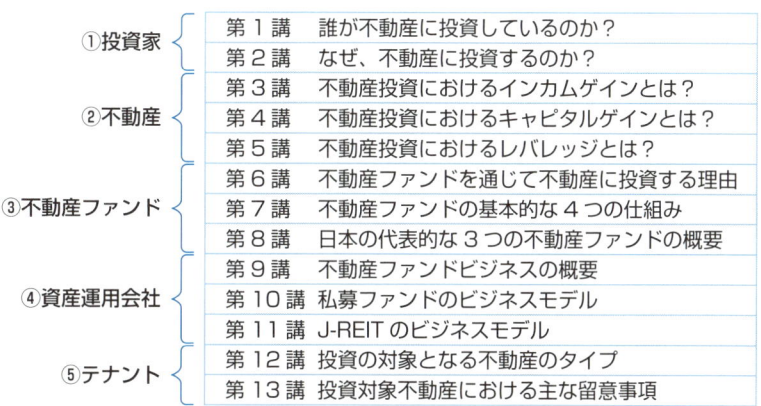

図2：本講義の構成と5つの構成要素の関係

①投資家	第1講	誰が不動産に投資しているのか？
	第2講	なぜ、不動産に投資するのか？
②不動産	第3講	不動産投資におけるインカムゲインとは？
	第4講	不動産投資におけるキャピタルゲインとは？
	第5講	不動産投資におけるレバレッジとは？
③不動産ファンド	第6講	不動産ファンドを通じて不動産に投資する理由
	第7講	不動産ファンドの基本的な4つの仕組み
	第8講	日本の代表的な3つの不動産ファンドの概要
④資産運用会社	第9講	不動産ファンドビジネスの概要
	第10講	私募ファンドのビジネスモデル
	第11講	J-REITのビジネスモデル
⑤テナント	第12講	投資の対象となる不動産のタイプ
	第13講	投資対象不動産における主な留意事項

重要な専門用語

不動産ファンド
➡投資家が不動産投資のために使う特別な会社。

テナント（Tenant）
➡不動産（建物）の賃借人のこと。

私募ファンド（私募不動産ファンド）
➡プロ投資家のための期間限定の不動産ファンド。

J-REIT（ジェイ・リート）
➡誰でも投資が可能な上場している不動産ファンド。

私募REIT
➡プロ投資家のための無期限の不動産ファンド。

資産運用会社（AM：Asset Manager）
➡投資家のために様々な資産を運用することを本業とする会社。

誰が不動産に投資しているのか？
―投資家①―

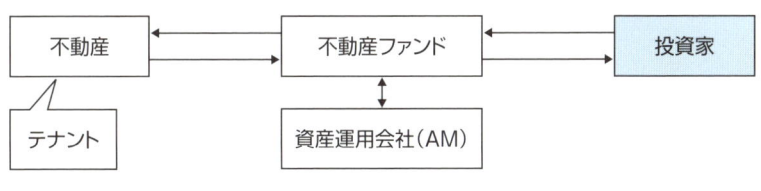

<本講のポイント>
株式や債券に投資している投資家の多くは不動産の投資家でもある

図：不動産ファンドの5つの構成要素と本講の対象「投資家」

<講義の内容>

1-1 投資対象としての「不動産」
1-2 政府系ファンド―不動産に投資している世界の投資家①
1-3 年金基金―不動産に投資している世界の投資家②
1-4 保険会社―不動産に投資している世界の投資家③
1-5 資産運用会社（AM）―不動産に投資している世界の投資家④
1-6 REIT―不動産に投資している世界の投資家⑤
1-7 主要な不動産投資家と不動産に向かう投資資金の流れ
コラム1 「ファンド」って何？
コラム2 「AM（エー・エム）」って何？

1-1 投資対象としての「不動産」

　まず、不動産は、世界中の投資家が投資している代表的な投資対象資産の一つであるということをお話したいと思います。

　投資対象資産とは、保有により収益が得られたり、購入後の価値上昇で売却益が得られたりするような資産で、以下の3つが代表的な資産として挙げられます。
　一つ目は、「預金」（一般的に現金と預金を表す「現預金」として示される）
　二つ目は、「債券」
　三つ目は、「株式」（一般的には上場している会社の株式）です。
　これらは、昔から誰もが投資対象として認識し、**伝統的資産**と呼ばれています。

　これら以外の投資対象は、非伝統的資産や**代替資産**などと呼ばれ、それらへの投資を**代替投資**と呼んでいます。
　代替投資の例としては、「**不動産**」、「**プライベートエクイティ**」、「**ヘッジファンド**」、「**インフラ資産**」、「商品（金や農産物など）」などへの投資が挙げられます。
　なかでも、不動産は、世界中の多くの投資家が投資していて、代替投資の代表格と言え、不動産を伝統的資産の一つとして認識している投資家もいるくらいです。
　なお、実際の不動産への投資は、その大半が本講義で学ぶ**不動産ファンド**を通じての投資となっています。その中には、不動産ファンドの一種である**REIT**を通じた不動産投資も含まれます。つまり、不動産投資ビジネスを理解するには、不動産ファンドに対する理解も必須であるということになります。

　本講では、まず、不動産が代表的な投資対象となっていることを確かめるために、実際に、世界中のどのような投資家が、どのような資金を、どのような理由で、どれくらい不動産に投資しているのかを見ていきたいと思います。

投資の世界での不動産の位置づけは？

　投資家にとっては「預金」「債券」「株式」と並ぶ代表的な投資対象資産の一つ。実際の不動産への投資の多くで、不動産ファンドの仕組みが用いられる。

1-1 投資対象としての「不動産」

「不動産」は、代替投資（Alternative Investment）の代表的資産

図：主な投資対象資産（英語での表現）

- ★預金（Cash, Liquidity）
- ★債券（Bond, Fixed Income）
- ★株式（Stock, Equity）

→ 伝統的資産（Traditional Assets）

- ★不動産※（Real Estate）
- ★プライベートエクイティ（Private Equity）
- ★ヘッジファンド（Hedge Fund）
- ★インフラ資産（Infrastructure）
- ★商品（Commodity）

→ 非伝統的資産（Non-Traditional Assets）
代替資産（Alternative Assets）

※不動産投資の大半は、不動産ファンド（REITを含む）を通じた投資

重要な専門用語

伝統的資産 Traditional Assets
→一般的な投資対象資産。預金、債券、株式（上場株式）。

代替資産（オルタナティブアセット／Alternative Asset）
→伝統的資産以外の投資対象資産。

代替投資（オルタナティブ投資／オルタナティブインベストメント／Alternative Investment）
→代替資産への投資。

ヘッジファンド（Hedge Fund）
→投資対象と関係なく金融手法を駆使して収益確保を目指すファンドの総称。

プライベートエクイティ（PE：Private Equity）
→上場していない会社の株式。配当や売却により収入を得る。

インフラ資産
→有料道路や空港等の公共施設。通行料や着陸料・商業施設売上等が収入。

不動産ファンド
→投資家が不動産投資のために使う特別な会社。

REIT（Real Estate Investment Trust／不動産投資信託）
→不動産ファンドの一種でリートと呼ぶ。

1-2 政府系ファンド —不動産に投資している世界の投資家①

不動産に投資している代表的な投資家として、一つ目に取り上げるのは、政府系ファンドです。

政府系ファンドとは、**SWF**(<u>S</u>overeign <u>W</u>ealth <u>F</u>undの略でエス・ダブリュー・エフ)とか、**ソブリン・ウェルス・ファンド**と呼ばれている各国政府が運用している**ファンド**のことです。

政府系ファンドは、石油や天然ガスなどの資源が産出されている国で主に設立され、その輸出で得られた収入を様々な資産に投資しているものです(図1)。それらの資源が枯渇したときや、それらの価格が下落したときなどに備えて、国の資金を増やしておこうとしているのです。

このほか、国が保有している外国のお金(外貨)を運用する目的で政府系ファンドを設立している国もあります。

ここでは、具体的な例として、世界最大の政府系ファンドとして知られているアブダビ投資庁を取り上げたいと思います(図2)。

アブダビ投資庁は、アラブ首長国連邦の一つの首長国であるアブダビ政府の石油輸出による収入を運用しているファンドで、その英語名(<u>A</u>bu <u>D</u>habi <u>I</u>nvestment <u>A</u>uthority)を略してADIA(アディア)と呼ばれています。

ADIAは、膨大な運用資産を持っており、図2のとおり、約77.3兆円の総資産を保有しています。伝統的資産としては、「預金(Cash)」、「債券(Governemnt Bonds)」、「株式(Equities)」に投資しています。

また、代替資産の「不動産(Real Estate)」に関しては、総資産のうち5%から10%を振り向けることになっており、約3.9兆円から約7.7兆円が不動産投資に振り向けられている計算になります。ちなみに、このような各資産への振り分けを**アセットアロケーション**と呼んでいます。

Point 政府系ファンドが不動産に投資する理由は？

国の収入や余剰資金を国の将来のために不動産に投資している。

1-2 政府系ファンド―不動産に投資している世界の投資家①

政府系ファンド：国の収入や余剰資金を様々な資産で運用

図1：政府系ファンドの資金の流れ（イメージ）

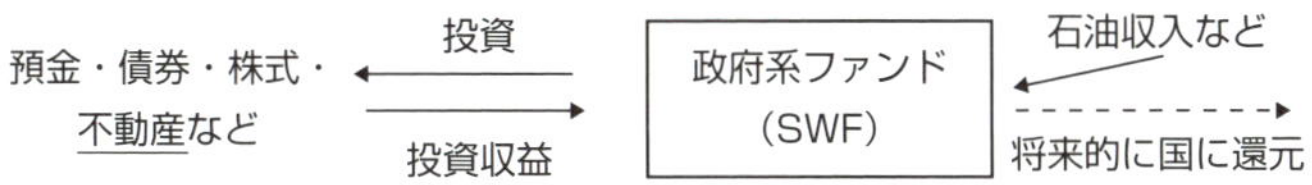

預金・債券・株式・不動産など ←投資／投資収益→ 政府系ファンド（SWF） ←石油収入など／将来的に国に還元→

図2：政府系ファンドの例 ➡ アブダビ投資庁

・資産総額：US$773Billion※（約77.3兆円 US$1＝JPY100）
（※参照：SWF Institute ウェブサイト。2014/7月時点。）
・ADIAの投資ポートフォリオ※（※資料：アブダビ投資庁ウェブサイト参照）

Asset Class	最小投資割合	最大投資割合	
Developed Equities	32.00%	42.00%	→ 株式
Emerging Market Equities	10.00%	20.00%	
Small Cap Equities	1.00%	5.00%	
Government Bonds	10.00%	20.00%	→ 債券
Credit	5.00%	10.00%	
Alternative	5.00%	10.00%	
Real Estate	5.00%	10.00%	→ 不動産
Private equity	2.00%	8.00%	
Infrastructure	1.00%	5.00%	
Cash	0.00%	10.00%	→ 預金

重要な専門用語

政府系ファンド（SWF：Sovereign Wealth Fund／ソブリン・ウェルス・ファンド）
➡国の収入や余剰資金を集めたファンド。当該国の政府機関が運営。

ファンド（Fund）
➡投資家が様々な投資対象資産への投資のために使う特別な会社※。

アセットアロケーション（Asset Allocation）
➡各投資対象資産にどのような割合で投資するかという配分のこと。

※ファンドになり得るのは、「投資家からのお金を受け入れることができる器」であること、「そのお金を使って資産を保有できる器」であることです。

このような器の代表格として、様々な「会社（法人）」が挙げられます。会社は、投資家に会社自身に出資してもらったり、投資家と「組合」契約を結んでその契約に基づきお金を預かったりして、投資家のお金を受け入れ、そのお金で自ら様々な資産を保有することができます。

また、「信託」もファンドに用いられることがあります。信託業務ができる信託銀行などは、プロジェクトごとに、投資家の資金を受け入れて、その資金を使って様々な資産を保有することができます。つまり、顔を使い分けて、様々なファンドの器となることができるのです。

ファンドとして、会社（法人）、組合、信託などと説明されることがありますが、上記のように結果として用いられる器はほぼ会社形態ですので、本講義では「会社」と総称することにします（コラム1も参照）。

1-3 年金基金
―不動産に投資している世界の投資家②

二つ目として取り上げる投資家は、年金基金です。

年金とは、老後や退職後などに毎年一定額のお金を支給してもらえる仕組みのことです。そのために、国民や会社員は収入や給料などから定期的に積立を行っています（その積み立てた資金から、将来、お金が支給されるのです）。

この資金が積み立てられている特別な会社などを**年金基金**（**年金ファンド**）と呼び、年金支払いのために様々な資産に投資がなされています（図1）。

このような年金の仕組みは、世界中の多くの国や会社で用いられています。

国や地方公共団体により運営されているのが**公的年金**で、企業により運営されているのが**企業年金**です。例えば、**GPIF**として知られている日本の年金積立金管理運用独立行政法人は、国民年金や厚生年金を運用し、日本最大というのみならず、世界最大の公的年金として知られています。

ここで取り上げるのは、不動産投資を行っている公的年金の代表格として知られているカルパースです（図2）。カルパースとは、米国カリフォルニア州職員退職年金基金の英語名California Public Employees' Retirement Systemを略した呼び名（CalPERS）で、その名のとおり、カリフォルニア州職員の退職後の年金を運用している年金基金です。

カルパースは、約29.05兆円の運用資産を持っており、伝統的資産としては、ADIAと同様、「預金（Liquidity）」、「債券（Income）」、「株式（Equity）」に投資しています。

代替資産の「不動産（Real Estate）」に関しては、総資産のうち8.5%程度を投資しており、約2.46兆円の資金が不動産投資に振り向けられています。

カルパースは、先進的な投資手法で知られており、その投資手法は、世界中の投資家から参考とされています。

Point 年金基金が不動産に投資する理由は？

国民や会社員の積立金を将来の年金支給のため不動産に投資している。

1-3 年金基金—不動産に投資している世界の投資家②

年金基金：個人からの積立金を様々な資産で運用

図1：年金基金の資金の流れ（イメージ）

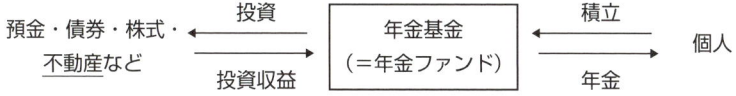

預金・債券・株式・不動産など ←投資／投資収益→ 年金基金（＝年金ファンド） ←積立／年金→ 個人

図2：年金基金の例 ➡ カルパース

- 資産総額：US$290.5Billion ※（約29.05兆円 US$1=JPY100）
   （※参照：カルパースウェブサイト。2014/4/30時点。）
- CalPERSの投資ポートフォリオ※（※カルパースウェブサイト参照）

（2014/4/30時点 単位：US$Billiom）

Asset Class	実際の投資額	実際の投資割合	
Public Equity	$156.4	53.8%	→ 株式
Private Equity	$31.0	10.7%	
Income	$45.7	15.7%	→ 債券
Liquidity	$12.4	4.3%	→ 預金
Real Estate	$24.6	8.5%	→ 不動産
Forestland / Infrastructure	$3.8	1.3%	
Inflation	$9.7	3.3%	
Absolute Return Strategy	$5.0	1.7%	
Multi Asset Class Strategy	$1.1	0.4%	
Total Fund	$290.5	100.00%	

重要な専門用語

年金
➡老後や退職後の生活資金として毎年一定額が支給される仕組み。

年金基金（年金ファンド／Pension Fund／ペンション・ファンド）
➡主に個人から年金用の積立資金が集められたファンド。

公的年金
➡国や地方公共団体が運営している年金の仕組み。

企業年金
➡企業が運営している年金の仕組み。

GPIF（Government Pension Investment Fundの略でジーピフ／ジーピーアイエフ）
➡年金積立金管理運用独立行政法人のこと。世界最大の公的年金。

1-4 保険会社
―不動産に投資している世界の投資家③

三つ目として取り上げる投資家は、保険会社です。

保険とは、誰かに何かが起こったときのために、皆で資金を少しずつ積み立てておいて、実際にその何かが起こったときには、その積み立てられた資金から、お金が必要となる人に必要なお金を支払うようにする仕組みのことです。

保険会社は、この保険の仕組みをビジネスとして行っている会社で、顧客から受け取った保険料を、誰かに何かが起こったときのために様々な資産に投資しています（図1）。受け入れる資金、投資している資産が膨大であることから、保険会社は、巨大な資金・資産を運用する代表的な投資家として知られています。

上記の、「誰かに何かが起こったとき」として代表的な例は、家族で主に収入を得ていた人が亡くなったときや、その人が病気になって家計の収入が途絶えたときなどです。このようなときのための保険が、**生命保険**で、生命保険を取り扱う保険会社が**生命保険会社**です。

一方、家が火事になったり、車で事故を起こしたりして、建替えのための資金や賠償のための資金が必要なときのための保険が、**損害保険**で、損害保険を取り扱う保険会社が**損害保険会社**です。

ここで取り上げるのは、欧州の大手保険会社であるアクサです（図2）。

同社は、約64.26兆円の資産を運用しており、ADIAやカルパースと同様に、伝統的資産としては、「預金（Cash）」、「債券（Gavies and related, Corporate Bonds）」、「株式（Listed equities）」に投資しています。

また、代替資産の「不動産（Real Estate）」にも、運用資産の約5%を投資しており、約3.2兆円が不動産に振り向けられている計算になります。

 保険会社が不動産に投資する理由は？

顧客からの保険料を、万一の場合の保険金支払いのため不動産に投資している。

1-4 保険会社―不動産に投資している世界の投資家③

保険会社：顧客からの保険料を様々な資産で運用

図1：保険会社の資金の流れ（イメージ）

図2：保険会社の例 ➡ アクサ

・投資資産総額：Euro 476 billion※（約64.26兆円 Euro1＝JPY135）
（※参照：アクサウェブサイト。2013上半期時点。）
・アクサの投資ポートフォリオ※（※参照：アクサウェブサイト）

（2013　上半期時点）

Asset Class	投資割合	
Govies and related	45%	債券
Corporate bonds	31%	
Other fixed income	7%	
Cash	5%	預金
Listed equities	4%	株式
Real Estate	5%	不動産
Alternative investments	3%	
Policy loans	1%	

重要な専門用語

保険
➡皆で資金を積み立て、何かが発生したときに備えておく仕組み。

保険会社
➡顧客から保険料を集めて、何かが発生した時に保険金を支払う会社。

生命保険
➡死亡したときや病気のときのために備えておくための保険。

損害保険
➡家の火事や車の事故のときのために備えておくための保険。

生命保険会社
➡生命保険を扱っている会社。顧客からの生命保険料を運用。

損害保険会社
➡損害保険を扱っている会社。顧客からの損害保険料を運用。

1-5 資産運用会社（AM）
― 不動産に投資している世界の投資家④

　四つ目として取り上げる投資家は、資産運用会社（AM）です。

　資産運用会社（**AM**）とは、投資家から資金を預かって様々な資産で運用することを本業とする会社です。
　より詳しく説明すると、「複数もしくは単独の投資家からの資金をファンドに集め、その資金を使ってファンドに様々な投資対象資産を投資（保有）させて、ファンドを運営（運用）し、ファンドで稼いだ最終的な投資収益を分配金という形で投資家に還元する」という一連の業務を行う会社のことです（図1）。

　この資産運用会社のイメージは、図2に示すとおりです。
　まず、資産運用会社（が運用するファンド）に資金を預ける投資家には、既に紹介した政府系ファンド、年金基金、保険会社に加え、銀行などの**機関投資家**のほか、個人などの**一般投資家**もいます。このうち、複数の投資家からの資金を集めたファンドを**コミングルファンド**、単独の投資家の資金によるもので当該投資家のニーズに合わせて投資するファンドを**セパレートアカウント**などと呼んでいます。
　一方、資産運用会社が（ファンドを通じて）投資している資産には、株式や債券などの伝統的資産のほか、プライベートエクイティ、インフラ資産、そして、不動産といった代替資産など、様々な資産があります。

　また、資産運用会社には、複数の投資対象資産を扱っている運用会社もあれば、個々の資産に特化した運用会社もあります。特に、不動産を専門にしている運用会社を**不動産運用会社**（**不動産ファンド運用会社**）と呼んでいます。
　不動産に投資している資産運用会社には、図2の例のように、不動産会社系の運用会社、保険会社や銀行などの金融機関グループに属している運用会社、そして、独立系の運用会社などがあります。

 **Point** 資産運用会社が不動産に投資する理由は？

　資産運用会社（AM）とは、投資家から資金を預かって様々な資産で運用することを本業とする会社で、投資対象資産の一つに不動産がある。

1-5 資産運用会社（AM）―不動産に投資している世界の投資家④

資産運用会社：投資家から預かった資金を様々な資産で運用

図1：資産運用会社の資金の流れ（イメージ）

図2：資産運用会社のイメージ

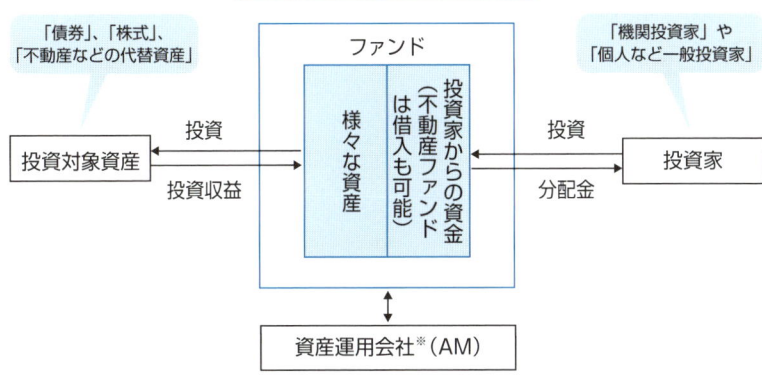

※不動産に投資している大手資産運用会社の例
- CBRE Global Investors（米国不動産会社系）
- AXA Real Estate（欧州金融機関系）
- Brookfield Asset Management（カナダ独立系）
- UBS Global Asset Management（欧州金融機関系）
- Blackstone Real Estate Partners（米国独立系）

重要な専門用語

資産運用会社（AM：Asset Manager）
➡投資家のために様々な資産を運用することを本業とする会社。

機関投資家
➡多額の資金を運用するプロ投資家。

一般投資家
➡個人や事業会社などプロ投資家ではない一般の投資家。

コミングルファンド（Commingle Fund）
➡複数の投資家から資金を集めたファンド。

セパレートアカウント（Separate Account）
➡単独の投資家の資金によるファンド。

不動産運用会社（不動産ファンド運用会社）
➡不動産を専門に運用する資産運用会社。

1-6 REIT
―不動産に投資している世界の投資家⑤

　最後に取り上げる投資家は、REIT（リート）です。

　REITとは、**R**eal **E**state **I**nvestment **T**rust（**不動産投資信託**）の略で、投資家資金を募って、不動産を専門に投資する**不動産ファンド**の一種です（図1）。

　REITには、図2に示すように、2つのタイプがあります。
　一つは、米国や欧州のREITのように、通常の不動産会社が、一定の要件を満たして**法人税**が免除されていることでREITと呼ばれている「**内部運用型REIT**」です。
　一見、通常の不動産会社のようにも見えますが、投資家（株主）から見ると、まさに、不動産に投資をするための特別な会社であり、不動産ファンドの一種と言うことができます。
　もう一つは、日本を含むアジアのREITのように、ファンドに不動産を保有させ、そのファンドを資産運用会社（AM）が運営する「**外部運用型REIT**」です。
　見てのとおり、外部運用型REITは、1-5で説明した「資産運用会社がファンドを運用している形態」と同様ですが、各国でREITと定義されているファンドの仕組みが用いられている場合には、REITと呼ばれています。
　実際には、各国のREITの大半は、**証券取引所**に上場していて個人を含む一般投資家も投資可能なことが特徴と言えますが、上場しておらずプロの投資家である機関投資家のみを対象にしたREITもあります。

　REITは、北米、欧州、アジアの主要国など、世界各国で普及している不動産ファンドの仕組みですが、上記のように、内部型、外部型といった運用形態をはじめ、各国ごとに、REITと呼ばれているファンドの形態が異なっていることに留意が必要です。

 REITが不動産に投資する理由は？

　REITとは不動産ファンドの一種。投資家から資金を預かって自ら不動産を運用するタイプと、ファンドを資産運用会社（AM）が運用するタイプの2つがある。

1-6 REIT―不動産に投資している世界の投資家⑤

REIT：投資家から預かった資金を「不動産」で運用

図1：REITの資金の流れ（イメージ）

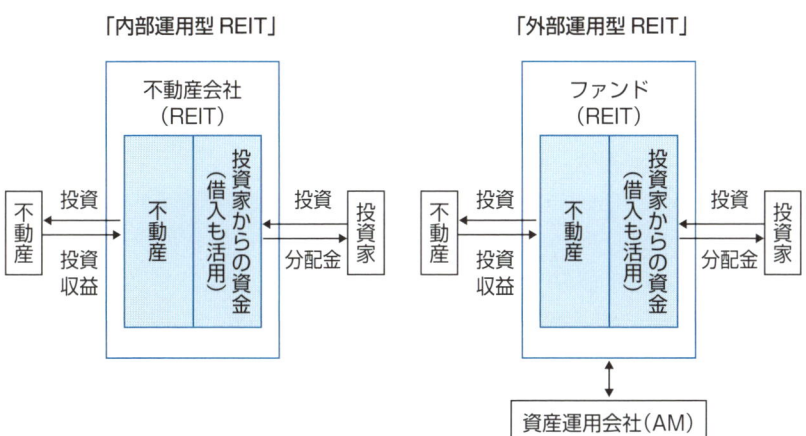

図2：REITのイメージ／2つのタイプ

「内部運用型REIT」の例
・Simon（米国REIT）
・Unibeil Rodamco（フランスREIT）
・Land Properties（英国REIT）

「外部運用型REIT」の例
・日本ビルファンド投資法人（J-REIT）
・CapitaMail Trust（シンガポールREIT）
・Link REIT（香港REIT）

重要な専門用語

REIT（Real Estate Investment Trust／不動産投資信託）
→不動産ファンドの一種でリートと呼ぶ。

不動産ファンド
→投資家が不動産投資のために使う特別な会社。

法人税
→法人（会社）の利益に課される税金。

内部運用型REIT
→通常の不動産会社自体がREITであるタイプ。

外部運用型REIT
→不動産を保有するREITを資産運用会社が運営するタイプ。

証券取引所
→株式やREITの投資口を自由に売買できる場を提供している所。

1-7 主要な不動産投資家と不動産に向かう投資資金の流れ

　第1講の最後に「不動産に投資している主な世界の投資家」をまとめたいと思います。図の番号のとおり、大きく、4つのグループに分けることができます。

　まず、一つ目①は、政府系ファンド（1-2）、年金基金（1-3）、保険会社（1-4）など巨額の資金を有し、自らが直接不動産に投資することもある機関投資家です。これらは、単独で数百億円の不動産に投資をすることも可能です。

　二つ目②は、資産運用会社（1-5）やREIT（1-6）など、第三者の資金を不動産ファンドに集めて不動産に投資する投資家（機関投資家）です。
　資産運用会社は、上記①の投資家のほか、銀行など主に機関投資家の資金を不動産ファンドに集めて不動産に投資しています。
　一方、不動産ファンドの一つであるREITの大半は、上場して、機関投資家のみならず、個人を含む一般投資家資金も集めているREITです。この個人資金については、直接、集めているものだけでなく、**REIT投信**などの投資信託を通じての資金も多く集められています。

　三つ目③は、一般の不動産会社です。欧米では1-6で見たように不動産会社≒内部運用型REITですが、アジアではREIT以外の一般の上場不動産会社や不動産事業を行う事業会社も数多く存在し、それらによる不動産投資も活発です。

　四つ目④は、**富裕層（ハイネットワース）** と呼ばれている個人で、事業会社の創業者などが含まれます。これらの中には、自ら設立した、あるいは、自らのために設立された**資産管理会社（ファミリーオフィス）** を通じて、機関投資家なみの巨額の不動産投資を行っている**超富裕層**もいます。

不動産に投資する主な投資家は？

　世界各国の「政府系ファンド」「年金基金」「保険会社」「資産運用会社」「REIT」「不動産会社」「富裕層」など（REIT、不動産会社以外は不動産以外の様々な資産にも投資）。

1-7 主要な不動産投資家と不動産に向かう投資資金の流れ

不動産に投資している主要な投資家と資金の流れイメージ（＋不動産ファンドとの関係）

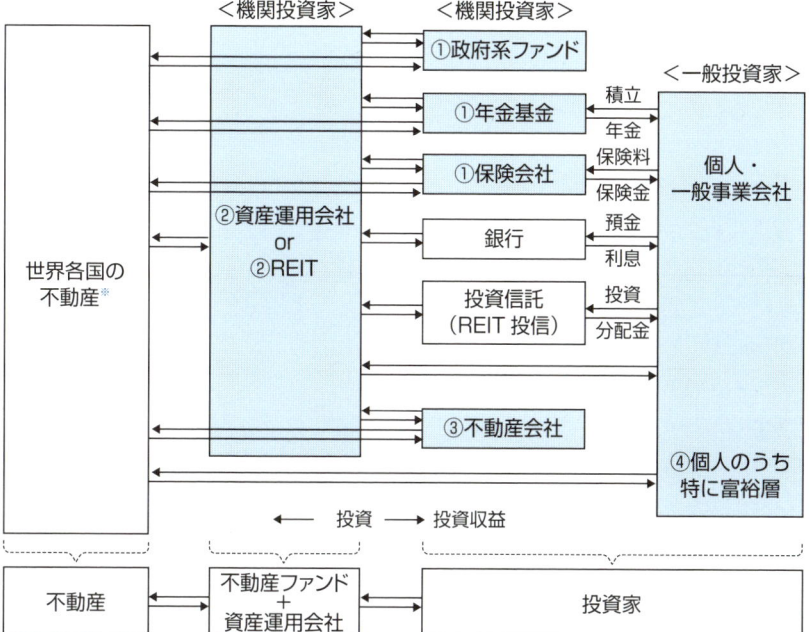

※①②③④は、各々、「直接、不動産に投資している」と言われている主要な投資家ですが、少し、混乱することがあるのは、実は、直接不動産を所有していないケースも多いということです。

特に、自国以外の海外の不動産に直接投資する場合には、たとえ一つの不動産であっても、当該国内でまた、不動産投資のための特別な会社、つまり、「不動産ファンド」が用いられている場合が多くあります。

主な理由は当該不動産が所在する各国国内での法人税の免除を受けるため、あるいは、各国ごとの規制（海外主体の直接所有が禁じられている場合など）に対応するためです。

 重要な専門用語

REIT 投信
➡様々な REIT をパッケージにした金融商品。

富裕層（HNWI：High Net Worth Individual／ハイネットワース）
➡多額の資産を保有している個人。

資産管理会社（ファミリーオフィス／Family Office）
➡富裕層の資産を管理運用するために設立された会社。

超富裕層（UHNWI：Ultra-High Net Worth Individual／ウルトラハイネットワース）
➡機関投資家なみの資産を保有しているような富裕層。

コラム1 「ファンド」って何？

「不動産ファンドを理解しよう！」というときに、まず大きなハードルとなるのが、そもそも「ファンドって何？」という疑問です。

本書では、「**ファンド**」を「投資家が様々な投資対象資産への投資のために使う特別な会社」と定義しましたが、組合型とか信託型と言った用語を聞いたことがある方、それらの仕組みに慣れている他の業界の方は、混乱してしまうかも知れません。

また、不動産ファンドにおいても、専門家（弁護士、税理士など）によって、描く仕組みの図（**スキーム図**とか**ストラクチャー図**）がバラバラなので、分かりにくいといったこともあります。

そこで、ここでは、主なファンド形態として知られている「会社型」「組合型」「信託型」という3つの仕組みを、まとめてみました。各々、**資産運用会社（AM）**を用いていない場合と用いる場合がありますので、計6つの形態に分けられます。

まず、会社型（①）とは、投資家が、資金の提供と引き換えに、ファンドとして用いられる会社自体の持分（株式会社の株式に相当）を持つイメージです。

このタイプは、**不動産ファンド**でよく用いられています。

具体的には、①-Aのタイプが、米国や欧州の**REIT**です（**内部運用型REIT**）。

一方、①-Bのタイプは、日本を含むアジアのREITで用いられています（**外部運用型REIT**）。**TMKスキーム**と呼ばれる不動産ファンドの仕組みもこのタイプです。

次に、組合型（②）とは、投資家と会社が組合契約を締結して、その組合契約に基づいて会社に資金を預けるといったイメージです。

組合とは、「複数の者が互いにパートナーとして一緒に何かやろう」という仕組みで、英語でpartnershipと言います。図のように、投資家からお金を預かって資産へ

 ファンドとは？

投資家が様々な資産に投資するための特別な会社。会社の持分を持つ「会社型」、会社とパートナー契約を結ぶ「組合型」、会社と信託契約を結ぶ「信託型」あり。

コラム1 「ファンド」って何？

3つのファンド形態：「会社型」「組合型」「信託型」のイメージ

<代表例> 不動産ファンド	①-A：会社型（AMなし）	①-B：会社型（AMあり）
①-B ・J-REIT ・私募REIT ・TMK	様々な資産 ← 会社 ← 資金 ← 投資家（≒株主）	様々な資産 ← 会社 ← 資金 ← 投資家（≒株式）／AM
<代表例> PEファンド	②-A：組合型（AMなし）	②-B：組合型（AMあり）
②-B ・TK-GK	様々な資産 ← 会社(GP) ← 資金／組合契約 ← 投資家(LP)	様々な資産 ← 会社(GP)／AM ← 資金／組合契約 ← 投資家(LP)
<代表例> 年金信託 投資信託	③-A：信託型（AMなし）	③-B：信託型（AMあり）
③-B ・REIT投信	様々な資産 ← 会社(受託者) ← 資金／信託契約 ← 投資家(受益者)	様々な資産 ← 会社(受託者)／AM ← 資金／信託契約 ← 投資家(受益者)

の投資を行う会社は総責任者として、**GP**（General Partner）とされ、投資家は預けるお金分だけの責任（有限責任）を負う**LP**（Limited Partner）とされます。

特に②-Aのタイプは、**プライベートエクイティ**（PE）ファンドなどでよく用いられ、日本では投資事業有限責任組合などが用いられています。GPにはAM自体が入るイメージですが、投資資産はGPとLPが共有（分有）で保有します。

一方、②-Bのタイプは、不動産ファンドのうち、**TK-GKスキーム**と呼ばれる仕組みで用いられています。**匿名組合**という組合を用い、会社（GP）は**営業者**と呼ばれ**合同会社**が使われ、その合同会社に単独で資産を保有させます。また、投資家（LP）は**匿名組合員**と呼ばれています。

最後に、信託型（③）とは、投資家と信託会社が信託契約を締結して、その信託契約に基づいて会社に資金を信託する（所有権を移す）といったイメージです。

会社は、**信託**の仕組みの中で「**受託者**」（資産を保有する**委託者**と呼ばれるある者から、その資産を託される者。現金以外の資産も受託可能。）と呼ばれ、投資家は同じく「**受益者**」（託された資産からの収益を得る者）とされます。

このタイプは、日本では、主に**信託銀行**が会社の役割を担い、年金信託や投資信託でよく用いられています。年金信託は、日本における年金ファンドと言えます。

なお、**REIT投信**も、このタイプ（③-B）が用いられています。

コラム2　「AM（エー・エム）」って何？

「ファンド」と並んで、不動産ファンドを理解する上での必須用語が、いわゆる「**AM（エー・エム）**」です。

本書では、AMを、「**資産運用会社**」を示す用語として用い、資産運用会社は「投資家のために様々な資産を運用することを本業とする会社」と定義しています。

但し、この資産運用会社という言葉は、金融業界の中で、様々な簡略語や他の用語も用いられているため、混乱するときがあります。例えば、以下が挙げられます。

- **AM（エー・エム）**：Asset ManagerやAsset Management Companyの略
- **アセマネ**：アセットマネジャーやアセットマネジメント会社の略
- **アセットマネジャー**：Asset Manager
- **アセットマネジメント会社**：Asset Management Company
- **FM（エフ・エム）**：Fund ManagerやFund Management Companyの略
- **ファンマネ**：ファンドマネジャーやファンドマネジメント会社の略
- **ファンドマネジャー**：Fund Manager
- **ファンドマネジメント会社**：Fund Management Company
- 投資信託委託会社、投信会社：投資信託の運用会社
- プライベートエクイティ運用会社：プライベートエクイティの資産運用会社
- **不動産（ファンド）運用会社**：不動産（ファンド）の資産運用会社
- **運用会社**：資産運用会社の一般的な呼び名

結論から言うと、どの用語もほぼ同じ意味、つまり、「AM」や「資産運用会社」に置き換えて用いることができると考えてよいかと思います。

細かいところでは、AMはファンドの投資対象としている「資産の運営」を行うという意味が強調され、FMは投資家からファンドに預かった「資金の運用」を行うという意味が強調されており、そこで区別して持ちいられることがあります。

AM（エー・エム）とは？

資産運用会社（AM：Asset Manager）のこと。資産運用会社には、このほかにも、FM（Fund Manager）など様々な呼び方がある。

第2講

なぜ、不動産に投資するのか？
―投資家②―

<本講のポイント>
不動産には、預金、債券、株式とは異なる魅力がある

図：不動産ファンドの5つの構成要素と本講の対象「投資家」

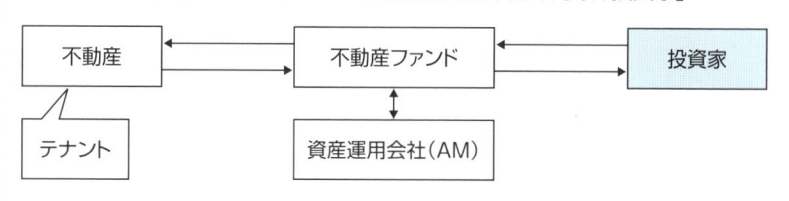

```
不動産 ← → 不動産ファンド ← → 投資家
  │              ↕
テナント      資産運用会社（AM）
```

<講義の内容>

- **2-1** 預金―他の代表的な投資対象①
- **2-2** 債券（国債）―他の代表的な投資対象②
- **2-3** 債券（社債）―他の代表的な投資対象②
- **2-4** 株式―他の代表的な投資対象③
- **2-5** 不動産―投資の対象となる不動産とは？
- **2-6** 不動産に投資する主な3つの理由
- **コラム3**「リスク」と「リターン」って何？

2-1 預金
―他の代表的な投資対象①

　本講では、投資対象としての「不動産」の特徴を理解するために、「預金」「債券」「株式」という伝統的資産の特徴をまず説明していきます。
　まず一つ目に取り上げるのは、「預金」です。

　「債券」や「株式」は投資対象としてピンと来るかもしれませんが、「預金」はなぜ、投資の対象とされるのでしょうか。それは、急にお金が必要になったときに、手元にお金が必要だからです。また、いつでも引き出せる預金があれば、魅力的な投資機会を逃すことなく様々な投資対象資産に投資することもできます。
　これらの特徴は現金の特徴ですが、いつでも引き出せる預金は現金と同様に扱うことができ、加えて、利息も得られるため投資の対象とされているのです。

　預金とは、一言で言うと、「銀行の借金証明書」みたいなものです。
　つまり、投資家（預金者）から見ると、「銀行への貸付証明書」ということになります。図1のとおり、①お金を貸しているのだから、その見返りとして、②利息がもらえます。また、③最終的に貸したお金は返してもらえます。
　つまり、預金への投資は、①買う（預金する）→②持つ（利息をもらう）→③元本を返してもらう、という3つのプロセスとなります。

　借りたお金を銀行が何に使うのかというと、銀行のビジネスのためです。
　図2のとおり、銀行のビジネスには、大きく2つがあります。
　個人や会社にお金を貸すこと（融資）、そして、何かに投資してお金を増やすことです。後者の代表的な投資対象が国債です。
　融資先の会社の中には、不動産に投資するための特別な会社である**不動産ファンド**も含まれます。また、割合としては小額ですが、投資対象の中には**REIT**などの不動産ファンドもあります。預金利息（調達した金利）とこれらの融資や投資利息（運用で得た金利）との差額（**利ざや**）が銀行の儲けになります。

> **Point　投資家にとっての「預金」とは？**
> 銀行への「貸付証明書」のようなもので「利息」が得られる。

2-1 預金─他の代表的な投資対象①

預金とは？ ➡「銀行への貸付証明書（銀行の借金証明書）」を保有

図1：預金への投資イメージ

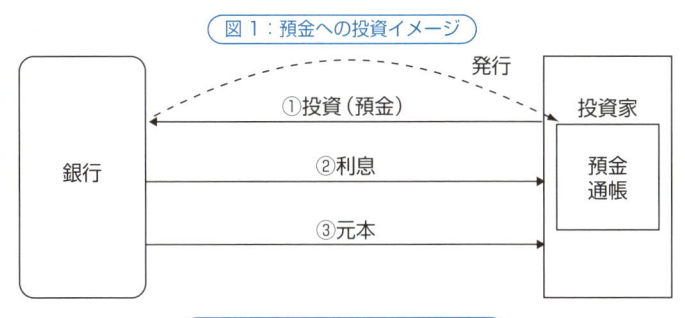

銀行 ←―発行――― 投資家（預金通帳）
銀行 ←①投資（預金）― 投資家
銀行 ―②利息―→ 投資家
銀行 ―③元本―→ 投資家

図2：借りたお金の使い方イメージ

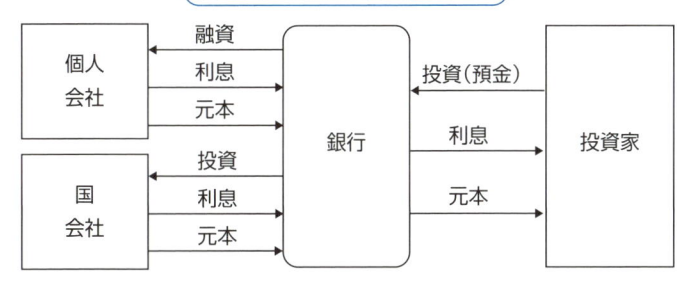

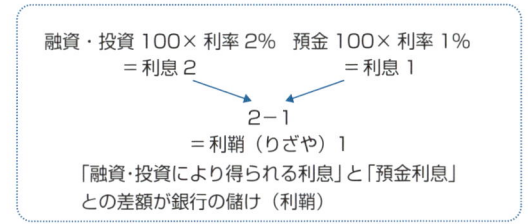

個人・会社 ←融資― 銀行
個人・会社 ―利息→ 銀行
個人・会社 ―元本→ 銀行
国・会社 ←投資― 銀行
国・会社 ―利息→ 銀行
国・会社 ―元本→ 銀行
銀行 ←投資（預金）― 投資家
銀行 ―利息→ 投資家
銀行 ―元本→ 投資家

融資・投資 100 × 利率 2%　預金 100 × 利率 1%
　　　　　＝利息 2　　　　　　　　＝利息 1
　　　　　　　　　　2−1
　　　　　　　　＝利鞘（りざや）1
「融資・投資により得られる利息」と「預金利息」
との差額が銀行の儲け（利鞘）

Technical term　重要な専門用語

預金
　➡銀行に対する「貸付証明書」のようなもの。銀行の借金証明書。
不動産ファンド
　➡投資家が不動産投資のために使う特別な会社。
REIT（Real Estate Investment Trust／不動産投資信託）
　➡不動産ファンドの一種で**リート**と呼ぶ。
利ざや
　➡調達金利と運用金利の差額。

2-2 債券（国債）
―他の代表的な投資対象②

二つ目に取り上げるのは、「債券」のうち、国債です。

預金が、「銀行への貸付証明書」であるのに対し、**債券**は、「国や会社への貸付証明書」みたいなもので、**国債**は、「国への貸付証明書」ということになります。

投資家から見ると、銀行にお金を貸す預金と同様に、図1のとおり、①国にお金を貸しているのだから、その見返りとして、②利息がもらえます。また、③最終的に貸したお金は返してもらえます。

また、通常、預金は売却することができませんが、図2のように、債券は、他の投資家に売却することもできます。

このように、債券を売買するときの価格の考え方は、実は、第4講で説明する不動産の価格の考え方と似ています。つまり、利回りが価格の基準となっていて、利回りが低くてもよいと考える人にとっては高い価格となり、利回りが高くないといけないと考える人にとっては低い価格となる、というものです。

例えば、ある投資家Aが、もともと金利2％が得られる債券150に投資していたとすると、この債券から得られる利息は3です。この3の利息が得られる債券を買いたいと思う投資家Bが、金利1.5％が得られれば十分だと思っていれば、買う価格は200で良いということになります（200×1.5％＝3）。逆に、投資家Bが、金利3％が必要だと思っていれば、買う価格は100しか出せないということになります（100×3％＝3）。

なお、国債は、国からすると借金ですから、いずれ返さなくてはなりません。どうやって返すかというと、図3のとおり、税収入（所得税、法人税、消費税など）か、国債を発行した収入で返す（借金を借金で返す）ということになります。

Point　投資家にとっての「国債」とは？

国への「貸付証明書」のようなもので「利息」が得られる（売却も可）。

2-2 債券(国債)―他の代表的な投資対象②

国債投資とは? ➡「国への貸付証明書(国の借金証明書)」を保有

図1:国債への投資イメージ

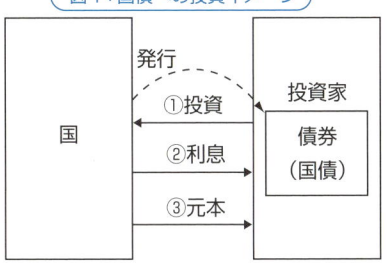

国 →発行→ 投資家(債券(国債))
①投資
②利息
③元本

図3:借りたお金の返し方イメージ

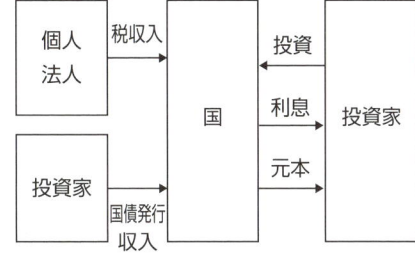

個人・法人 →税収入→ 国
投資家 →投資→ 国
国 →利息・元本→ 投資家
投資家 →国債発行収入→ 国

図2:国債は途中で売却も可能

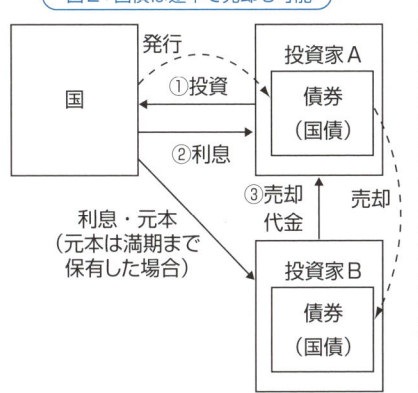

国 →発行→ 投資家A(債券(国債))
①投資
②利息
利息・元本(元本は満期まで保有した場合)
③売却代金 / 売却
投資家B(債券(国債))

<債券を売買するときの価格の考え方>
例えば
150の債券(金利2%)で買った投資家A
➡年3(=150×2%)の利息が得られる
⬇
パターン1:投資家Bが1.5%の利息で満足できる場合、この債券の価値は200(=年3÷1.5%)
パターン2:投資家Bが3%の利息でないと満足できない場合、この債券の価値は100(=年3÷3%)
⬇
最終的には、投資家Aと投資家Bの合意する価格で売買される

Technical term 重要な専門用語

債券※
➡国や会社にお金を貸したときにもらえる「貸付証明書」のようなもの。

国債
➡国にお金を貸したときにもらえる「貸付証明書」のようなもの。

※債券(貸付証明書)には、利息、満期(いつ貸したお金を返してもらえるかという期限)が記載されています。満期がある一方で、満期までは途中で売却も可能であることから、債券への投資の仕方は、下記の4つのパターンがあることになります。
①新規に発行された債券を購入(投資)。満期まで保有して元本を返してもらう。
②新規に発行された債券を購入(投資)。満期までに他の投資家に売却する。
③他の投資家から債券を購入(投資)。満期まで保有して元本を返してもらう。
④他の投資家から債券を購入(投資)。満期までに他の投資家に売却する。

2-3 債券（社債）
―他の代表的な投資対象②

二つ目に取り上げる「債券」として、社債も見ていきたいと思います。

国債が、「国への貸付証明書」みたいなものであるのに対して、**社債**とは、「会社への貸付証明書」のようなものです。この会社の中には、不動産に投資するための特別な会社である**不動産ファンド**も含まれます。

投資のイメージや、他の投資家に売却が可能な点については、図1、図2のとおり、国債と同様です。つまり、社債への投資は、①買う→②持つ（利息をもらう）→③元本を返してもらう or 売る、という3つのプロセスとなります。

図3に示すように、会社は、投資家から直接お金を借りて、何に使うかというと、自らの様々な事業のために資金を使うことになります。事業で稼いだ収益が、利息の支払いや元本返済の原資になります。不動産ファンドが社債でお金を借りた時には、不動産投資という事業に資金を使い、投資した不動産からの収益が、利息支払いや元本返済の原資になるということです。

投資家から見ると、直接、会社にお金を貸すことになるため、その会社がきちんと貸したお金を返してくれるのかどうなのかが心配なところです。そのための目安をA、B、Cといったランク（**格付け**）で示してくれる会社が**格付会社**で、不動産ファンドでもよく活用されています（図4）。

なお、2-1で説明したとおり、預金を通じて資金を調達した銀行も、会社にお金を貸していました。

つまり、図5のとおり、会社にとっては、銀行を通じてお金を借りる方法と、投資家から直接お金を借りる方法と、2つの借りる方法があるということです。

前者は、投資家からの資金を銀行を通じて間接的に調達するため「**間接金融**」、後者は、投資家からの資金を直接調達するので「**直接金融**」と呼んでいます。

Point　投資家にとっての「社債」とは？

会社への「貸付証明書」のようなもので「利息」が得られる（売却も可）。

2-3 債券（社債）—他の代表的な投資対象②

社債投資とは？ ➡「会社への貸付証明書（会社の借金証明書）」を保有

図1：社債への投資イメージ

会社 →（発行）投資家
①投資／②利息／③元本
債券（社債）

図2：社債は途中で売却も可能

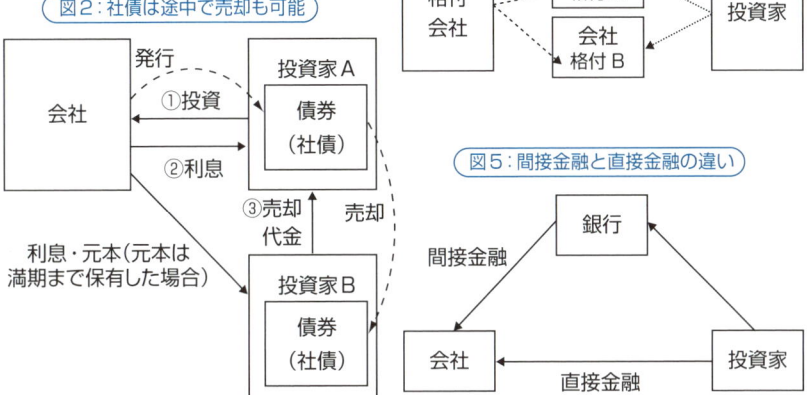

会社 →（発行）投資家A
①投資／②利息
債券（社債）
③売却代金／売却
利息・元本（元本は満期まで保有した場合）
投資家B
債券（社債）

図3：借りたお金の使い方イメージ

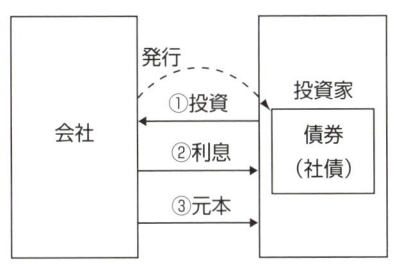

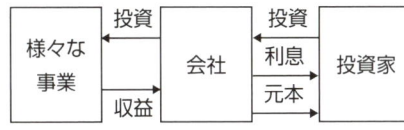

様々な事業 ←投資／収益→ 会社 →投資・利息・元本→ 投資家

図4：「格付会社」の役割

格付会社 --→ 会社格付A／会社格付B ←-- 投資家

図5：間接金融と直接金融の違い

銀行
間接金融
会社 ← 直接金融 ― 投資家

重要な専門用語

社債
➡ 会社にお金を貸したときにもらえる「貸付証明書」のようなもの。

不動産ファンド
➡ 投資家が不動産投資のために使う特別な会社。

格付け
➡ 貸したお金を返してもらえる安全度をABCのランクで示したもの。

格付会社
➡ 貸したお金を返してもらえる安全度をランクで示してくれる会社。

間接金融
➡ 投資家からの資金を銀行を通じて間接的に調達すること。

直接金融
➡ 投資家からの資金を直接調達すること。

2-4 株式
―他の代表的な投資対象③

三つ目に取り上げるのは、「株式」です。

株式とは、簡単に言うと、「会社の持分証明書」のようなものです。
会社の持分ですので、会社が儲けた場合には、その所有者（**株主**）は、その持分割合だけ会社が決めた分け前がもらえます。この分け前を**配当**と呼びます。

株式への投資には、図1に示すように以下の2パターンがあります。
一つ目は、投資家Aのように、①会社が株式を発行するときにその株式を買うケースで、②保有期間中は配当を受け取り、タイミングを見て、③他の投資家に売却します。
二つ目は、投資家Bのように、①既に株式を保有している投資家から株式を買うケースで、投資家Aの場合と同様に、②保有期間中は配当を受け取り、タイミングを見て、③他の投資家に売却します。
いずれにしても、株式は、債券のように一定期間後に元本を会社から返してもらえるわけではありません。投資家は取得した株式を他の投資家に売却して投資資金を回収する必要があります。
以上から、株式への投資は、①買う→②持つ（配当をもらう）→③売る、という3つのプロセスとなります。

これまで、「預金」「債券」「株式」という3つの投資対象を見てきましたが、会社の資金調達の観点から見ると、下記の3つの手法があることが分かります（図2）。
①銀行借入：「預金」で資金を調達した銀行からの借入で資金を調達（間接金融）
②債券発行：投資家に「社債」を発行することで資金を調達（直接金融）
③株式発行：投資家に「株式」を発行することで資金を調達（直接金融）
なお、①②で調達した資金を**デット**、③で調達した資金を**エクイティ**と呼び、それらで調達した資金で取得した資産のことを**アセット**と呼んでいます。

> **Point 投資家にとっての「株式」とは？**
>
> 会社の「持分証明書」のようなもので「配当」が得られ、売却も可能。

2-4 株式─他の代表的な投資対象③

株式投資とは？➡「会社の持分証明書」を保有

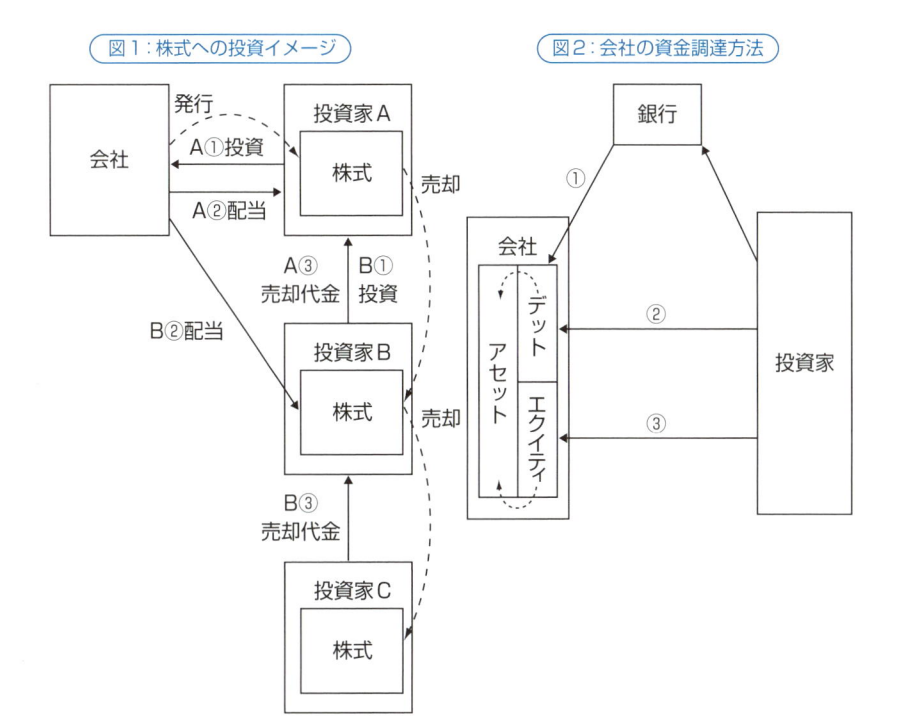

図1：株式への投資イメージ

図2：会社の資金調達方法

重要な専門用語

株式
➡会社の「持分証明書」のようなもの。その持ち主が**株主**。

配当
➡株主（投資家）がもらえる会社の利益の分け前。

デット（Debt）
➡銀行からの借入や投資家への債券発行により調達した資金。

エクイティ（Equity）
➡投資家への株式発行等により調達した資金。

アセット（Asset）
➡エクイティ資金とデット資金により取得した資産。

2-5 不動産
―投資の対象となる不動産とは？

　ここまで、「預金」「債券」「株式」といった代表的な投資対象の特徴を説明してきましたが、ここでは、投資対象としての「不動産」をみていきたいと思います。

　不動産とは、土地と建物のことです。
　不動産は、預金や債券の「利息」、株式の「配当」のように、単に保有するだけでは何も収入は得られません。しかし、**テナント**（賃借人）に建物を貸すことで「賃料」という収入が得られます。
　このように、テナントに貸すことで賃料という収入が得られる不動産のことを**収益物件**（賃貸不動産）と呼び、債券や株式と同様に、世界中の投資家の間で認知されている投資の対象となっています。

　不動産投資のイメージは、図1のとおり、①買う→持つ（貸す）→売る、という3つのプロセスとなります。ざっくりとした資金の流れとしては、①「取得価格」を売主に支払い、②貸しているテナントから「賃料」を受け取り、③「売却価格（代金）」を売主から受け取る、ということになります。

　但し、実際の投資で動く資金は、図2のように、①取得価格に取得コスト（税金や仲介手数料など）を加えた「投資額」が取得に要する総額で、③「売却価格」から売却コスト（仲介手数料など）を控除した額が、売却で最終的に手元に残る「売却額」となります。
　さらに、特に留意すべきは、②持つ（貸す）際に、実際に収受できる金額です。
　テナントから賃料をもらうには、対象不動産を常にテナントに貸せる状態に維持しておくための様々な支出が必要となります。したがって、預金や債券の「利息」、株式の「配当」に相当するのは、賃料収入等の総収入から必要な支出を控除した「**純収益**」であることに留意が必要です。純収益には、**資本的支出**という支出を含まないNOI、もしくは、資本的支出を含むNCFのどちらかが用いられます。

> **Point　投資家にとっての「不動産」とは？**
>
> テナント（賃借人）に貸すことで「賃料収入」が得られ、売却も可能。

2-5 不動産―投資の対象となる不動産とは？

貸すことで賃料が得られる「収益物件」への投資が不動産投資の代表格

図1：不動産への投資イメージ

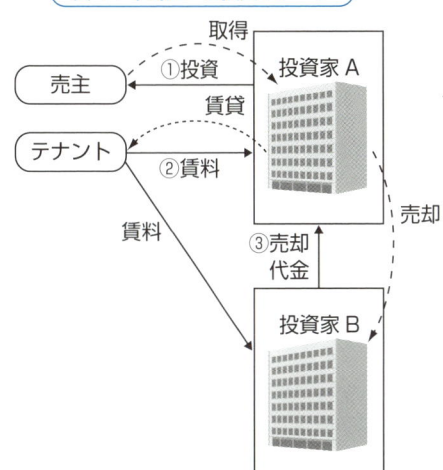

- 売主 →（①投資/取得）→ 投資家A
- テナント →（②賃料/賃貸）→ 投資家A
- 投資家A →（売却）→ 投資家B
- 投資家B →（③売却代金）→ 投資家A
- テナント → 賃料 → 投資家B

図2: 実際に動く金額は？

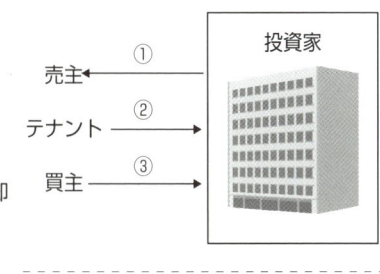

- 売主 ←① 投資家
- テナント →② 投資家
- 買主 →③ 投資家

①「投資額（＝取得価格＋取得コスト）」
②「純収益（NOIもしくはNCF）」
③「売却額（＝売却価格－売却コスト）」

Technical term 重要な専門用語

不動産
➡ 土地と建物（電気や水道など使用に不可欠な設備を含む）のこと。

テナント（Tenant）
➡ 不動産（建物）の賃借人のこと。

賃料
➡ 借り手自身が単独で使用する部分の対価として貸し手に支払う額。

収益物件
➡ 誰か（テナント）に貸すことで賃料という収入が得られる不動産。

純収益
➡ 賃料等の総収入から必要な支出を控除した額。**ネット収入**。

CAPEX（Capital Expentureの略でキャペックス）
➡ 建物の価値を上げるような大規模修繕等の支出で**資本的支出**のこと。

NOI（Net Operating Income の略でエヌ・オー・アイ）
➡ 賃料等の総収入－総支出（資本的支出を含まない）。

NCF（Net Cash Flow の略でエヌ・シー・エフ）
➡ 賃料等の総収入－総支出（資本的支出を含む）。NOI－資本的支出。

2-6 不動産に投資する主な３つの理由

多くの投資家が、「預金」「債券」「株式」に加えて、「不動産」に投資している大きな理由として、以下の３点が挙げられます。

一つ目の理由は、他の投資対象と比べて**インカムリターン**が高いことです（図1）。
インカムリターンとは、各資産の保有により得られる収益（預金や債券の利息、株式の配当、不動産の純収益など）である**インカムゲイン**を、当該資産の取得価格や投資額（取得価格＋取得コスト）で割ったものです。

二つ目の理由は、**分散投資効果**が得られることです。
この効果の意味は「一つのかごに卵を盛るな」という格言がよく用いられます。
「一つのかごに卵を入れていると、そのかごを落とした時に全てが割れてしまいますが、複数のかごに分けておけば、被害は限定される」というものです。
例えば、図2のように、株価（株式の価格）が下がっても、不動産を合わせて保有していれば高いインカムリターンで一定程度損失を相殺することができます。

三つ目の理由は、預金や債券と比べインフレに強い資産だということです。
インフレとは、モノの値段（物価）が上がることです。
例えば、図3のように、5年後に物価が10％上昇すると仮定すると、現時点で100のモノの価格は、5年後には110の価格となってしまいます。一方、100の現金は、5年後も100のままです。つまり、5年後には、今の現金100では同じモノを買えなくなってしまっているということで、これはお金の価値が相対的に下がることを意味します。
預金や債券は、現金に近いためインフレ時に価値が下がるのですが、不動産はモノの一種であるためインフレ時には価値が上昇し、結果、不動産を持っていることで保有資産全体の価値の下落を防ぐこと（**インフレヘッジ**）が可能となります。

> **Point　投資家が不動産に投資する理由は？**
>
> 「利息や配当に比べ利回りが高い」「他の資産と組み合わせてリスク分散が可能」「インフレ時に価値が目減りしない」という３点が大きな理由。

2-6 不動産に投資する主な３つの理由

①高いインカムリターン　②分散投資効果　③インフレヘッジ

図１：インカムリターンの違い（イメージ）

- 預金：0.02%
- 債券：0.15%
- 株式：1.53%
- 不動産：5.0%

<参考>
預金：複数の銀行の 2014/2 月時点の普通預金利率（年）
債券：個人向け国債（2014/3 月発行）5 年固定金利の利率（年）
株式：東証第一部 2014/1 月時点の株式加重平均利回り（年）
不動産：日本不動産研究所「不動産投資家調査（2013/10 月時点）」における東京城南地区（目黒区・世田谷区）の賃貸住宅取引利回り（年）

図２：分散投資効果の例

株式 100 だけを保有 ➡ 5%の価格下落 ➡ 5%の損失
株式 100 と不動産 100 を保有 ➡ 株式で 5%の損失があっても
不動産から 5%のインカムリターンがあれば損失ゼロ

図３：インフレのイメージ

現時点：100（現金）→買える→ 100（モノ）
5 年後（物価が 10% 上昇すると仮定）：100（現金）→買えない→ 110（モノ）→換金→ 110（現金）

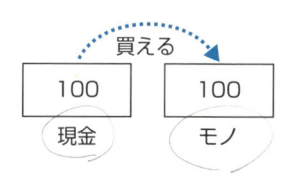

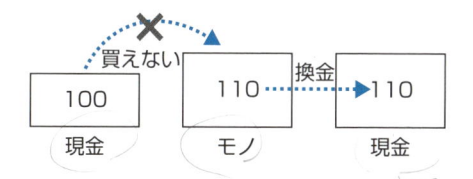

重要な専門用語

インカムゲイン（Income Gain）
➡保有で得られる収益。債券の利息、株の配当、不動産の純収益など。

インカムリターン（Income Return）
➡インカムゲインによる投資利回り。

分散投資効果
➡様々な資産に投資して保有資産全体からの収益のブレを低めること。

インフレ（インフレーション／Inflation）
➡モノの値段（物価）が上がること。

インフレヘッジ（Inflation Hedge）
➡インフレによる保有資産の価値下落を防ぐこと。

第２講　なぜ、不動産に投資するのか？──投資家②──

コラム3 「リスク」と「リターン」って何?

投資の世界では、大きなリスクをとらなければ大きなリターンは得られないとよく言いますが、一体どういうことなのでしょうか?

一般に、株式は、ハイリスクハイリターンだと言われます。

株式は、毎日、株価が動き、時には大きく変動します。つまり、図1のように、低い価格のときと高い価格のときの差が大きいと言えます。投資の世界では、価格の変動を**リスク**と呼び、株式のように価格の変動が大きければリスクが大きいということになります。一方で、このように価格変動（リスク）が大きいが故に、低い価格のときに買って、高い価格のときに売ることができれば大きな収益（**リターン**）が得られます。逆に、高い価格のときに買ってしまうと、価格が大きく下がり、大きな損失を被ることもあります。

しかし、債券は、株式と比べると大きな価格変動はありません。さらに、預金のように全く価格が動かない投資対象もあります。このような価格変動が小さいもの、あるいはないものは、大きな損失を被る可能性が少ない代わりに、大きな収益を得るチャンスもありません。したがって、ローリスクローリターンと言えるのです。

大きな「リスク」がなければ大きな「リターン」は得られない

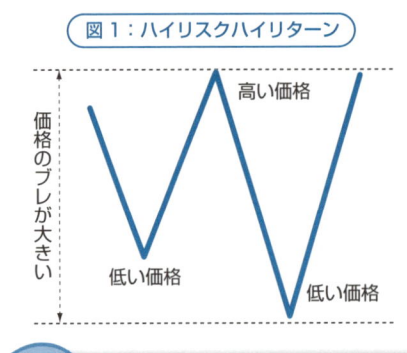

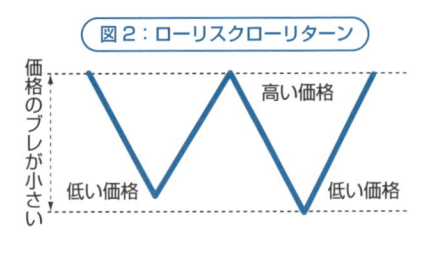

図1：ハイリスクハイリターン（価格のブレが大きい／高い価格／低い価格／低い価格）

図2：ローリスクローリターン（価格のブレが小さい／高い価格／低い価格／低い価格）

Point ハイリスクハイリターンとは?

価格の変動（リスク）が大きくないと、大きな収益（リターン）を得るチャンスはない。

第3講

不動産投資における インカムゲインとは？
―不動産①―

＜本講のポイント＞
不動産投資ではインカムゲイン「純収益」の把握がまず重要

図：不動産ファンドの5つの構成要素と本講の対象「不動産」

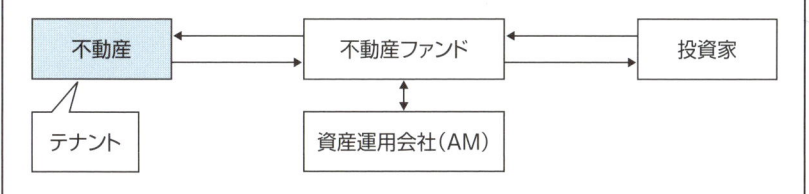

```
[不動産] ⇔ [不動産ファンド] ⇔ [投資家]
   │              ⇅
[テナント]   [資産運用会社（AM）]
```

＜講義の内容＞

- **3-1** 不動産のインカムゲイン：純収益
- **3-2** 不動産の純収益①：NOI
- **3-3** 不動産の総収入内訳
- **3-4** 不動産の総支出内訳
- **3-5** 不動産の純収益②：NCF
- **3-6** キャッシュフロープロジェクション①：インカムゲインの想定
- **コラム4** 「グロス」と「ネット」って何？

3-1 不動産のインカムゲイン：純収益

まず、最初に、インカムゲインとは何か？ということを考えてみたいと思います。

インカムゲインとは、投資対象資産の保有によって得られる収益のことです。
図1から図3のように、第2講で説明した、預金の「利息」、債券の「利息」、株式の「配当」がこれに相当します。

一方、不動産は、単なる保有だけでは収益は得られないのですが、図4のように、**テナント**（賃借人）に貸すことで「**賃料**」という収入が得られます。
ただ、テナントから賃料をもらうためには、対象不動産を常にテナントに貸せる状態に維持しておくための様々な支出が必要になります。
したがって、不動産におけるインカムゲインは、賃料収入等の総収入から必要な支出を控除した「**純収益**」となります。純収益には、**資本的支出**という支出を含まない**NOI**、もしくは、資本的支出を含む**NCF**のどちらかが用いられます。

預金の「利息」、債券の「利息」、株式の「配当」と比べた、不動産の「純収益」の特徴は、前者が、決められたインカムゲインを受け取るしか術がないのに対して、後者は、不動産の運用ノウハウ次第でインカムゲインを増やすことができるという点です。
例えば、不動産は、テナントからの賃料を引き上げる、テナントを誘致して空きフロア・空き部屋を少なくするといった手段で、収入を上げて純収益を増やすことができます。また、建物管理費用などの支出を削減することでも、純収益を増やすことができます。
もちろん、それらがうまくできないと、逆に、純収益が下がってしまうことがある点にも留意が必要です。

Point　インカムゲインとは？

資産の保有により得られる収益のこと。預金や債券の「利息」、株式の「配当」、不動産の「純収益」など。純収益は不動産運用ノウハウ次第で変動するのが特徴。

3-1 不動産のインカムゲイン：純収益

各投資対象資産のインカムゲインイメージ

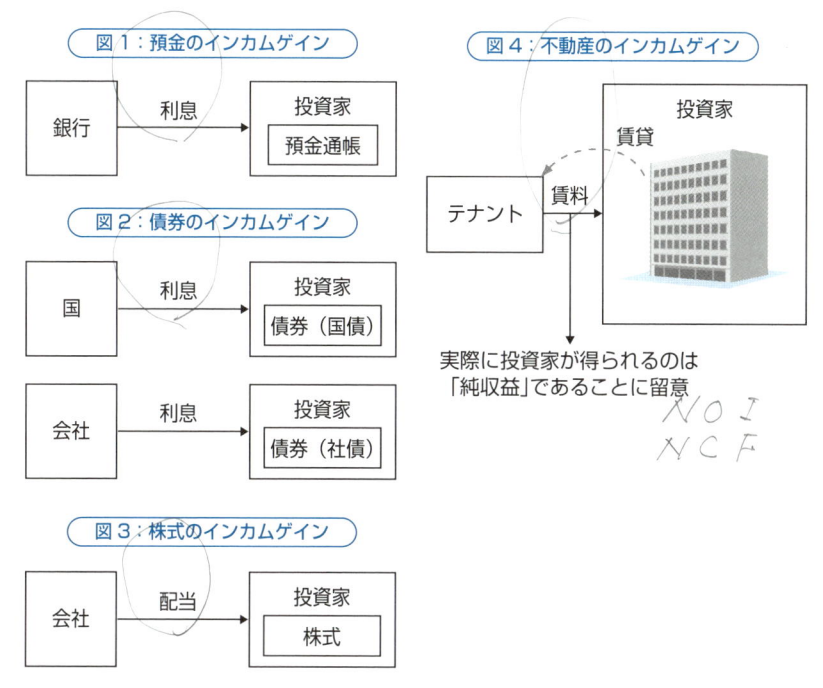

図1：預金のインカムゲイン

銀行 →（利息）→ 投資家（預金通帳）

図2：債券のインカムゲイン

国 →（利息）→ 投資家（債券（国債））

会社 →（利息）→ 投資家（債券（社債））

図3：株式のインカムゲイン

会社 →（配当）→ 投資家（株式）

図4：不動産のインカムゲイン

テナント →（賃料）→ 投資家（賃貸）

実際に投資家が得られるのは「純収益」であることに留意

NOI
NCF

第3講 不動産投資におけるインカムゲインとは？——不動産①

Technical term 重要な専門用語

インカムゲイン（Income Gain）
➡保有で得られる収益。債券の利息、株の配当、不動産の純収益など。

テナント（Tenant）
➡不動産（建物）の賃借人のこと。

賃料
➡借り手自身が単独で使用する部分の対価として貸し手に支払う額。

純収益
➡賃料等の総収入から必要な支出を控除した額。**ネット収入**。

CAPEX（Capital Expenditureの略でキャペックス）
➡建物の価値を上げるような大規模修繕等の支出で**資本的支出**のこと。

NOI（Net Operating Incomeの略でエヌ・オー・アイ）
➡賃料等の総収入－総支出（資本的支出を含まない）。

NCF（Net Cash Flowの略でエヌ・シー・エフ）
➡賃料等の総収入－総支出（資本的支出を含む）。NOI－資本的支出。

3-2 不動産の純収益①：NOI

　ここでは、不動産投資のインカムゲイン「純収益」の一つである「**NOI**」の算定イメージをみていきたいと思います（「NCF」は3-5参照）。

　イメージを掴みやすくするために、図1にあるとおり、投資家が100戸の部屋がある賃貸マンションに投資することを想定してみましょう。
　投資家は、この100戸をそれぞれ月15万円でテナントに賃貸するとします。常に満室だと想定すると、月15百万円、年間180百万円の賃料収入が得られます。
　この賃貸マンションには、駐車場やトランクルームなど他にテナントに賃貸できるものがないとすると、この180百万円が年間の**総収入**になります。

　では、この総収入がこの投資家の手取りになるかというと、そうではありません。
　テナントに借りてもらうためには、この賃貸マンションを、テナントに借りてもらえる状態（テナントが住める状態）に維持しておかないといけません。
　例えば、電気が使えるようにしておく、壊れた水道は修理しておく、高い建物であればエレベーターを使えるようにしておく、役所に差し押さえされないように必要な税金を払っておくなどです。このような支出の総額が**総支出**です。この賃貸マンションの総支出を総収入の20％と仮定すると、総支出は36百万円となります。

　上記の総収入から総支出を差し引いた額が「NOI」です。
　つまり、この賃貸マンションでは、144百万円（＝180百万円－36百万円）が、NOIとなるわけです。

　なお、図2のとおり、総収入を「**グロス収入**」、純収益（NOI or NCF）のことを「**ネット収入**」と呼んでいます。また、**不動産鑑定評価書**では、NOIを運営純収益、NCFを正味純収益（但し敷金等の運用益も考慮）と呼ぶため、留意が必要です。

> **Point　不動産の「NOI」とは？**
>
> 　Net Operating Incomeの略で「賃料等の総収入－総支出（資本的支出を含まない）」で算定。不動産のインカムゲインである「純収益」の一つ。

3-2 不動産の純収益①：NOI

NOI算定のイメージ

図1：NOI算定のイメージ

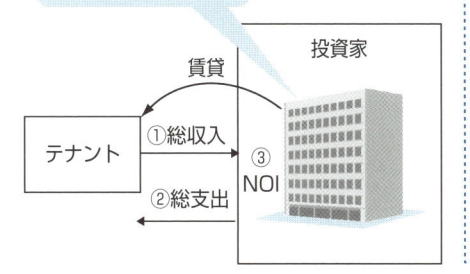

賃貸マンション
総戸数＝100戸
各戸月額賃料：15万円

テナント ⇄ 投資家
①総収入
②総支出
③NOI
賃貸

＜NOI算定のイメージ＞
①総収入：180百万円
　賃料収入：月15万円／戸×100戸
　　　　　　×12ヵ月＝180百万円

②総支出：36百万円
　総支出は総収入の20％程度と仮定

③NOI：144百万円
　総収入180百万円－総支出36百万円

図2：グロス収入とネット収入

グロス収入 ➡「総収入」のこと

ネット収入 ➡「純収益」(NOI or NCF) のこと

重要な専門用語

NOI（Net Operating Incomeの略でエヌ・オー・アイ）
　➡賃料等の総収入－総支出（資本的支出を含まない）。

総収入
　➡不動産を貸して得られる賃料収入等現金収入の総合計。

総支出
　➡不動産を貸すために必要な現金支出の総合計。

グロス収入
　➡総収入のこと。

ネット収入
　➡純収益（NOI or NCF）のこと。

不動産鑑定評価書
　➡不動産の客観的な価値を不動産鑑定士がまとめたレポート。

3-3 不動産の総収入内訳

3-2では、不動産のインカムゲイン「純収益」の一つであるNOIが、総収入－総支出で求められることを説明しました。ここでは、このうち、総収入の主な内訳について見ていきたいと思います（丸数字は図1参照）。

まず、主要な収入は、**賃料**収入（①）と**共益費**収入（②）です。

賃料収入とは、賃貸マンションの場合は各部屋を、オフィスビルの場合は各フロアを、テナントに賃貸して得られる**賃料**の総額のことで、最も大きな収入です。

共益費収入とは、テナントが共同で利用する場所、例えば、エントランス、エレベーターなどの管理に係る費用を、テナントから徴収した総額のことです。共益費は、「**共込み賃料**」などとして、しばしば、賃料と一体でテナントから収受できるものとして把握されます。

それら以外の収入としては、対象不動産の敷地や建物内に置かれている駐車場を利用者に賃貸して得られる駐車場収入（③）のほか、テナントから徴収する水道光熱費収入、建物内のトランクルームを利用者に賃貸して得られるトランクルーム収入や建物に設置した看板の利用者から得られる看板収入などの収入（④）があります。

但し、総収入のうち圧倒的に大きな部分は、賃料収入（しばしば共込み賃料収入）が占めることになるため、ざっくりと収入を把握する場合には、賃料収入≒総収入とされる場合も多くあります。

これら収入、特に①②の把握において、非常に重要な書類が賃貸借契約書です。

図2のとおり、**賃貸借契約書**とは、対象不動産の賃貸人（所有者）と賃借人（テナント）との間で、賃貸借に係るルールをまとめ、両者が合意した証として両者が記名押印している書面です。賃貸借契約書は、不動産から得られる各収入の根拠となる書類ですので、その内容把握は非常に重要です。

> **Point　不動産の総収入の主な源泉は？**
>
> 不動産を誰か（テナント）に貸して得られる賃料収入。賃料収入の根拠となる賃貸借契約書の内容確認が非常に重要。

3-3 不動産の総収入内訳

不動産投資で得られる総収入の内訳とその根拠

図1:総収入の内訳イメージ

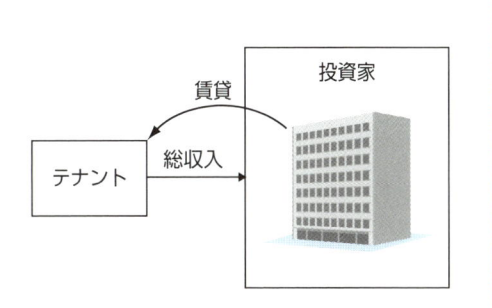

<総収入の主なもの>
①賃料収入
②共益費収入
③駐車場収入
④その他収入
 ・水道光熱費
 ・トランクルーム
 ・看板
 ・自動販売機
 ・礼金（住宅の場合）
 ・更新料（住宅の場合）

テナント ←賃貸― 投資家
テナント ―総収入→ 投資家

図2:賃貸借契約と賃貸借契約書のイメージ

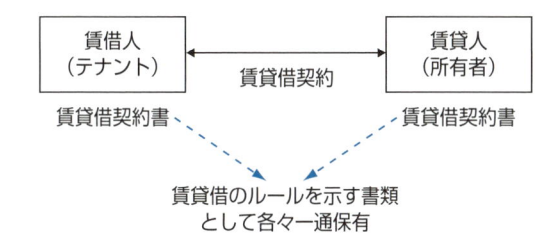

賃借人（テナント） ―賃貸借契約― 賃貸人（所有者）

賃貸借契約書　　　　　　賃貸借契約書

賃貸借のルールを示す書類として各々一通保有

第3講 不動産投資におけるインカムゲインとは？——不動産①

重要な専門用語

賃料
➡借り手自身が単独で使用する部分の対価として貸し手に支払う額。

共益費
➡借り手が共同で使用する部分の対価として貸し手に支払う額。

テナント（Tenant）
➡不動産（建物）の賃借人のこと。

共込み賃料
➡賃料と共益費を合計した額。

賃貸借契約書
➡貸し手と借り手が対象不動産の使用ルールを書面にしたもの。

3-4 不動産の総支出内訳

総収入 (3-3) に続いて、NOIを構成するもう一つの要素である総支出について、その内訳をみていきたいと思います (丸数字は図1参照)。

まず、個人が住む賃貸マンション、会社で働く人が利用するオフィスビル、商売に利用する商業施設など、それらの建物に共通して必要なのは、電気設備 (照明など)、給排水設備 (洗面所、トイレなど)、昇降機設備 (エレベーター) といった設備です。

テナントに建物を使用してもらうには、これらの設備が常時使えるように、日々チェックしたり、建物内部を清掃したり、不審者が侵入しないように警備したりすることが必要です。これらの業務を行う会社を建物管理会社 (**BM会社**) と総称し、これらの会社に支払う費用を**建物管理費用** (**BM費用**)(①) などと呼んでいます。

また、設備などが故障した場合には**修繕する費用** (②) も必要です。

このほか、テナントが退去した場合には、新しいテナントを募集する (**リーシング**を行う) ことで収入を維持する必要があり、そのためには、仲介会社に、広告費用や (成約した場合の) 仲介手数料といった費用を支払う必要があります (③)。

図2に示すように、上記の建物管理業務 (**BM**：ビルメンテナンス)、テナント業務 (**LM**：リーシングマネジメント)、修繕業務 (**CM**：コンストラクションマネジメント) といった業務をとりまとめて、賃貸人にレポートする業務を**プロパティマネジメント** (**PM**) と呼びます。

また、その業務を行う会社を**プロパティマネジメント会社** (**PM会社**)、PMへの報酬を**プロパティマネジメントフィー** (**PM報酬**) と言います (④)。

さらに、不動産を保有していれば、固定資産税や都市計画税 (略して**固都税**) といった税金 (⑤)、建物火災などの損害に備えた損害保険料 (⑥) を支払っておくことも必須です。その他、水道光熱費 (⑦) の支払いなどもあります。また、第13講で説明する借地や区分所有の場合には別途の支出 (⑧) も必要となります。

Point　なぜ支出が必要か？

不動産を誰かに貸せる状態に維持しておくためには様々な支出が必要。

3-4 不動産の総支出内訳

不動産投資で必要な総支出の内訳イメージ

図1：総支出の内訳イメージ

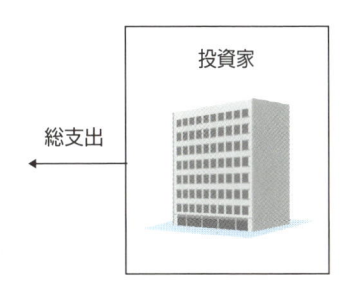

投資家
総支出 ←

＜総支出の主なもの＞
①建物管理費用（BM費用）
②修繕費
③テナント募集費用
④プロパティマネジメントフィー（PM報酬）
⑤不動産保有税（固定資産税・都市計画税）
⑥損害保険料
⑦水道光熱費
⑧その他費用
　・借地料（借地の場合）
　・組合管理費（区分所有の場合）

図2：PMとBMのイメージ（丸数字は図1の各支出と対応）

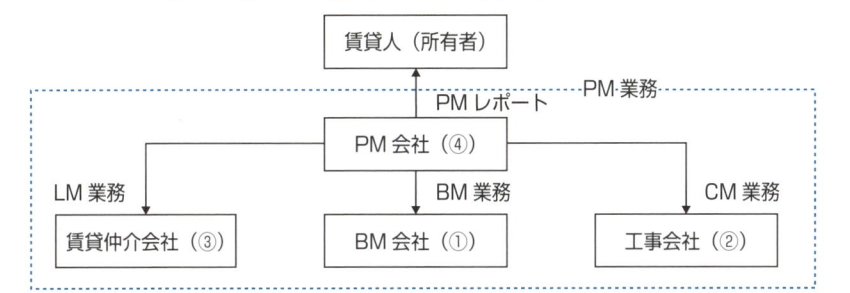

賃貸人（所有者）
↑ PMレポート
PM会社（④） ── PM業務
- LM業務 → 賃貸仲介会社（③）
- BM業務 → BM会社（①）
- CM業務 → 工事会社（②）

重要な専門用語

BM（Building Management, Building Maintenanceの略でビー・エム）
➡建物管理業務や建物管理会社などを示す略称。

リーシング（Leasing）
➡テナント（建物の賃借人）を募集すること。

プロパティマネジメント（PM：Property Management）
➡日常の不動産賃貸・管理を取り仕切る業務。

プロパティマネジメント会社（PM会社、PM：Property Manager）
➡日常の不動産賃貸・管理を取り仕切る会社。

プロパティマネジメントフィー（Property Management Fee）
➡PMが収受する報酬のこと。**PM報酬**。

固都税（ことぜい）
➡固定資産税と都市計画税のこと。

3-5 不動産の純収益②：NCF

ここでは、不動産の**インカムゲイン**「**純収益**」として「NOI」と並び重要な「NCF」、合わせて、会計上の利益としてよく用いられる「償却後利益」の概要を説明します。

これらを理解するには、まず、図1のとおり、現金ベースの「収入」「支出」「収支」と会計ベースの「収益」「費用」「利益」の違いを理解する必要があります。

簡単に言うと、前者は、「現金で実際に入ってきた額」「現金で実際に出ていった額」「両者の差額」のことで、後者は、「会計上で入ってきたと認識すべき額」「会計上で出ていったと認識すべき額」「両者の差額」のことです。

図2のとおり、「NOI」と「NCF」は現金ベースの収支を示し、「償却後利益」は会計ベースの利益を示します。

まず、「**NOI**」は、3-2で説明したとおり、賃料収入等の総収入から総支出を控除した額ですが、総支出に資本的支出が含まれていないものです。

一方、「**NCF**」は、賃料収入等の総収入から総支出を控除した額ですが、総支出に資本的支出が含まれます。したがって、NCFは、通常、図2に示すように、NOIから資本的支出を控除して算定されます。

この**資本的支出**とは、**CAPEX**とも呼ばれ、会計上、その支出を「費用」としてではなく、建物価値にプラスされる処理がなされる現金での「支出」のことで、実際に建物価値を上げるような大規模な修繕工事に係る支出等が該当します。

最後に、「**償却後利益**」は、図2のとおり、実際の総収入と総収益、総支出と総費用（減価償却費除く）がほぼ同額でNOI≒償却前利益とできることから、通常、NOIから減価償却費を控除した額として算定されます。

この**減価償却費**とは、実際の現金での「支出」はないものの、会計上の「費用」として認識されるものです。建物は年数を経るごとに次第に価値が下がっていくと考えるのが通常で、会計上では、一定の算式でこの「下がったとみなす」額を算出し、その額を毎年の損失ととらえて費用とします。

> **Point** 「NCF」と「償却後利益」の違いとは？
>
> NCF：NOI−資本的支出。償却後利益：NOI−減価償却費。

3-5 不動産の純収益②:NCF

NCFは「資本的支出」を、償却後利益は「減価償却費」を考慮

図1:「収入」「支出」「収支」と「収益」「費用」「利益」のイメージ

現金ベース
①収入
②支出
③収支(①-②)

会計ベース
①収益
②費用
③利益(①-②)

図2:「NOI」「NCF」「償却後利益」の違い

NOI(現金ベース)
①総収入
②総支出(資本的支出除く)
③NOI(①-②)

＝

NCF(現金ベース)
①総収入
②総支出(資本的支出除く)
③NOI(①-②)
④資本的支出(CAPEX)
⑤NCF(③-④)

≒

償却後利益(会計ベース)
①総収益
②総費用(減価償却費除く)
③償却前利益(①-②)
④減価償却費
⑤償却後利益(③-④)

Technical term 重要な専門用語

インカムゲイン(Income Gain)
➡保有で得られる収益。債券の利息、株の配当、不動産の純収益など。

純収益
➡賃料等の総収入から必要な支出を控除した額。**ネット収入**。

NOI(Net Operating Incomeの略でエヌ・オー・アイ)
➡賃料等の総収入-総支出(資本的支出を含まない)。

NCF(Net Cash Flowの略でエヌ・シー・エフ)
➡賃料等の総収入-総支出(資本的支出を含む)。NOI-資本的支出。

CAPEX(Capital Expenditureの略でキャペックス)
➡建物の価値を上げるような大規模修繕等の支出で**資本的支出**のこと。

償却後利益
➡NOIから減価償却費を控除した額で会計上の利益。**賃貸利益**。

減価償却費
➡建物の価値下落分を損失とみなした会計上の費用。

3-6 キャッシュフロープロジェクション①：インカムゲインの想定

最後に、不動産投資で活用される**キャッシュフロープロジェクション**のインカムゲインの部分だけを抜粋した表（図1）を参照しながら、実務でのインカムゲインの想定をイメージしてみたいと思います。

まずは、空部屋や空フロアも、全て賃貸していると（**稼働率**が100％と）想定した**満室想定収入**を算定します（①）。

この満室想定収入から、予想される**空室率**に基づき算定したマイナス分（空室損失②）を控除して、総収入を算定します（③）。

次に、この総収入から、想定した総支出（④）を控除して、NOIを算定します（⑤）。

さらに、NOIから資本的支出（CAPEX）を控除して、NCFを算定します（⑦）。

実際には、総収入と総支出は、3-3と3-4で説明したような各内訳項目を並べて、それらを想定保有期間の各年度ごとに予測していきます。

特に、総収入の予測にあたっては、直近の実績だけでなく、相場賃料との比較や賃貸借契約書に定められた今後の賃料条件や契約期間の確認などが重要です。賃料交渉により、賃料を上げていくなどの想定を反映することもあります（ここでは、簡略化のため、総収入も総支出も5年間変化なしと想定しています）。

以上が、現金ベースの収支の想定ですが、NOIから、会計税務事務所と打ち合わせをするなど一定の想定に基づいて算定した減価償却費を控除して、会計ベースの償却後利益を予想している場合も多くあります（⑧⑨）。

なお、図2のとおり、「総収入① or ③÷取得価格⑩ or 投資額」で求められる利回りが、**グロス利回り（表面利回り）**です（⑪⑫）。

一方、「純収益（NOI⑤ or NCF⑦）÷取得価格⑩ or 投資額」が、**ネット利回り（実質利回り）**とされるもので（⑬⑭）、各々NOI利回り、NCF利回りとも呼びます。

このように用いる数値次第で大きく利回りが異なることに留意が必要です。

> **Point** キャッシュフロープロジェクションの第一ステップは？
>
> 保有期間中のインカムゲイン「純収益（NOI & NCF）」の想定。

3-6 キャッシュフロープロジェクション①：インカムゲインの想定

インカムゲインの想定と各利回りイメージ

図1：キャッシュフロープロジェクション（保有期間中の想定）

（単位：百万円）

		項目	1年目	2年目	3年目	4年目	5年目	
保有期間中	現金	① 満室想定収入	200	200	200	200	200	
		② 空室損失	▲20	▲20	▲20	▲20	▲20	
		③ 総収入	180	180	180	180	180	
		④ 総支出	▲40	▲40	▲40	▲40	▲40	
		⑤ NOI	140	140	140	140	140	
		⑥ 資本的支出（CAPEX）	▲14	▲14	▲14	▲14	▲14	
		⑦ NCF（⑤－⑥）	126	126	126	126	126	
	会計	⑧ 減価償却費※	▲28	▲28	▲28	▲28	▲28	（参考）
		⑨ 償却後利益（⑤－⑧）	112	112	112	112	112	（参考）

※簡略化のため、資本的支出に関わらず減価償却費は変化しないと想定

図2：各利回りのイメージ

想定取得価格⑩2800百万円と想定

項目	1年目	2年目	3年目	4年目	5年目	
⑪ グロス利回り（①÷⑩）	7.1%	7.1%	7.1%	7.1%	7.1%	
⑫ グロス利回り（③÷⑩）	6.4%	6.4%	6.4%	6.4%	6.4%	
⑬ ネット利回り（⑤÷⑩）	5.0%	5.0%	5.0%	5.0%	5.0%	➡NOI利回り
⑭ ネット利回り（⑦÷⑩）	4.5%	4.5%	4.5%	4.5%	4.5%	➡NCF利回り
⑮ 償却後利回り（⑨÷⑩）	4.0%	4.0%	4.0%	4.0%	4.0%	（参考）

Technical term　重要な専門用語

キャッシュフロープロジェクション（Cash Flow Projection）
➡投資計画表のこと。**CF表**、**プロジェクション**などとも呼ぶ。

稼働率
➡実際に賃貸されている面積÷賃貸可能な面積（賃貸可能面積）。

満室想定収入
➡空室が全くないと想定した場合の年間総収入。

空室率
➡賃貸されていない面積÷賃貸可能な面積（賃貸可能面積）。

グロス利回り（表面利回り）
➡総収入（満室想定 or 空室考慮後）÷取得価格 or 投資額。

ネット利回り（実質利回り）
➡純収益（NOI or NCF）÷取得価格 or 投資額。

NOI利回り／NCF利回り
➡NOI÷取得価格 or 投資額。／NCF÷取得価格 or 投資額。

コラム4 「グロス」と「ネット」って何？

ここでは、本講で取り上げたグロスとネットを下記の図でおさらいします。

グロスとは、①②に示す「**グロス収入**」or「**グロス利回り**」のことを、**ネット**とは、③④に示す「**ネット収入**」or「**ネット利回り**」のことを意味します。

グロス収入もネット収入も、さらに、現況（例えば直近1年間の実績）ベースと、想定ベース（将来の想定）があります。また、利回りは、取得価格で割るのか、投資額（取得価格＋取得コスト）で割るのかによっても変わります。

このように、前提次第で大きく利回りが異なってきますので、不動産投資においては、どのケースを前提にした利回りをしっかりと確認することが重要です。

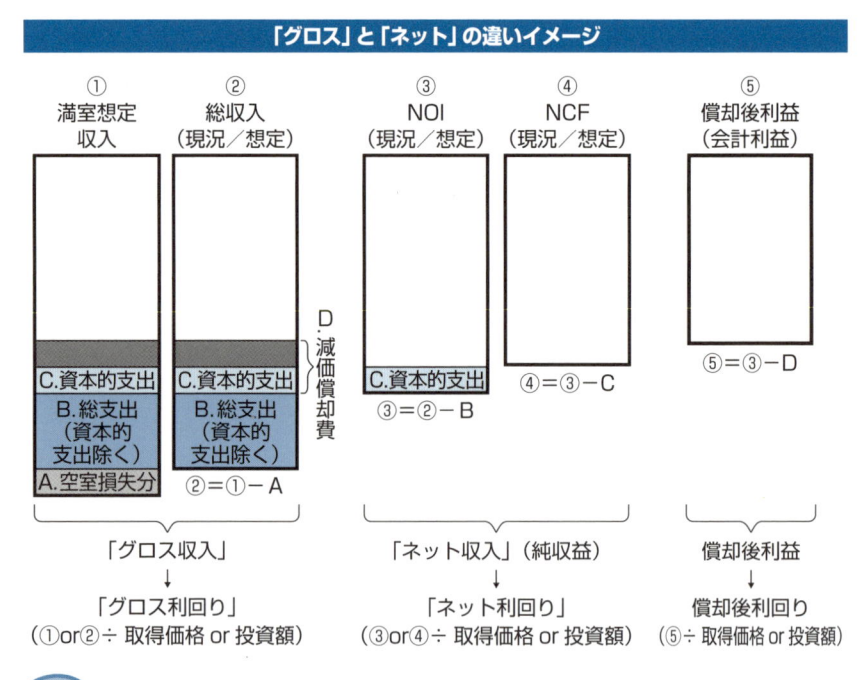

「グロス」と「ネット」の違いイメージ

① 満室想定収入	② 総収入（現況/想定）	③ NOI（現況/想定）	④ NCF（現況/想定）	⑤ 償却後利益（会計利益）
		D.減価償却費		
C.資本的支出	C.資本的支出	C.資本的支出	④＝③－C	⑤＝③－D
B.総支出（資本的支出除く）	B.総支出（資本的支出除く）	③＝②－B		
A.空室損失分	②＝①－A			

「グロス収入」→「グロス利回り」
（①or② ÷ 取得価格 or 投資額）

「ネット収入」（純収益）→「ネット利回り」
（③or④ ÷ 取得価格 or 投資額）

償却後利益 → 償却後利回り
（⑤ ÷ 取得価格 or 投資額）

> **Point 「グロス」「ネット」とは？**
>
> グロスとは、総収入（満室想定 or 空室考慮後）ベース。ネットとは、純収益（NOI or NCF）ベース。現況か想定かの違いにも留意が必要。

第4講

不動産投資における
キャピタルゲインとは？
―不動産②―

＜本講のポイント＞
不動産のキャピタルゲイン「売買差益」は純収益と利回りで決まる

図：不動産ファンドの5つの構成要素と本講の対象「不動産」

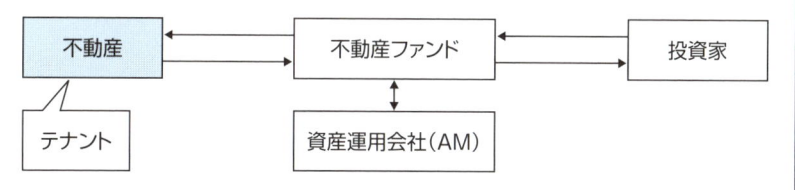

```
[不動産] ←→ [不動産ファンド] ←→ [投資家]
   |                ↕
[テナント]     [資産運用会社(AM)]
```

＜講義の内容＞

- **4-1** 不動産のキャピタルゲイン／ロス①
- **4-2** 不動産のキャピタルゲイン／ロス②
- **4-3** 不動産の価格が決まるプロセス
- **4-4** 投資家が価格を決める基本式（収益還元法：直接還元法）
- **4-5** 投資家が価格を決める基本式（収益還元法：DCF法）
- **4-6** キャッシュフロープロジェクション②：投資額及び売却額の想定
- **コラム5** 不動産の「簿価」と「時価」って何？

4-1 不動産のキャピタルゲイン／ロス①

まず、キャピタルゲインとは何か？ということを考えてみたいと思います。

キャピタルゲインとは、投資対象資産の価値上昇によって得られる売却益のことです。

代表的な例としては、図1のように、株式を売却した際に、売却額（売却価格－売却コスト）が投資額（取得価格＋取得コスト）を上回っている場合に生じる売却益が挙げられます。一方、売却額が投資額を下回っていれば、**キャピタルロス**（売却損）が発生します。

不動産も、株式と同様、図2のように、売却した際に、売却額（売却価格－売却コスト）が投資額（取得価格＋取得コスト）を上回っていれば、キャピタルゲインを得ることができます。また、これも株式と同様、売却額が投資額を下回っていれば、キャピタルロスが発生します。

株式（上場株式）と不動産の主な相違点は、前者が、**証券取引所**でいつでも売買することができ、自動的に売買価格も決められるのに対して、後者は、相対で売買先を探さねばならず、売買価格は相手方との交渉で決められるということです。

したがって、不動産のキャピタルゲイン／ロスは、投資家の投資ノウハウ次第で変わってくるということが、大きな特徴と言えます。

なお、不動産は、2-6でも説明したように、**インカムゲイン**を取得価格や投資額で割った**インカムリターン**が高いことが大きな特徴です。したがって、売却せずに長期間保有し続けるという選択肢がとられることも多々あります。

> **Point　キャピタルゲインとは？**
>
> 投資対象資産の価値上昇により得られる「売却額（or売却価格）」と「投資額（or取得価格）」の差益のこと。不動産のキャピタルゲインは不動産投資ノウハウ次第で大きく変動するのが特徴。

4-1 不動産のキャピタルゲイン／ロス①

「株式」と「不動産」のキャピタルゲイン／ロスイメージ

図1：株式の場合（②－①）で算定

特徴
・証券取引所を通じていつでも売買可能
・売買価格は証券取引所を通じて自動的に決定

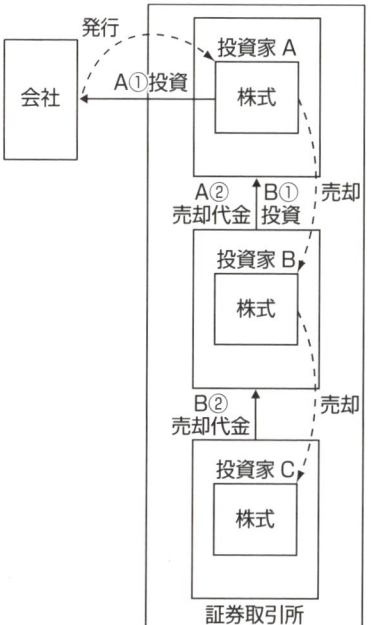

図2：不動産の場合（②－①）で算定

特徴
・売買の相手方を探索する必要
・売買価格は交渉で決定

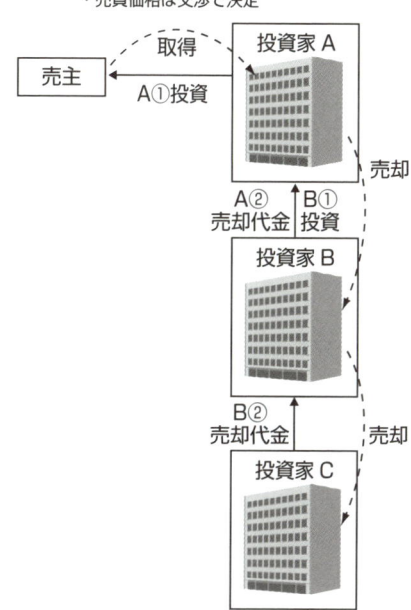

第4講 不動産投資におけるキャピタルゲインとは？ ──不動産②──

重要な専門用語

キャピタルゲイン（Capital Gain）
➡売却額（売却価格）が投資額（取得価格）より高いときの売買差益。

キャピタルロス（Capital Loss）
➡売却額（売却価格）が投資額（取得価格）より低いときの売買差損。

証券取引所
➡株式やREITの投資口を自由に売買できる場を提供している所。

インカムゲイン（Income Gain）
➡保有で得られる収益。債券の利息、株の配当、不動産の純収益など。

インカムリターン（Income Return）
➡インカムゲインによる投資利回り。

4-2 不動産のキャピタルゲイン／ロス②

　ここでは、不動産の売買に伴い発生する「キャピタルゲイン／ロス」と、それに伴う「キャピタルリターン」を、具体的なイメージで見ていきたいと思います。

　不動産の**キャピタルゲイン**とは、不動産の価値上昇によって得られる売却益、逆に、**キャピタルロス**とは、価値下落によって発生する売却損のことです。
　図1のように、簡易には、(1) 売却価格が取得価格を上回っている時にキャピタルゲインが、(2) 売却価格が取得価格を下回っている時にキャピタルロスが発生するとされます。
　しかし、不動産の取得には、税金、登記費用、仲介手数料などの取得コストが発生するため、実際に投資に必要な金額は、「取得価格＋取得コスト＝投資額」となります。一方で、不動産の売却にも、仲介手数料がかかったりしますので、実際の売却で得られる額は、「売却価格－売却コスト＝売却額」となります。
　つまり、正確には、(1) 売却額が投資額を上回って初めてキャピタルゲインが、(2) 売却額が投資額を下回るとキャピタルロスが発生するということになるため、取得コストと売却コストをきちんと把握することが必要です。

　したがって、図2のように、キャピタルゲイン／ロスに伴う投資利回りである**キャピタルリターン**も、簡易には「(売却価格－取得価格)÷取得価格」、正確には「(売却額－投資額)÷投資額」で示されることになります。

　なお、2-6で述べたように、「預金」「債券」「株式」といった他の投資対象資産と比べた大きな不動産の特徴は、**インカムリターン**が相対的に高いことです。
　しかし、不動産市況の変動や投資ノウハウ如何によって、キャピタルゲイン／ロスの額が非常に大きくなる場合があり、キャピタルリターンの多い少ないが、インカムリターンとキャピタルリターンを合わせた総合的な利回り（**トータルリターン**）に大きな影響を及ぼすことに留意が必要です。

> **Point　不動産のキャピタルゲイン／ロスを把握する際の留意点**
>
> 取得コストと売却コストを考慮に入れることが重要。

4-2 不動産のキャピタルゲイン／ロス②

不動産の「キャピタルゲイン／ロス」と「キャピタルリターン」のイメージ

図1：キャピタルゲインとキャピタルロスの算定イメージ

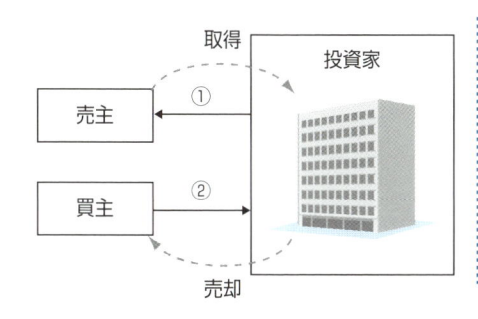

取得
投資家
売主 ①
買主 ②
売却

<(1) キャピタルゲインのケース>
①取得価格：28億円（投資額：30億円）
②売却価格：35億円（売却額：34.3億円）
②－①：7億円（4.3億円）

<(2) キャピタルロスのケース>
①取得価格：28億円（投資額：30億円）
②売却価格：25億円（売却額：24.5億円）
②－①：▲3億円（▲5.5億円）

図2：キャピタルリターンの算定イメージ

<(1) キャピタルゲインのケース>
➡7億円（4.3億円）÷28億円（30億円）≒25％（14.3％）

<(2) キャピタルロスのケース>
➡▲3億円（▲5.5億円）÷28億円（30億円）≒▲10.7％（▲18.3％）

Technical term 重要な専門用語

キャピタルゲイン（Capital Gain）
➡売却額（売却価格）が投資額（取得価格）より高いときの売買差益。

キャピタルロス（Capital Loss）
➡売却額（売却価格）が投資額（取得価格）より低いときの売買差損。

キャピタルリターン（Capital Return）
➡キャピタルゲイン・ロスによる投資利回り。

インカムリターン（Income Return）
➡インカムゲインによる投資利回り。

トータルリターン（Total Return）
➡インカムリターン＋キャピタルリターン。総合利回りのこと。

4-3 不動産の価格が決まるプロセス

では、不動産のキャピタルゲイン／ロスに影響を及ぼす投資額や売却額、つまり、不動産の価格はどのように決まるのでしょうか？

投資家が投資の対象とする不動産（収益物件）の価格を決める重要な鍵は、預金や債券の「利息」、株式の「配当」と比較される不動産の**インカムゲイン**「**純収益**」に基づく「利回り（**インカムリターン**）」です。

例えば、図1のように、毎年1億円の純収益が期待できる不動産を、10億円で買うのはどうでしょうか？この投資の**ネット利回り**は、年10%です。

年10%のネット利回りが確保できるような金融商品はあまりなく、しかも、10年保有すればインカムゲインだけで投資資金がほぼ回収できる水準です。

この不動産が利便性の高いところにあり、築年数も新しければ、かなりの投資家が買いたいと思い、投資家同士の競争となるでしょう。結果、投資家は、自らが期待する利回りを下げなければ（価格を上げなければ）買うことができません。

一方で、図2のように、この不動産を100億円で売ることができるでしょうか？
この投資のネット利回りは、年1%です。

1%の利回りしかないと、賃料収入が減少して利回りがさらに落ちたり、価値下落でキャピタルロスが発生する可能性もあると考えると、確実に元本が戻ってくる国債などを選択する投資家も多いでしょう。誰も買い手がいないとなると、売り手は、利回りを上げる（価格を下げる）選択をするでしょう。

つまり、図3にも示しているように、対象不動産から、投資家がどれくらいの「利回り」を期待するかで、不動産の価格は決まってくるわけです。

この投資家が期待する不動産の利回りを、「**期待利回り**」と呼びます。ちなみに、実際の純収益÷実際の取引価格で示される利回りは「**取引利回り**」です。

> **Point　不動産の価格の決まり方**
>
> 投資家が対象不動産から期待する利回り（期待利回り）で決まる。

4-3　不動産の価格が決まるプロセス

どれだけの「利回り」を期待するかで不動産の価格は決まる

図1：毎年1億円の純利益が期待できる不動産を10億円で買えるか？

ネット利回りは年10%
「年10%」なら得な感じ。投資家同士の競争になる。
⬇
もう少し「利回り」を下げないと（価格を上げないと）買えない。

図2：毎年1億円の純利益が期待できる不動産を100億円で売れるか？

ネット利回りは年1%
「年1%」なら確実な国債の方を選ぶ投資家も多い。
⬇
もう少し「利回り」を上げないと（価格を下げないと）売れない。

図3：つまり、不動産の価格は、投資家が期待する「利回り」で決まってくる

「利回り」＝「想定純利益÷想定取得価格」
⬇
上記の「利回り」は、投資家が、投資する不動産から期待する利回り（「期待利回り」）

重要な専門用語

インカムゲイン（Income Gain）
➡保有で得られる収益。債券の利息、株の配当、不動産の純収益など。

純収益
➡賃料等の総収入から必要な支出を控除した額。**ネット収入**。

インカムリターン（Income Return）
➡インカムゲインによる投資利回り。

ネット利回り（実質利回り）
➡純収益（NOI or NCF）÷取得価格 or 投資額。

期待利回り
➡投資家が期待する不動産の利回り。想定純収益÷想定取得価格。

取引利回り
➡実際の純収益÷実際の取引価格。

4-4 投資家が価格を決める基本式 (収益還元法：直接還元法)

4-3で説明したように、投資家は、想定される純収益を基準として、どれくらいの利回り（期待利回り）が得られるかで、投資したい不動産の価格を決めます。

これを式で表すと、図1のとおり、「純収益÷期待利回り（還元利回り）＝不動産価格」となり、この式こそが、**収益還元法**、特に**直接還元法**と呼ばれているものです。

実は、この直接還元法から、不動産価格が上下する仕組みがわかります（図2）。
つまり、①不動産価格が上がるのは、「純収益」が上がる、もしくは、「期待利回り」が下がるときで、②不動産価格が下がるのは、その逆ということになります。
まず、「純収益」の内訳は、「総収入－総支出（NCFの場合は資本的支出を含む）」ですので、総収入を上げるか、総支出を下げれば、不動産の価格は上がります。

次に、「期待利回り」の内訳は、一般に「安全とされる資産の金利（**リスクフリーレート**）＋不動産投資の場合に上乗せが必要な金利分（「不動産の**リスクプレミアム**」といった式で示されます。前者でよく用いられるのは、各国国債の金利です。
この式から、金利が上がると不動産価格が下がるということが分かります。国債金利が上がると、より高い利回りでないと不動産投資に魅力を感じないからです。
また、リスクプレミアムが下がる例としては、今まで一般的な投資対象と思われていなかった物流施設に投資する投資家が増え、多くの投資家が低い利回りで許容するようになってきたというような例が挙げられます。

なお、図3に示しているように、**キャップレート**（Capitalization Rateの略で、**還元利回りのこと**）は、期待利回りとほぼ同じ意味で用いられています。
キャップレートは、純収益から、不動産価格を逆算する（還元する）ために、不動産鑑定士や仲介会社が投資家の期待利回りを想定しているものと言えます。

> **Point　収益還元法：直接還元法とは？**
>
> 「純収益÷期待利回り」で直接、不動産価格を求める手法。期待利回りは、元手に還元する（Capitalizeする）利回りでキャップレートとも言う。

4-4 投資家が価格を決める基本式(収益還元法:直接還元法)

収益還元法(直接還元法):「純収益÷期待利回り」

図1:収益還元法(直接還元法)の基本式

$$\frac{純収益}{期待利回り(還元利回り)} = 不動産価格$$

図2:価格が上下する仕組み

①価格が上昇するケース

$$\frac{純収益↑(総収入↑-総支出↓)}{期待利回り↓(リスクフリーレート↓+リスクプレミアム↓)} = 不動産価格↑$$

②価格が下落するケース

$$\frac{純収益↓(総収入↓-総支出↑)}{期待利回り↑(リスクフリーレート↑+リスクプレミアム↑)} = 不動産価格↓$$

図3:「期待利回り」と「還元利回り(キャップレート)」

①投資家目線の直接還元法

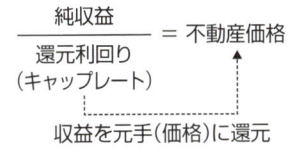

$$\frac{純収益}{期待利回り} = 不動産価格$$

②第三者目線の直接還元法

$$\frac{純収益}{還元利回り(キャップレート)} = 不動産価格$$

収益を元手(価格)に還元

第4講 不動産投資におけるキャピタルゲインとは? ―不動産②―

Technical term 重要な専門用語

収益還元法
→不動産の純収益(NOI or NCF)から不動産価格を算定する手法。

直接還元法(直還/ちょっかん)
→「純収益÷期待利回り(還元利回り)」で直接、不動産価格を求める手法。

リスクフリーレート(Risk Free Rate)
→安全とされる資産の金利。各国の国債利回りをよく使用。

リスクプレミアム(Risk Premium)
→ある資産に投資するのに上乗せが必要な利回り。

キャップレート(Cap Rate:Capitalization Rate/還元利回り/直接還元利回り)
→純収益から不動産価格を逆算するための利回り≒期待利回り。

4-5 投資家が価格を決める基本式（収益還元法：DCF法）

収益還元法には、直接還元法のほかにも、DCF法と呼ばれる手法があります。

DCF法とは、将来生み出す**CF（キャッシュフロー）**を現在価値に割り戻すという手法なのですが、分かりにくいので具体例でみていきましょう。

例えば、図1のように、年2％の金利が期待される金融商品を100万円買った場合、1年後には元々の100万円と利息の2万円の計102万円が、2年後にはこの102万円と利息の2.04万円を足した計104.04万円が得られることになります。

逆に考えると、年2％の金利が期待される金融商品ならば、図1の計算式のとおり、1年後の102万円の現時点での価値を100万円、2年後の104.04万円の現時点での価値も100万円と、算定することができるということです。

つまり、年r％の金利が期待できる金融商品のn年後に得られるCF（キャッシュフロー）の現時点での価値（**現在価値**）を、[n年後のCF÷$(1+r\%)^n$]で表すことができるのです。この式におけるr％を、**割引率（Discount Rate／ディスカウント・レート）**と呼び、還元利回り（期待利回り）の期間限定版とも言えます。

例えば、割引率は、5年間保有の想定であれば、5年国債の金利をリスクフリーレートとして、それに、5年間限定でのリスクプレミアムをプラスします。4-4の還元利回りと比べ、算定根拠は分かりやすいと言えるでしょう。

この式を使うと、図2のように、例えば、投資して1年目から5年目まで毎年異なるCF（純収益）が想定され、5年目の最終日に追加のCF（売却価格）が得られると想定されるような不動産について、期待する利回り（割引率）を設定することで現在価値、つまり、価格を求めることができます。

DCF法は、毎年のCFの変動可能性が大きいオフィスビルでよく用いられます。

> **Point　収益還元法：DCF法とは？**
>
> 不動産投資で得られる将来の「純収益」と「売却価格」の現時点での価値（現在価値）を逆算し、その合計額を不動産価格とする方法。

4-5 投資家が価格を決める基本式（収益還元法：DCF法）

収益還元法（DCF法）：将来のCFを割引率で各々現在価値に逆算

図1：現在価値と割引率のイメージ（金利2%と想定）

☆100万円の1年後の（将来）価値：102万円 [=100万円×(1+2%)]
　2年後の（将来）価値：104.04万円 [=100万円×$(1+2\%)^2$]
☆1年後の102万円の現在価値：100万円 [=102万円÷(1+2%)]
　2年後の現在価値：100万円 [=104.04万円÷$(1+2\%)^2$]
☆上記の2%が「割引率」➡ 不動産の場合の割引率：
　一定期間のリスクフリーレート＋一定期間のリスクプレミアム

図2：DCF法を用いた不動産価格の算定イメージ（単位：百万円）

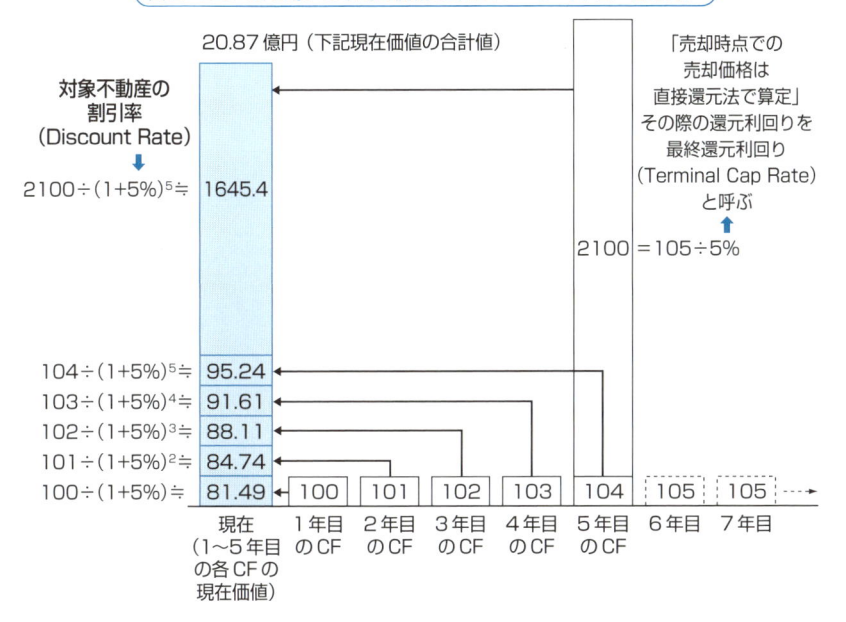

20.87億円（下記現在価値の合計値）

対象不動産の割引率（Discount Rate）
$2100 \div (1+5\%)^5 ≒ 1645.4$

「売却時点での売却価格は直接還元法で算定」その際の還元利回りを最終還元利回り（Terminal Cap Rate）と呼ぶ

$2100 = 105 \div 5\%$

$104 \div (1+5\%)^5 ≒ 95.24$
$103 \div (1+5\%)^4 ≒ 91.61$
$102 \div (1+5\%)^3 ≒ 88.11$
$101 \div (1+5\%)^2 ≒ 84.74$
$100 \div (1+5\%) ≒ 81.49$

現在（1〜5年目の各CFの現在価値）	1年目のCF	2年目のCF	3年目のCF	4年目のCF	5年目のCF	6年目	7年目
	100	101	102	103	104	105	105

第4講　不動産投資におけるキャピタルゲインとは？―不動産②―

重要な専門用語

DCF法（Discounted Cash Flow法）
➡想定純収益と売却価格から不動産の現在価値（価格）を逆算する手法。

CF（Cash Flowの略）
➡現金の出入りのこと。最終的に手元に残る現金の意味で使用される。

現在価値
➡将来のCFを割引率を用いて逆算した現時点での当該CFの価値。

割引率（Discount Rate／ディスカウント・レート）
➡将来CFから現在のCFの価値を算定するために用いる利率。

4-6 キャッシュフロープロジェクション②：投資額及び売却額の想定

3-6では、**キャッシュフロープロジェクション**のうち、保有期間中のインカムゲインの箇所だけを取り上げました。ここでは、投資時と売却時を加えて、キャッシュフロープロジェクションの全体像（図1）を見ていきたいと思います。

まずは、1の投資時です。

投資時の設定として必要なのは、対象不動産の取得価格の想定（①）と、当該不動産を取得するのに要する取得コストの想定（②）です。

取得価格に取得コストを加えたものが、投資にあたって投資家が必要とする投資額となります（③）。

次に、3の売却時です。

売却時の設定として必要なのは、対象不動産の売却価格の想定（①）と、当該不動産を売却するのに要する売却コストの想定（②）です。

売却価格から売却コストを控除したものが、投資家の手元に残る売却額となります（③）。

ここで、単純なキャピタルゲイン（A）は、しばしば、「売却価格－取得価格」で計算されますが、正確なキャピタルゲイン（B）の把握には、投資家が実際に受け取る額と支払う額が重要で、「売却額－投資額」で算定する必要があることが分かります。

以上が現金ベースでの想定ですが、会計ベースのキャピタルゲイン／ロスの把握においては、会計上の不動産価格とも言える「**不動産簿価**」が重要となります。大まかに言うと、「取得価格＋取得コスト」が当初の不動産簿価（**取得原価**）となり、毎年、会計上の費用である減価償却費がマイナスされ、不動産価値を上げる支出である資本的支出がプラスされるということを繰り返します。

つまり、会計上のキャピタルゲイン／ロスは、「売却額－売却時点での不動産簿価」で算定される**不動産売却損益（不動産売買損益）**（C）となることに留意が必要です。

> **Point** キャッシュフロープロジェクションの第二ステップは？
>
> 投資時の取得価格と取得コスト、売却時の売却価格と売却コストを想定。

4-6 キャッシュフロープロジェクション②：投資額及び売却額の想定

投資時と売却時の想定及びキャピタルゲインのイメージ

図：キャッシュフロープロジェクション（投資時と売却時の想定を追加）

(単位：百万円)

	項目	投資時 (1年目初)	1年目	2年目	3年目	4年目	5年目	売却時 (5年目終)
		1投資時		2保有期間中				3売却時
1投資時 現金	①取得価格	▲2,800						
	②取得コスト	▲200						
	③投資額（①＋②）	▲3,000						
会計	④取得原価（≒③）	3,000						
2保有期間中 現金	①NOI		140	140	140	140	140	
	②資本的支出（CAPEX）		▲14	▲14	▲14	▲14	▲14	
	③NCF（①－②）		126	126	126	126	126	
会計	④減価償却費		▲28	▲28	▲28	▲28	▲28	
	⑤償却後利益（①－④）		112	112	112	112	112	
3売却時 現金	①売却価格							3,500
	②売却コスト							▲70
	③売却額（①－②）							3,430
会計	④不動産簿価	3,000	2,986	2,972	2,958	2,944	2,930	▲2,930
	⑤売却損益（③－④）							500
A. キャピタルゲイン（3①－1①）								700
B. キャピタルゲイン（3③－1③）								430
C. 不動産売却損益（3③－3④）								500

第4講 不動産投資におけるキャピタルゲインとは？ ─不動産②─

重要な専門用語

キャッシュフロープロジェクション（Cash Flow Projection）
➡投資計画表のこと。CF表、プロジェクションなどとも呼ぶ。

不動産簿価（簿価）
➡会計上の不動産価格。減価償却費は－、資本的支出は＋要因。

取得原価
➡取得した時点の不動産簿価。取得価格＋取得コストの大半。

不動産売却損益／不動産売買損益
➡「売却額－売却時点の不動産簿価」で算定できる会計上の損益。

コラム5　不動産の「簿価」と「時価」って何?

ここでは、不動産の「簿価」「時価」と「売買価格」の違いをおさらいします。

まず、本講で説明した、実際の投資時の「①取得価格」に取得コストを加えた「②投資額」、実際の売却時の「③売却価格」から売却コストを控除した「④売却額」、これらは全て現金ベースの数値と言えます。

次に、「⑤**不動産簿価（簿価）**」とは、会計上の不動産価格と言えるもので、投資時には「**取得原価**」と呼ばれ、その後、毎年、**減価償却費**がマイナス、**資本的支出**がプラスされ、通常、徐々に減少していくものです。

一方、通常、不動産の時価とされているのが、不動産鑑定士による「⑥⑦**不動産鑑定評価額**」です。上場株式のように日々価格がつかない不動産において、不動産鑑定評価額はその時点での客観的な不動産価値とされ、簿価を上回っている場合（⑥）には**含み益**、下回っている場合（⑦）には**含み損**がある状態とされます。

「簿価」は会計上の価格、「時価」は不動産鑑定評価額を採用

| ① 取得価格 | ② 投資額 | ③ 売却価格 | ④ 売却額 | ⑤ 不動産簿価（簿価） | ⑥ 不動産鑑定評価額 | ⑦ 不動産鑑定評価額 |

②には「取得コスト」、③には「売却コスト」が含まれる。⑥には**含み益**、⑦には**含み損**が示される。

<現金ベース>　　<会計上の不動産価格>　　<不動産の時価>
会計上の不動産時価としても用いられる

Point　「売買価格」と「簿価」「時価」の違いとは?

「売買価格」は実際に取引された不動産価格。「簿価」は会計上の不動産価格。「時価」は客観的な不動産価値を示すもの。

第5講

不動産投資における
レバレッジとは？
―不動産③―

＜本講のポイント＞
不動産投資の利回りはレバレッジ「借入」の活用で大きく変わる

図：不動産ファンドの5つの構成要素と本講の対象「不動産」

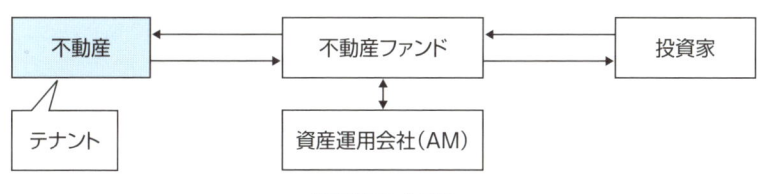

```
[不動産] ←→ [不動産ファンド] ←→ [投資家]
   ↑                ↕
[テナント]    [資産運用会社（AM）]
```

＜講義の内容＞

- **5-1** 不動産投資における借入（レバレッジ）の活用
- **5-2** 借入の効果（正のレバレッジ効果）
- **5-3** 借入の効果（負のレバレッジ効果）
- **5-4** 借入比率（LTV）とレバッジ効果
- **5-5** イールドギャップとレバレッジ効果
- **5-6** キャッシュフロープロジェクション③：借入（レバレッジ）の想定
- **コラム6**「ノンリコースローン」って何？
- **コラム7**「メザニン」って何？

5-1 不動産投資における借入（レバレッジ）の活用

本講では、不動産投資に欠かせない「借入」活用の効果について考えます。

まず、図1で、「1. 自己資金のみで投資する場合」と、「2. 自己資金＋**レンダー**（銀行など資金の貸し手）からの借入金で投資する場合」とを比べてみます。

1の場合には、①自己資金のみで不動産への投資額をまかなうので、②テナントから得られる賃料収入に基づく**純収益**と、③最終的な売却額は、それぞれ、そのまま投資家の自己資金となります。

一方、2の場合には、利息の支払いと借入元本の返済を考慮する必要があります。

まず、投資段階では、①A 自己資金と①B レンダーからの借入金を合わせて①C 不動産への投資額をまかないます。

次に、保有段階では、②A テナントから得られる賃料収入等に基づく**純収益**から、②B レンダーに借入利息を支払い、②C 残った額が、投資家の自己資金となります。

最終的な売却段階では、③A 売却額から、③B レンダーに借入元本の返済を行い、③C 残った額が、投資家の自己資金となります。

ここでのポイントは、2のように借入を利用することで、投資家からすると、少ない自己資金で大きな金額の不動産に投資することができるということです。

これが、図2のように、小さな力で大きなものを動かす梃子（レバレッジ）の仕組みと似ていることから、不動産投資では、借入のことを**レバレッジ**と呼び、略して、**レバ**とも呼ばれます。

また、少ない自己資金で大きな不動産を取得できること、その結果、投資家の自己資金に対するリターンを上げることができることを含めて、**レバレッジ効果**と呼んでいます。5-2以降で、具体的なレバレッジ効果を見ていきたいと思います。

Point レバレッジとは？

不動産投資においては「借入」のこと。借入の活用により、自己資金以上の投資が可能になり、その結果、自己資金に対するリターンを上げることもできる。

5-1 不動産投資における借入（レバレッジ）の活用

借入（レバレッジ）活用のイメージ

図1：「自己資金のみ」と「自己資金＋借入金」のイメージ

1. 自己資金のみ
2. 自己資金＋借入金

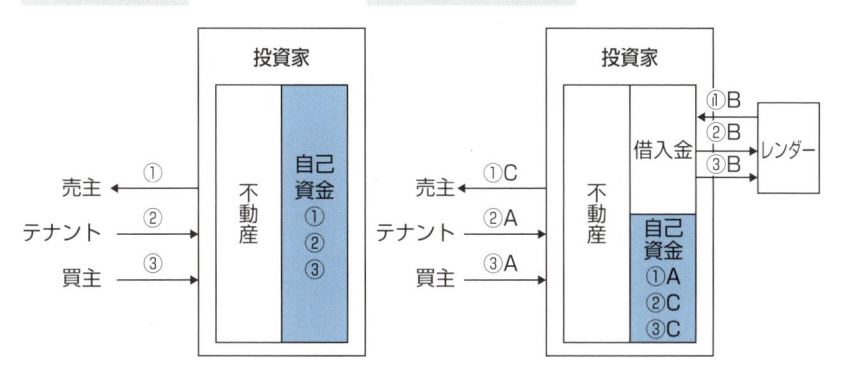

図2：レバレッジ効果イメージ

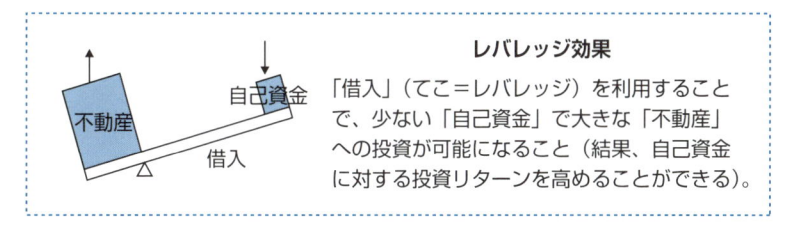

レバレッジ効果

「借入」（てこ＝レバレッジ）を利用することで、少ない「自己資金」で大きな「不動産」への投資が可能になること（結果、自己資金に対する投資リターンを高めることができる）。

重要な専門用語

レンダー（Lender）
→お金の貸し手。借り手は**ボロワー（Borrower）**。

純収益
→賃料等の総収入から必要な支出を控除した額。**ネット収入**。

レバレッジ（Leverage）／レバ
→「梃子（てこ）」の英語名で、不動産投資では借入のことを指す。

レバレッジ効果
→借入の活用で自己資金に対する不動産投資のリターンを上げること。

5-2 借入の効果（正のレバレッジ効果）

　ここでは、借入を活用することで投資家の投資リターンが上がるという、**正のレバレッジ効果**のイメージについて、見ていきたいと思います。

　まず、図1のように自己資金のみで投資を行ったケースです。
　このケースでは、①投資額を100億円、②純収益を5億円、③売却額を110億円と想定しています。結果として、インカムリターンは5％（＝②÷①）、キャピタルリターンは10％（＝（③－①）÷①）と算定できます。

　次に、図2のように借入金も用いて投資を行ったケースです。
　①投資に関しては、①A 自己資金50億円と①B 借入金50億円で、①C 投資額100億円をまかないます。
　②保有期間は、②A 純収益5億円から、②B 借入による利息1億円（＝借入金50億円×金利2％）を支払い、②C 残った額4億円が自己資金となります。
　③売却においては、③A 売却額110億円から、まず、③B 借入元本の50億円を返済し、③C 残った額60億円が自己資金となります。
　結果として、投資家の自己資金ベースでのインカムリターンは、8％（＝②C÷①A）、キャピタルリターンは、20％（＝（③C　①A）：①A）と算定できます。

　上記のとおり、インカムリターンで正のレバレッジ効果が発生するのは、「**不動産利回り**（但し**ネット利回り**）と借入金利の差」を示す**イールドギャップ（イールドスプレッド）** がプラスの場合です。
　また、キャピタルリターンで正のレバレッジ効果が発生するのは、「売却額が投資額を上回っている場合」です。

> **Point　正のレバレッジ効果とは？**
>
> 　不動産利回り（ネット利回り）が借入金利より高い場合、売却額が投資額を上回っている場合には、借入を利用した方が自己資金だけの場合よりも投資家のリターンは高まる。

5-2 借入の効果（正のレバレッジ効果）

正のレバレッジ効果のイメージ

図1：自己資金のみ（単位：億円）

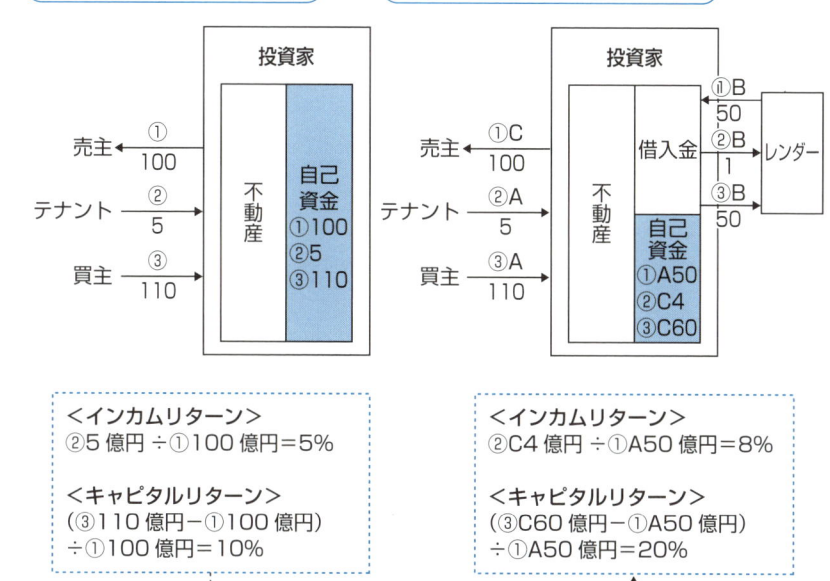

売主 ←① 100
テナント ②→ 5
買主 ③→ 110

不動産／自己資金
①100
②5
③110

図2：自己資金＋借入金（単位：億円）

売主 ←①C 100
テナント ②A→ 5
買主 ③A→ 110

借入金
①B 50
②B 1
③B 50
→レンダー

不動産／自己資金
①A50
②C4
③C60

＜インカムリターン＞
②5億円÷①100億円＝5％

＜キャピタルリターン＞
（③110億円－①100億円）
÷①100億円＝10％

＜インカムリターン＞
②C4億円÷①A50億円＝8％

＜キャピタルリターン＞
（③C60億円－①A50億円）
÷①A50億円＝20％

正のレバレッジ効果

重要な専門用語

正のレバレッジ効果
➡借入を利用した結果、投資家のリターンが向上すること。

不動産利回り
➡グロス利回り、ネット利回り（NOI利回り／NCF利回り）など。

ネット利回り（実質利回り）
➡純収益（NOI or NCF）÷取得価格 or 投資額。

NOI利回り／NCF利回り
➡NOI÷取得価格 or 投資額。NCF÷取得価格 or 投資額。

イールドギャップ（Yield Gap）
➡不動産利回り（ネット利回り）と借入金利の差。

イールドスプレッド（Yield Spread）
➡イールドギャップと同じ。

5-3 借入の効果（負のレバレッジ効果）

ここでは、借入を活用することで逆に投資家の投資リターンが下がってしまうという、**負のレバレッジ効果**のイメージについて、見ていきたいと思います。

まず、図1のように自己資金のみで投資を行ったケースです。
このケースでは、①投資額を100億円、②純収益を5億円、③売却額を90億円と想定しています。結果として、インカムリターンは5％（＝②÷①）、キャピタルリターンは▲10％（＝（③－①）÷①）と算定できます。

次に、図2のように借入金も用いて投資を行ったケースです。
①投資に関しては、5-2と同様です。
②保有期間は、②A 純収益5億円から、②B 借入による利息3億円（＝借入金50億円×金利6％）を支払い、②C 残った額2億円が自己資金となります。
③売却においては、③A 売却額90億円から、③B 借入元本の50億円を返済し、③C 残った額40億円が自己資金となります。
この場合の、インカムリターンは、4％（＝②C÷①A）、キャピタルリターンは、▲20％（＝（③C－①A）÷①A）と算定できます。

上記のとおり、インカムリターンで負のレバレッジ効果が発生するのは、「**不動産利回り（但しネット利回り）と借入金利の差**」を示す**イールドギャップ（イールドスプレッド）**がマイナスの場合です。
また、キャピタルリターンで負のレバレッジ効果が発生するのは、「売却額が投資額を下回っている場合」です。
特に、借入には返済期限があるため、借換え（**リファイナンス**）ができなければ、市場悪化時には低い価格での売却を余儀なくされることに留意が必要です。

> **Point　負のレバレッジ効果とは？**
>
> 不動産利回り（ネット利回り）が借入金利より低い場合、売却額が投資額を下回っている場合には、借入の利用で自己資金だけの場合よりも投資家のリターンは減少してしまう。

5-3 借入の効果（負のレバレッジ効果）

負のレバレッジ効果のイメージ

図1：自己資金のみ（単位：億円）

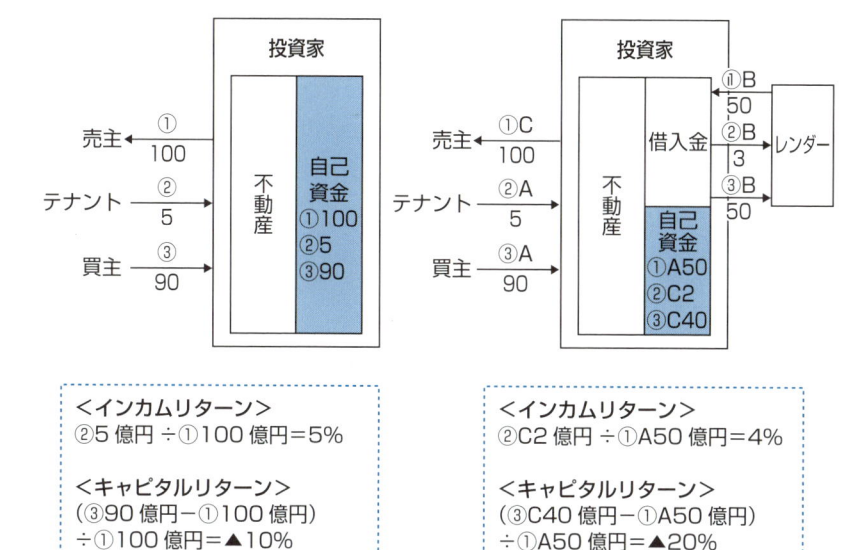

売主 ←① 100
テナント ←② 5
買主 ←③ 90

投資家／不動産／自己資金
①100
②5
③90

<インカムリターン>
②5億円÷①100億円＝5％

<キャピタルリターン>
（③90億円−①100億円）
÷①100億円＝▲10％

図2：自己資金＋借入金（単位：億円）

売主 ←①C 100
テナント ←②A 5
買主 ←③A 90

投資家／不動産／借入金／自己資金
①A50
②C2
③C40

レンダー
①B 50
②B 3
③B 50

<インカムリターン>
②C2億円÷①A50億円＝4％

<キャピタルリターン>
（③C40億円−①A50億円）
÷①A50億円＝▲20％

　　　　　　　負のレバレッジ効果

Technical term 重要な専門用語

負のレバレッジ効果（逆レバ）
➡借入を利用した結果、投資家のリターンが減少してしまうこと。

不動産利回り
➡グロス利回り、ネット利回り（NOI利回り／NCF利回り）など。

ネット利回り（実質利回り）
➡純収益（NOI or NCF）÷取得価格 or 投資額。

イールドギャップ（Yield Gap）
➡不動産利回り（ネット利回り）と借入金利の差。

イールドスプレッド（Yield Spread）
➡イールドギャップと同じ。

リファイナンス（Refinance）
➡借換えのこと。**リファイ**。

5-4 借入比率（LTV）とレバレッジ効果

　5-2、5-3で50％と設定した借入比率は、**LTV（エル・ティー・ヴィー）** と呼ばれ、レバレッジ効果に大きな影響を及ぼす数値です。

　例えば、図1のように、「不動産利回りと借入金利」、「売却額と投資額」を5-2と同様の設定とし、「借入比率（LTV）」だけを50％から75％に上げてみます。
　結果として、5-2では、各々、8％と20％であった、インカムリターンとキャピタルリターンが、14％と40％に上昇しました。

　同様に、図2のように、「不動産利回りと借入金利」、「売却額と投資額」を5-3と同様の設定とし、「借入比率（LTV）」だけを50％から75％に上げてみます。
　結果として、5-3では、各々、4％と▲20％であった、インカムリターンとキャピタルリターンが、2％と▲40％に減少しました。

　つまり、LTVを高くする（**ハイレバ**にする）ほど、正のレバレッジ効果も負のレバレッジ効果も高まるということです。
　逆に、LTVを低くする（**ローレバ**にする）ほど、正のレバレッジ効果も負のレバレッジ効果も低くなります。

　なお、実際のLTVには、借入を示すLにも、不動産価格を示すVにも、様々な数値が用いられることがあることに留意が必要です。
　特に、銀行などの**レンダー**にとってのVとは、不動産を売却できると想定した価格である不動産評価額（レンダー自らの評価額や不動産鑑定評価額）を示し、このV×60％といった計算で融資額が決められます。
　また、LTVと区別するため、**LTP**や**LTC**が用いられることもあります。LTPのPは不動産の取得価格（Price）を、LTCのCは投資額（Cost）を示します。

> **Point　借入比率（LTV）とは？**
>
> 　不動産価格に対する借入金の割合のこと。LTVが高くなるほど、正負のレバレッジ効果も高まる。

5-4 借入比率（LTV）とレバレッジ効果

借入比率（LTV）とレバレッジ効果

図1：5-2のケース（単位：億円）
（LTVのみ75%に変更）

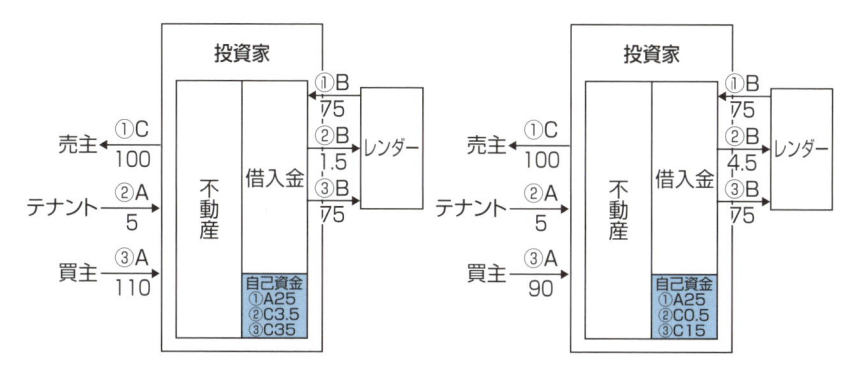

- 売主 ①C 100
- テナント ②A 5
- 買主 ③A 110
- 投資家（不動産／借入金／自己資金 ①A25 ②C3.5 ③C35）
- レンダー ①B 75 ②B 1.5 ③B 75

<インカムリターン>
②C3.5億円 ÷ ①A25億円 ＝ 14%

<キャピタルリターン>
（③C35億円 － ①A25億円）
÷ ①A25億円 ＝ 40%

図2：5-3のケース（単位：億円）
（LTVのみ75%に変更）

- 売主 ①C 100
- テナント ②A 5
- 買主 ③A 90
- 投資家（不動産／借入金／自己資金 ①A25 ②C0.5 ③C15）
- レンダー ①B 75 ②B 4.5 ③B 75

<インカムリターン>
②C0.5億円 ÷ ①A25億円 ＝ 2%

<キャピタルリターン>
（③C15億円 － ①A25億円）
÷ ①A25億円 ＝ ▲40%

Technical term　重要な専門用語

LTV（Loan to Valueの略でエル・ティー・ヴィー）
➡借入金÷不動産評価額のこと。一般には借入比率。**担保掛目**も同義。

ハイレバ（high leverageの略）
➡高い借入比率のこと。

ローレバ（low leverageの略）
➡低い借入比率のこと。

レンダー（Lender）
➡お金の貸し手。借り手はボロワー（Borrower）。

LTP（Loan to Priceの略でエル・ティー・ピー）
➡借入金÷不動産取得価格のこと。

LTC（Loan to Costの略でエル・ティー・シー）
➡借入金÷投資額（取得価格＋取得コスト）のこと。

5-5 イールドギャップとレバレッジ効果

　5-2、5-3で説明した「不動産利回り（ネット利回り）と借入金利の差」として示される「**イールドギャップ（イールドスプレッド）**」も、レバレッジ効果に大きな影響を及ぼす重要な数値です。

　例えば、図1のように、「借入比率」、「不動産利回り」、「投資額」を5-2と同様の設定とし、「借入金利」だけを2%から1%に下げてみます。
　結果として、5-2では、8%であったインカムリターンが、9%に上昇しました。

　同様に、図2のように、「借入比率」、「不動産利回り」、「投資額」を5-3と同様の設定とし、「借入金利」だけを6%から7%に上げてみます。
　結果として、5-3では、4%であったインカムリターンが、3%に低下しました。

　つまり、イールドギャップのプラスが大きくなるほど、正のレバレッジ効果が高まり、逆にマイナスが大きくなれば、負のレバレッジ効果が高まるということです。

　また、図3に示すように、イールドギャップとは、「不動産利回り（ネット利回り）と借入金利の差」です。図3の右図と左図を見ると分かるように、不動産利回りが低くても、借入金利がそれ以上に低ければ、イールドギャップは大きくなり、**レバレッジ効果**が得られることが分かります。
　現状、日本では、低金利が続いており、他国と比べ、このイールドギャップが大きいことが、不動産投資が魅力的な一つの理由とされています。
　また、世界各国の不動産市場におけるイールドギャップを比較する上でよく用いられるのは、各国の国債利回り（国債金利）です。国債金利は、各国の銀行などが融資する際の基準金利として用いられることが多く、大まかに当該国での借入金利水準を把握する上で有用だからです。

Point　イールドギャップとは？

　不動産利回り（ネット利回り）と借入金利の差のこと。イールドギャップのプラスが大きくなるほど、正のレバレッジ効果は高まる。

5-5 イールドギャップとレバレッジ効果

イールドギャップとレバレッジ効果

図1：5-2のケース（単位：億円）
（借入金利のみ1％に変更）

```
                    投資家
                         ①B
                         ↕50
売主 ①C   不  借入金  ②B  レンダー
   →100   動   ←      →0.5
         産
テナント ②A        自己
    →5           資金
                 ①A50
                 ②C4.5
```

<インカムリターン>
②C4.5億円 ÷ ①A50億円 ＝ 9％

図2：5-3のケース（単位：億円）
（借入金利のみ7％に変更）

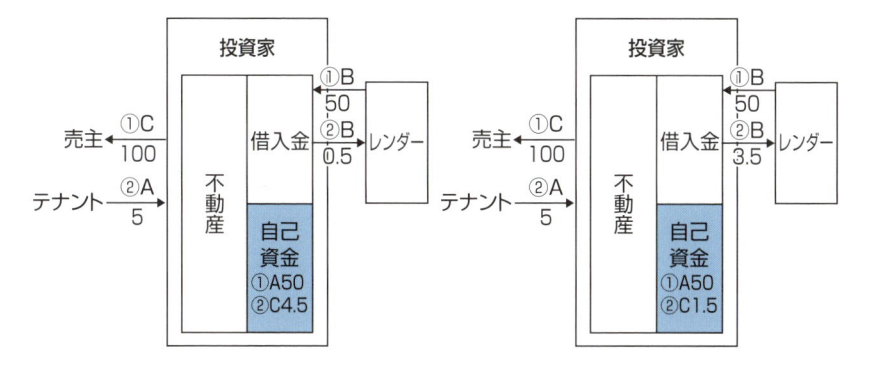

```
                    投資家
                         ①B
                         ↕50
売主 ①C   不  借入金  ②B  レンダー
   →100   動   ←      →3.5
         産
テナント ②A        自己
    →5           資金
                 ①A50
                 ②C1.5
```

<インカムリターン>
②C1.5億円 ÷ ①A50億円 ＝ 3％

図3：イールドギャップのイメージ

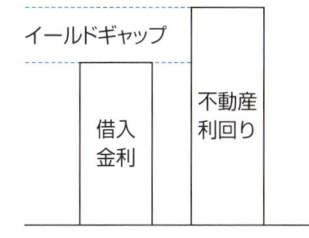

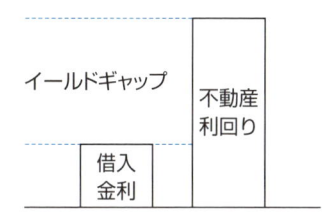

（左）イールドギャップ：借入金利＜不動産利回り（ギャップ大）
（右）イールドギャップ：借入金利＜不動産利回り（ギャップ小）

重要な専門用語

イールドギャップ（Yield Gap）
➡不動産利回り（ネット利回り）と借入金利の差。

イールドスプレッド（Yield Spread）
➡イールドギャップと同じ。

レバレッジ効果
➡借入の活用で自己資金に対する不動産投資のリターンを上げること。

5-6 キャッシュフロープロジェクション③：借入（レバレッジ）の想定

　ここでは、3-6及び4-6で説明した**キャッシュフロープロジェクション**（現金ベースの部分のみ抜粋）に、図のとおり、借入を利用した場合の数値も加えて、本講で学んだレバレッジ効果を改めておさらいしたいと思います。

　まず、1の投資時には、自己資金のみの場合は全額必要だった投資額30億円を、借入金18億円を活用することで、自己資金は12億円で済むこととなります。
　次に、2の保有期間中においては、自己資金だけで調達していた場合にはNCF126百万円がそのまま投資家の自己資金となりましたが、借入利息36百万円の支払いが必要ですので、最終的な投資家手取額（自己資金）は90百万円となります。
　最後に、3の売却時には、自己資金だけで調達していた場合には売却額34.3億円がそのまま投資家の自己資金となりましたが、借入元本18億円の返済が必要ですので、最終的な投資家手取額（自己資金）は16.3億円となります。

　借入によるレバレッジ効果は、図の代表的な2つの投資指標で確認できます。
　一つ目は、**キャッシュ・オン・キャッシュ（・リターン）**です。
　これは、「毎年の現金ベースの投資家手取りキャッシュフロー÷投資家の投資額」で算定される数値で、預金や債券の利息、株式の配当といった他の資産のインカムリターンと簡易に比較することができます。ここでは、借入の活用で、自己資金のみの4.2%から、7.5%に上昇していることが分かります。
　二つ目は、**IRR（アイ・アール・アール）**です。
　大まかには、インカムリターンだけではなく、キャピタルリターンも含めて、年平均のトータルリターンがどの程度になるかを示す数値と言えます。ここでは、借入の活用で、自己資金のみの6.7%から、13.0%に上昇していることが分かります。
　実際のシミュレーションでは、投資家が目指す投資指標の数値を満たすべく、どの程度の借入を利用するかを検討していくことになります。

> **Point　キャッシュフロープロジェクションの第三ステップは？**
>
> 目標とするキャッシュ・オン・キャッシュやIRRの数値を達成するように、借入条件を想定し、レンダーとの交渉を実施していく。

5-6 キャッシュフロープロジェクション③：借入（レバレッジ）の想定

借入を活用した場合のレバレッジ効果のイメージ

図：キャッシュフロープロジェクション（4-6 に借入の想定を追加）

（グレー：自己資金のみの場合、ブルー：自己資金＋借入金の場合）
（単位：百万円）

	項目		投資時 （1年目初）	1年目	2年目	3年目	4年目	5年目	売却時 （5年目終）
			1投資時		2保有期間中				3売却時
1投資時	現金	①取得価格	▲2,800						
		②取得コスト	▲200						
		③投資額（①+②）	▲3,000						
		④借入金	1,800						
		⑤自己資金（③-④）	1,200						
2保有期間中	現金	①NOI		140	140	140	140	140	
		②資本的支出（CAPEX）		▲14	▲14	▲14	▲14	▲14	
		③NCF（①-②）		126	126	126	126	126	
		④借入利息（金利2%）		▲36	▲36	▲36	▲36	▲36	
		⑤自己資金（③-④）		90	90	90	90	90	
3売却時	現金	①売却価格							3,500
		②売却コスト							▲70
		③売却額（①-②）							3,430
		④借入元本返済							▲1,800
		⑤自己資金（③-④）							1,630
投資指標	キャッシュオンキャッシュ			4.2%	4.2%	4.2%	4.2%	4.2%	
	キャッシュオンキャッシュ			7.5%	7.5%	7.5%	7.5%	7.5%	
	投資家キャッシュフロー		▲3,000	126	126	126	126	3,556	
	IRR		6.7%	←irr（F29：K29）			↑ +K17+L22		
	投資家キャッシュフロー		▲1,200	90	90	90	90	1,720	
	IRR		13.0%	←irr（F31：K31）			↑ +K19+L24		

重要な専門用語

キャッシュフロープロジェクション（Cash Flow Projection）
➡投資計画表のこと。CF表、プロジェクションなどとも呼ぶ。

キャッシュ・オン・キャッシュ（COC：Cash on Cash）
➡毎年の投資家現金手取額÷投資家の投資額で示される利回り。

IRR（Interenal Rate of Returnの略でアイ・アール・アール）[※]
➡毎年の投資家現金手取額が異なる場合の年平均利回りのイメージ。

※IRRは、図のとおり、Excelの関数「+IRR」を用いて計算します。

コラム6 「ノンリコースローン」って何？

ここでは、不動産ファンドに欠かせないノンリコースローンについて説明します。

図1は、投資家自身が借入人となる通常のローンで、借入元本を返済できない場合、投資家は投資対象不動産以外の他の資産の収入や売却代金からも返済する必要があります。他の資産にも遡及（recourse）する**リコースローン**です。

一方、図2のように、投資対象不動産だけを保有する特別な会社（**SPC：Special Purpose Company**）が借入人となるのが、**ノンリコースローン（NRL：Non-Recourse Loan）／ノンリコ**で、投資家は、このSPCに出資して、SPCを通じて、不動産からの収益を受け取ります。

SPCは、投資家自身の資産とは切り離され、SPCが借入元本を返済できない場合でも、投資家が他の資産の収入や売却代金での返済を求められることはありません。投資家は、出資金だけの責任（**有限責任**）でレバレッジを活用できるのです。

なお、レンダーは、SPCが、当該不動産以外の影響を負うことがないように、投資家だけでなく様々な関係者から隔離されていることを求め、これを**倒産隔離**と呼んでいます。

このノンリコースローンは、投資対象となる不動産が決まっている私募ファンド（第8講参照）で一般的に用いられています。不動産が常時入れ替わっていくJ-REITや私募REITのローンは、通常のローンに近いローンと言えます。

通常のローンとノンリコースローンの違いイメージ

図1：通常のローン（○が返済原資）

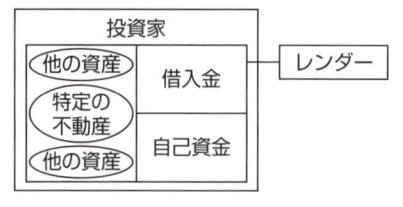

投資家		
他の資産	借入金	レンダー
特定の不動産		
他の資産	自己資金	

図2：ノンリコースローン（○が返済原資）

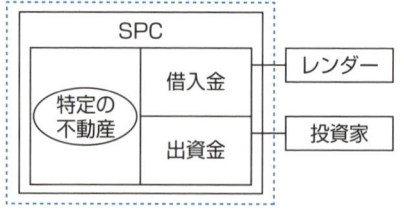

SPC		
特定の不動産	借入金	レンダー
	出資金	投資家

特定の不動産以外のリスクを負わないようにSPCを他の関係者から隔離（倒産隔離）

Point　ノンリコースローンとは？

特定の担保資産だけを返済原資とするローンのこと。

コラム7 「メザニン」って何？

　メザニンは、投資家のレバレッジ活用の一手段として用いられ、多くの場合、コラム6で取り上げた、SPCへのノンリコースローンの形態で用いられます。

　メザニン（Mezzanine）とは、中2階を意味し、図1のように、デットとエクイティの中間的な（LTVで60％〜80％のイメージ）資金調達手段を指す用語として用いられます。メザニンは、略して、**メズ**と呼ばれることも多くあります。

　具体的には、図2のように、利息や元本の返済が**シニアローン**（Senior Loan）よりも後回しにされる代わりに高い金利が得られる「**メザニンローン**（Mezzanine Loan）」、及び、分配金の分配が**劣後エクイティ**よりも優先される「**優先エクイティ**」のことをメザニンと呼んでいます。

　また、同じく図2に示すように、それぞれを提供するレンダーや投資家のことを、**シニアレンダー**（Senior Lender）、**メザニンレンダー**（Mezzanine Lender）、優先投資家、劣後投資家などと呼んでいます。

メザニンの概要

図1：メザニンのイメージ

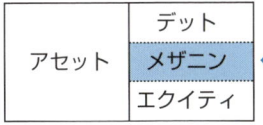

アセット	デット
	メザニン	← 中2階（デットとエクイティの中間）
	エクイティ

図2：メザニンの代表例「メザニンローン」と「優先エクイティ」のイメージ

アセット	デット	← シニアローン（シニアレンダー）
	メザニン	← メザニンローン（メザニンレンダー）
	メザニン	← 優先エクイティ（優先投資家）
	エクイティ	← 劣後エクイティ（劣後投資家）

Point 「メザニン」とは？

デットとエクイティの中間的な資金調達手段で、「メザニンローン」か「優先エクイティ」のこと。

第6講

不動産ファンドを通じて不動産に投資する理由
―不動産ファンド①―

<本講のポイント>
不動産ファンドは誰もが気軽に不動産に投資するためのツール

図：不動産ファンドの5つの構成要素と本講の対象「不動産ファンド」

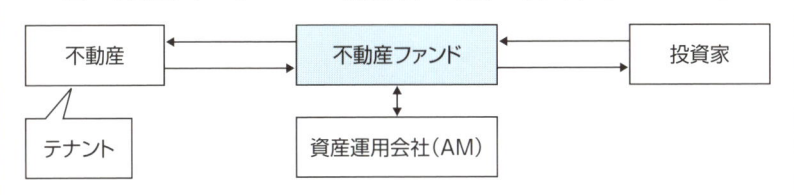

```
不動産 ←→ 不動産ファンド ←→ 投資家
  │              ↕
テナント      資産運用会社（AM）
```

<講義の内容>
- **6-1** 直接不動産投資のイメージとその問題点
- **6-2** 不動産会社への投資は？
- **6-3** 不動産ファンドを通じた間接不動産投資とは？
- **6-4** 不動産の証券化・金融化とは？①：不動産ファンドの出資持分
- **6-5** 不動産の証券化・金融化とは？②：不動産信託受益権
- **6-6** 信託の仕組みと不動産信託受益権の概要
- **コラム8** 「二重課税の回避」って何？

6-1 直接不動産投資のイメージとその問題点

まず、第3～5講で説明した**直接不動産投資**のイメージをおさらいしましょう。

図1の①②③は、「①買う ➡ ②持つ（貸す）➡ ③売る」という投資の3ステップを示しています。ABCはその中での順番で、各矢印はお金の流れを示しています。

まず、①の「買う」ステップです。

前講で説明したように、不動産投資では、多くの場合、投資家の自己資金（①A）だけでなく、**レンダー**からの借入も利用します（①B）。そして、自己資金と借入金を合わせて、不動産を取得します（①C）。

次に、②の「持つ（貸す）」ステップです。

まず、テナントによる賃料収入等をベースにした**純収益（NOI/NCF）**が得られます（②A）。この純収益から、まず、レンダーに借入の利息を支払い（②B）、その残余が、投資家の手元に残ります（②C）。

最後に、③の「売る」ステップです。

まず、買主から購入代金が支払われます（③A）。その代金から、レンダーに借入元本を返済し（③B）、その残余が、投資家の手元に残ります（③C）。

以上が、直接不動産投資のイメージです。

さて、ここで、債券や株式と比べると、不動産投資には2つの問題点があります。

一つは、借入を利用したとしても多額の自己資金が必要ということです（1）。

マンション1戸でも数百万から数千万、1棟なら数千万から数十億、大きなタワーマンションやオフィスビルには数十億から数百億円が必要となります。

二つめは、不動産投資・運用ノウハウが必要ということです（2）。

つまり、直接不動産投資の場合には、どんな不動産を買えばいいのか、誰に貸したらいいのか、いつ売ればいいのか、また、誰にそれらをお願いすればよいのか、などを全て投資家自身が考え、実行しなければなりません。

以上から、直接不動産投資が可能な投資家は限定的にならざるを得ません。

> **Point　直接、不動産に投資する場合の2つの問題点**
>
> 「多額の自己資金が必要」「不動産投資・運用ノウハウが必要」

6-1 直接不動産投資のイメージとその問題点

投資家が直接不動産を保有 ➡ 2つの問題点

図：直接不動産投資のイメージ

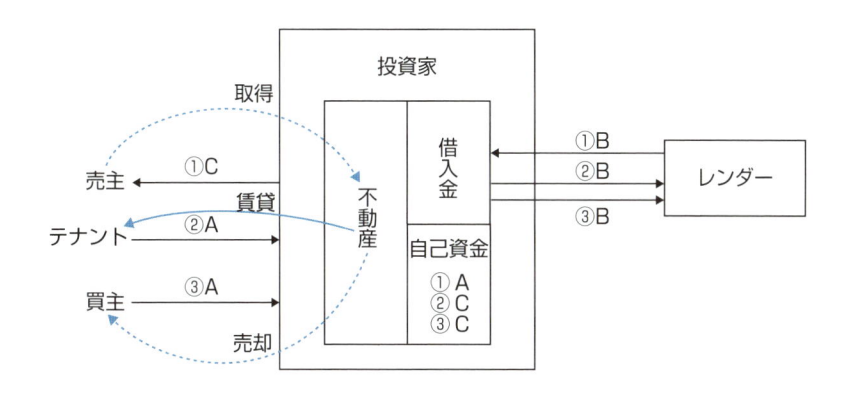

★直接不動産投資の2つの問題点

（1）多額の自己資金が必要
（2）不動産投資・運用ノウハウが必要

Technical term 重要な専門用語

直接不動産投資
　➡投資家が直接不動産に投資する投資の方法。

レンダー（Lender）
　➡お金の貸し手。借り手はボロワー（Borrower）。

純収益
　➡賃料等の総収入から必要な支出を控除した額。ネット収入。

NOI（Net Operating Incomeの略でエヌ・オー・アイ）
　➡賃料等の総収入－総支出（資本的支出を含まない）。

NCF（Net Cash Flowの略でエヌ・シー・エフ）
　➡賃料等の総収入－総支出（資本的支出を含む）。NOI－資本的支出。

第6講 不動産ファンドを通じて不動産に投資する理由 ―不動産ファンド①―

6-2 不動産会社への投資は？

　多額の資金と不動産投資・運用ノウハウが必要な直接不動産投資は、誰もが可能なわけではありません。
　では、小額で簡単にできる不動産投資の方法はないのでしょうか？

　一つの方法として考えられるのは、図のように、不動産を大量に保有している不動産会社の株を買うことです。

　2-4で、**株式**は「会社の持分証明書」のようなものと説明しました。
　ですから、大量の不動産を保有する不動産会社の株式を持つことは、その持分に応じて、当該不動産の持分（小口化した不動産）を持っているようなものだと言えます。そして、**配当**により、当該不動産からの収益を持分に応じて得ることができます。
　しかも、株式ですから、数万円という小額の資金で投資することも可能です（1）。
　また、不動産会社は不動産のプロですから、不動産投資・運用ノウハウも不要です（2）。

　しかし、この場合には、直接不動産投資と比べ、新たな2つの問題点が生じます。
　一つめは、**法人税**と内部留保の存在です（3）。
　会社の利益には法人税が課されます。したがって、不動産で会社が稼いだ利益が、仮に100あったとしても、法人税が35％とすると、35を法人税で支払わなければなりません。さらに、**内部留保**といって、会社は将来のビジネスのために任意の額を会社の手元に残して置くことができます。内部留保を15行うとすると、100利益があっても、最終的に投資家は50しか受け取れないということになります。
　二つめは、**収益物件**のみに投資しているとは言えないということです（4）。
　不動産会社は、土地を仕入れて、分譲マンションを建築し、最終的に各戸を個人に販売するという分譲ビジネスも行っています。したがって、収益をすぐには生まない開発用の土地（「開発物件」）も保有しているのが一般的です。

> **Point** 直接不動産投資の替わりに不動産会社に投資する場合の問題点
>
> 「法人税と内部留保の存在」「収益物件以外の不動産も保有」

6-2 不動産会社への投資は？

不動産会社への投資 ➡ 小額投資が可能で、ノウハウ不要だが…

図：不動産会社への投資イメージ

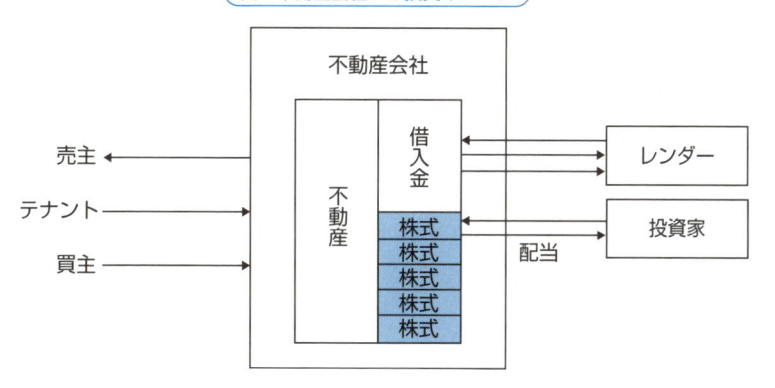

★**不動産会社を通じた不動産投資の特徴**

（1）小額での投資が可能
（2）不動産投資・運用ノウハウは不要
（3）法人税と内部留保が発生
（4）収益物件以外の不動産も対象

重要な専門用語

株式
　➡会社の「持分証明書」のようなもの。その持ち主が**株主**。
配当
　➡株主（投資家）がもらえる会社の利益の分け前。
法人税
　➡法人（会社）の利益に課される税金。
内部留保
　➡会社が利益を配当せず将来に備えて内部に貯めておくこと。
収益物件
　➡誰か（テナント）に貸すことで賃料という収入が得られる不動産。

6-3 不動産ファンドを通じた間接不動産投資とは？

「直接不動産投資」や「不動産会社への投資」のそれぞれの問題点を解消できる不動産投資の方法が、「不動産ファンドを通じた**間接不動産投資**」です。

不動産ファンドは、一言で言うと、「投資家が不動産投資のために使う特別な会社」のことで、収益物件だけを保有する不動産会社のようなものです。

この不動産ファンドで用いられる会社は、不動産投資のための特別な会社ということで、**特別目的会社**とも呼ばれます。また、特別目的会社は、その英語名の頭文字をとって**SPC**（エス・ピー・シー）とも呼ばれています。コラム1でも説明したように、ファンドでは会社型だけでなく、組合型や信託型もあるので、**SPE**や**SPV**といった用語も用いられますが、SPCとほぼ同義であると考えてよいでしょう。

まず、図のように、この不動産ファンドに不動産を保有させ、不動産ファンドの持分（本書では『出資持分』と定義）を投資家が保有すれば、不動産会社の株式（＝会社持分）を持っているのと同じように、投資家は小額の資金で不動産の持分（小口化した不動産）を実質的に持つことが可能となります（1）。

また、不動産ファンドは、実際の不動産投資・運用を、**資産運用会社（AM）**という会社に委託するため、投資家には不動産投資・運用ノウハウは不要です（2）。

さらに、不動産ファンドでは法人税や内部留保をほぼゼロにする仕組みがとられます。したがって、利益が100あれば、投資家は、直接不動産投資と同様、その利益100をそのまま**分配金**として受け取ることができます（3）。

加えて、不動産ファンドでは収益物件保有に特化するという仕組みもとられるため、投資家は、自ら収益物件に投資するのと同様の効果が得られます（4）。

以上の4つの不動産ファンドの仕組みの詳細については第7講で、具体的な不動産ファンドのタイプについては第8講で、それぞれ詳しく見ていきます。

Point　不動産ファンドを通じた間接不動産投資の4つの特徴

（1）小額の資金で投資が可能　　（2）不動産投資・運用ノウハウは不要
（3）法人税や内部留保がほぼゼロ　（4）収益物件の保有に特化が可能

6-3 不動産ファンドを通じた間接不動産投資とは？

不動産ファンドへの投資→小額投資・ノウハウ不要で、直接不動産投資と類似の効果

図：不動産ファンドへの投資イメージ

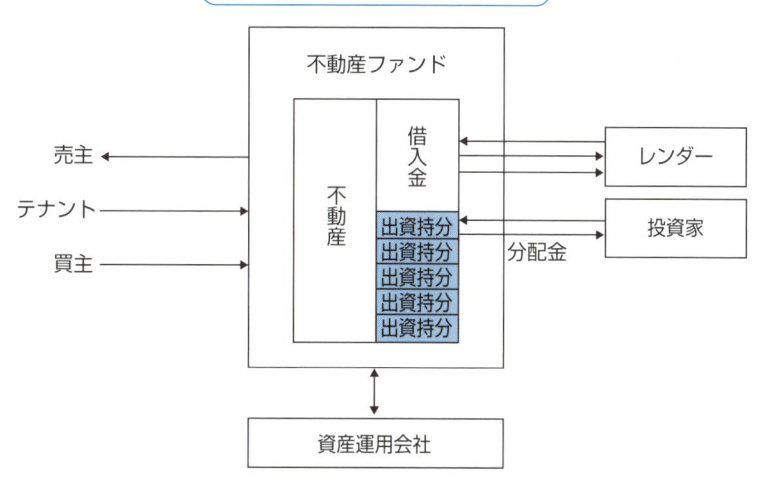

```
                不動産ファンド
          ┌──────────────────────┐
          │          │ 借入金  │──→ レンダー
売主  ←── │          │        │←──
テナント ←→│ 不動産   ├────────┤
買主  ──→ │          │ 出資持分│    投資家
          │          │ 出資持分│←── 
          │          │ 出資持分│ 分配金
          │          │ 出資持分│
          │          │ 出資持分│
          └──────────────────────┘
                    ↕
              資産運用会社
```

★**不動産ファンドを通じた不動産投資≒直接不動産投資**

（1）小額での投資が可能
（2）不動産投資・運用ノウハウは不要
（3）法人税と内部留保はほぼゼロ
（4）収益物件への投資に特化可能

重要な専門用語

間接不動産投資
➡不動産ファンドを通じて間接的に不動産に投資する方法。

不動産ファンド
➡投資家が不動産投資のために使う特別な会社。

特別目的会社（SPC：Special Purpose Companyの略でエス・ピー・シー）
➡投資家の投資という特別な目的のために作られた会社。

SPE（Special Purpose Entity）/SPV（Special Purpose Vehicle）
➡SPCとほぼ同義。Entity事業体、Vehicle器などの意味。

資産運用会社（AM：Asset Manager）
➡投資家のために様々な資産を運用することを本業とする会社。

分配金
➡投資家がもらえる不動産ファンドの利益の分け前（≒会社の配当）。

6-4 不動産の証券化・金融化とは？① ：不動産ファンドの出資持分

6-3のような不動産ファンドの仕組みは、「不動産の証券化」や「不動産の金融化」とも呼ばれています。

その理由は、不動産ファンドで、投資家が投資する不動産ファンドの持分（6-3の図における『出資持分』）は、「不動産」ではなく、債券や株式と同じく「**有価証券**」（＝金融商品）として扱われるからです。

このように、投資の対象が「不動産」から「有価証券」（「金融商品」）に変わることが、「不動産の証券化・金融化」という訳です。その結果、取扱いのルール（法律）も、取扱うプレイヤーも大きく変わってきます。

まず、「不動産」取引に係るビジネスのルールを定めているのは、**国土交通省**が管轄する**宅地建物取引業法**で、取引を取扱うためのライセンスが**宅地建物取引業**、そのライセンスを保有するプレイヤーは**宅地建物取引業者**です。

一方、「有価証券」取引に係るビジネスのルールを定めているのは、金融庁が管轄する**金融商品取引法**で、取引を取扱うためのライセンスが**金融商品取引業**、そのライセンスを保有するプレイヤーは**金融商品取引業者**です。

つまり、「直接不動産投資」も、「不動産ファンドを通じた間接不動産投資」も、どちらも実質的には「不動産投資」なのですが、前者は法律上も「不動産投資」であるのに対して、後者は法律上は「有価証券投資」として扱われるということです。

したがって、不動産ファンドを取り扱うには、金融商品取引法についての理解が必須で、金融商品取引業のライセンスが必要となります。

もちろん、実際の投資対象として不動産を取扱うことに変わりはないため、不動産ファンドに関わるプレイヤーには、不動産に係るビジネスのルール、つまり、宅地建物取引業法の理解も必要となることに、留意が必要です。

> **Point 不動産の証券化・金融化とは？**
>
> 不動産ファンドの「出資持分」は、実質的に不動産の持分のようなものだが、「不動産」ではなく、「有価証券（金融商品）」として取り扱われる。

6-4 不動産の証券化・金融化とは？①：不動産ファンドの出資持分

「不動産」から『出資持分』になると、『有価証券（＝金融商品）』になる！

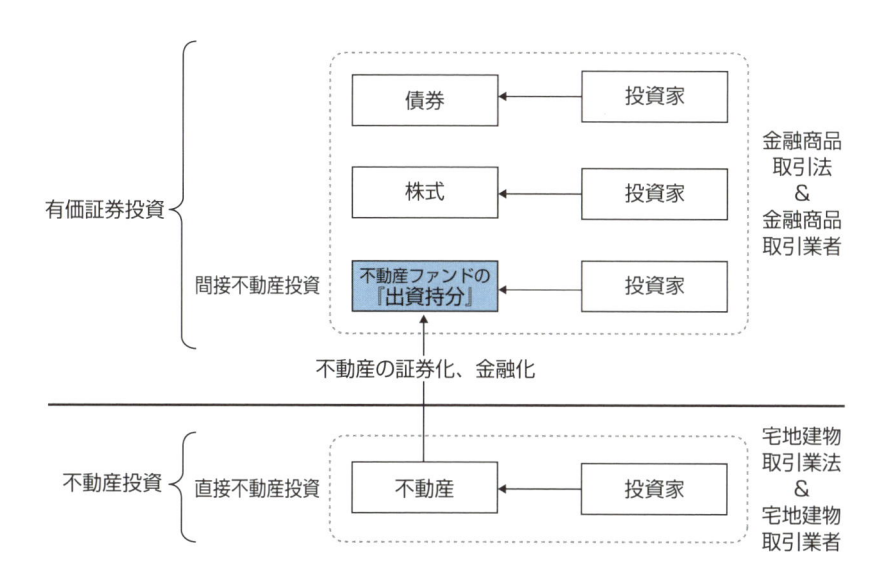

```
                    ┌─────────┐      ┌─────────┐
                    │  債券    │ ←──  │ 投資家   │
                    └─────────┘      └─────────┘
  有価証券投資  ┌                                        金融商品
              │     ┌─────────┐      ┌─────────┐       取引法
              │     │  株式    │ ←──  │ 投資家   │         ＆
              │     └─────────┘      └─────────┘       金融商品
   間接不動産投資   ┌─────────┐      ┌─────────┐       取引業者
                  │不動産ファンドの│ ←── │ 投資家   │
                  │  『出資持分』 │      └─────────┘
                  └─────────┘
                         ↑
                 不動産の証券化、金融化
─────────────────────────────────────────
                                                        宅地建物
  不動産投資  直接不動産投資  ┌─────────┐  ┌─────────┐  取引業法
                          │  不動産  │←─│ 投資家  │    ＆
                          └─────────┘  └─────────┘   宅地建物
                                                      取引業者
```

重要な専門用語

有価証券
➡金融商品取引法で定める金融商品。価値が有ることを証する券。

国土交通省（国交省）
➡不動産ビジネスを管轄している役所。

宅地建物取引業法（宅建業法）
➡国土交通省が不動産取引のルールを定めた法律。

宅地建物取引業／宅地建物取引業者
➡不動産取引を取扱うためのライセンス／そのライセンス保有者。

金融庁（FSA：Financial Service Agency）
➡金融ビジネスを管轄している役所。

金融商品取引法（金商法）
➡金融庁が金融商品（有価証券）取引のルールを定めた法律。

金融商品取引業／金融商品取引業者
➡有価証券取引を取扱うためのライセンス／そのライセンス保有者。

6-5 不動産の証券化・金融化とは？②
：不動産信託受益権

　実は、不動産ファンドに関しては、その投資対象においても、「不動産」が「不動産信託受益権」という有価証券に変わる場合があるという、「不動産の証券化・金融化」が存在します。

　一般投資家による不動産投資の対象は「不動産」のみです。しかし、不動産ファンドの投資対象は「不動産」だけでなく、**不動産信託受益権**も挙げられます。
　図1①のように、不動産信託受益権を投資対象にした場合、収益の源泉となる不動産は、**信託銀行**が所有します。信託銀行は所有者（賃貸人）としてテナントにこの不動産を貸して、純収益を受取ります。そこから、**信託報酬**という自らの報酬を控除した後の金額を、**信託配当**として、不動産ファンドに渡すのです。
　この「信託された不動産からの収益を（信託配当として）受取る権利」が「不動産信託受益権」です。

　一方、図1②のように、不動産を投資の対象にした場合には、不動産ファンド自体が不動産の所有者となり、テナントに対する賃貸人となります。
　この場合の不動産のことを、不動産信託受益権と区別する意味も含めて、「**現物不動産**」と呼びます。

　重要なことは、図2のように、上記の「不動産信託受益権」も、6-4で取り上げた「不動産ファンドの『出資持分』」と同様に、「有価証券」として、金融庁が定める金融商品取引法のルールに従って取り扱う必要があるということです。
　ただし、こちらも、実際の投資対象は、不動産自体と言えることから、不動産信託受益権を扱う会社も、不動産に係るビジネスのルール、つまり、宅地建物取引業法の理解が必須であることに、留意が必要です。

> **Point　もう一つの不動産の証券化・金融化とは？**
>
> 　不動産ファンドの投資対象となる「不動産信託受益権」も、実質的に不動産のようなものだが、「不動産」ではなく、「有価証券（金融商品）」として取り扱われる。

6-5 不動産の証券化・金融化とは？②：不動産信託受益権

「不動産」から『不動産信託受益権』になると、『有価証券（＝金融商品）』になる！

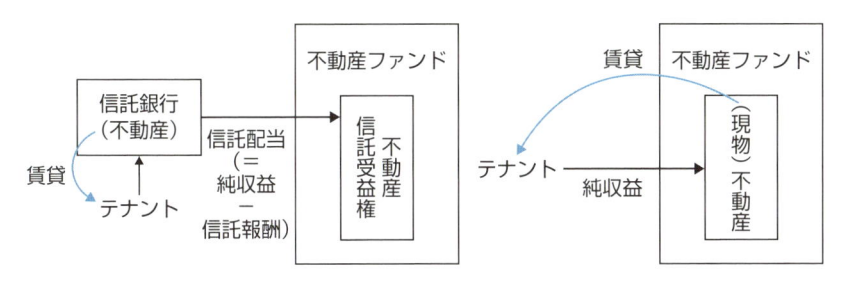

図1：『不動産信託受益権』 vs「不動産」

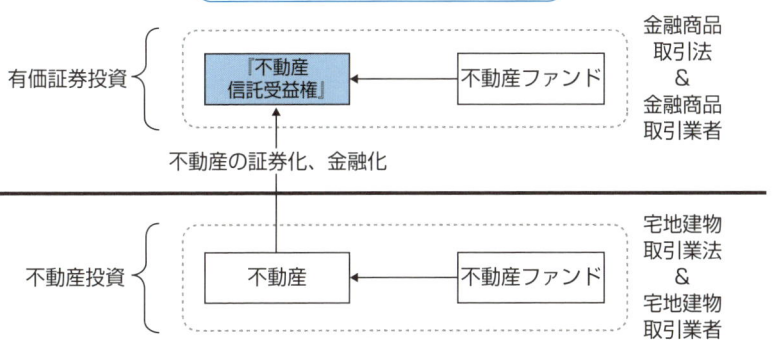

①不動産信託受益権への投資

賃貸 → 信託銀行（不動産） → テナント
信託銀行 → 信託配当（＝純収益－信託報酬）→ 不動産ファンド（信託受益権）

②不動産への投資

不動産ファンド（現物不動産）← 賃貸 → テナント
テナント → 純収益 → 不動産ファンド

図2：『不動産信託受益権』 vs「不動産」

有価証券投資：『不動産信託受益権』 ← 不動産ファンド　金融商品取引法 & 金融商品取引業者

―――― 不動産の証券化、金融化 ――――

不動産投資：不動産 ← 不動産ファンド　宅地建物取引業法 & 宅地建物取引業者

Technical term　重要な専門用語

不動産信託受益権（受益権）
➡信託された不動産からの収益を受取る権利。有価証券。

信託銀行
➡銀行業務の他、信託の受託者や不動産仲介も業務として出来る銀行。

信託報酬
➡信託銀行がある資産を所有者として管理する対価で収受する報酬。

信託配当
➡信託された資産から得られる純収益－信託銀行の信託報酬。

現物不動産（現物）
➡不動産のこと。不動産信託受益権と区別する際に用いられる。

6-6 信託の仕組みと不動産信託受益権の概要

ここでは、6-5で取り上げた不動産信託受益権をもう少し詳しく説明します。

まず、信託の仕組みを簡単に解説し、その後、具体的に、不動産ファンドにおいてどのようにその仕組みが使われるのかを説明したいと思います。

信託とは、委託者、受託者、受益者という3者で成り立つ仕組みです。

少し噛み砕いて言うと、図1のとおり、Aさんという人（**委託者**）が自らの所有資産を、Cさん（**受益者**）のために、管理してもらったり運用してもらったりする目的で、Bさんという人（**受託者**）に所有権を移す（信託する）仕組みです。

また、Bさん（受託者）に移された資産のことを**信託財産**と呼び、信託財産からの収益を（信託配当として）受取る権利を**信託受益権**（**受益権**）と言います。

なお、上記のとおり、信託は、委託者、受託者、受益者という3者から成り立つ仕組みですが、必ずしも、3者が独立して存在する必要はありません。図2のように、委託者と受益者が同じケースもあります。

また、受益者は、信託受益権を他者に売却することができます。信託受益権を取得した者は、新たな受益者として信託財産からの収益を受け取ることができます。

次に、この信託の仕組みが、不動産ファンドでどのように使われるかです。

図3のように、一般的には、対象不動産を保有する売主が「委託者」となって、「受託者」である信託銀行に当該不動産を信託し、当初の「受益者」として「**不動産信託受益権**」を保有します。不動産ファンドは、この「不動産信託受益権」を取得することで、新たな「受益者」となり、「信託財産」である不動産からの収益を「信託配当」として受け取ります。これが一連の流れです。

また、既に「不動産信託受益権」を保有している不動産ファンドなどから、別の不動産ファンドが当該「不動産信託受益権」を購入することもよく行われています。

> **Point　不動産信託受益権とは？**
>
> 信託の仕組みを活用して、不動産の所有権を信託銀行に預け、その不動産からの収益を受け取る権利のことを「不動産信託受益権」という。

6-6 信託の仕組みと不動産信託受益権の概要

信託の仕組みと不動産ファンドでの使われ方

図1：信託の仕組み①（委託者≠受益者）

```
A：委託者
   │
 信託↓
B：受託者 ──信託配当──→ C：受益者
（信託財産）              （受益権）
```

図2：信託の仕組み②（委託者＝受益者）

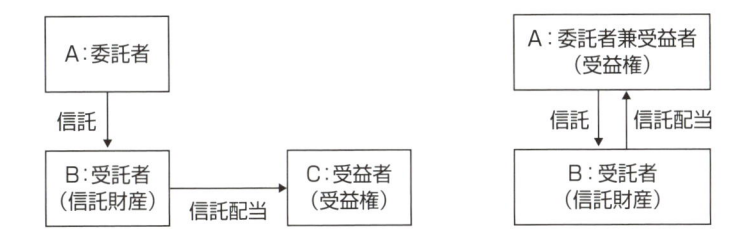

```
A：委託者兼受益者
    （受益権）
   ↓ ↑
 信託 信託配当
   ↓ ↑
B：受託者
（信託財産）
```

図3：不動産ファンドと信託の仕組み

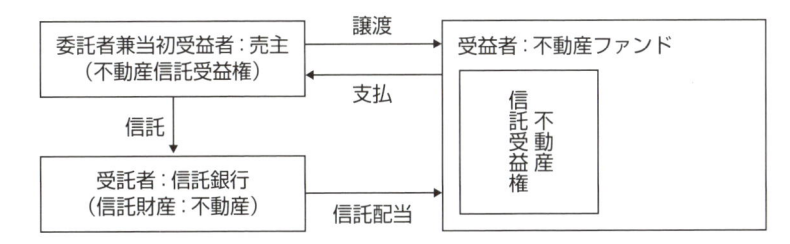

```
委託者兼当初受益者：売主 ──譲渡──→ 受益者：不動産ファンド
（不動産信託受益権）    ←──支払── （信託受益権）
   │
 信託↓
受託者：信託銀行 ──信託配当──→
（信託財産：不動産）
```

重要な専門用語

信託
→Aさんが所有資産をCさんかA自身のためにBさんに移す仕組み。

委託者
→自らの所有資産を受託者に信託する者。信じて託する者。

受託者
→委託者から所有資産の信託を受ける者。信じて託される者。

受益者
→信託された資産（**信託財産**）からの収益を受け取る者。

信託受益権（受益権）
→信託された資産（信託財産）からの収益を受取る権利。有価証券。

不動産信託受益権（受益権）
→信託された不動産からの収益を受取る権利。有価証券。

コラム8 「二重課税の回避」って何？

6-3で説明した「法人税をほぼゼロにする仕組み」のことを、「**二重課税の回避**」と呼んでいます。ここではそのイメージを解説します。

通常の会社は、利益に対して法人税が課せられます。投資家（株主）は会社が法人税を支払った後の利益を配当として受取りますが、その配当には法人税（法人）か所得税（個人）が課されます。つまり、投資家から見ると、図1のように、会社段階と、投資家段階とで二重に税金が課せられているということになります。

一方、不動産ファンドなどの「**ファンド**」も、投資家が様々な資産に投資するための特別な「会社」であり、法人税の対象になります。しかし、ファンドは、あくまで投資家が投資を行うためのツールです。そこで、図2のような「二重課税の回避」により、会社段階、つまりファンド段階での課税をなくすことで、投資家が直接、様々な資産に投資しているのと同様の効果をもたせようとしているのです。

会社段階での法人税をほぼゼロにすること

図1：通常の会社のイメージ

会社 → 利益／法人税／配当 → 投資家 → 法人税 or 所得税
【二重課税】

図2：ファンドのイメージ

ファンド（投資のための特別な会社） → 利益をそのまま投資家へスルー／分配金 → 投資家 → 法人税 or 所得税
法人税ほぼゼロ ✗
【二重課税の回避】

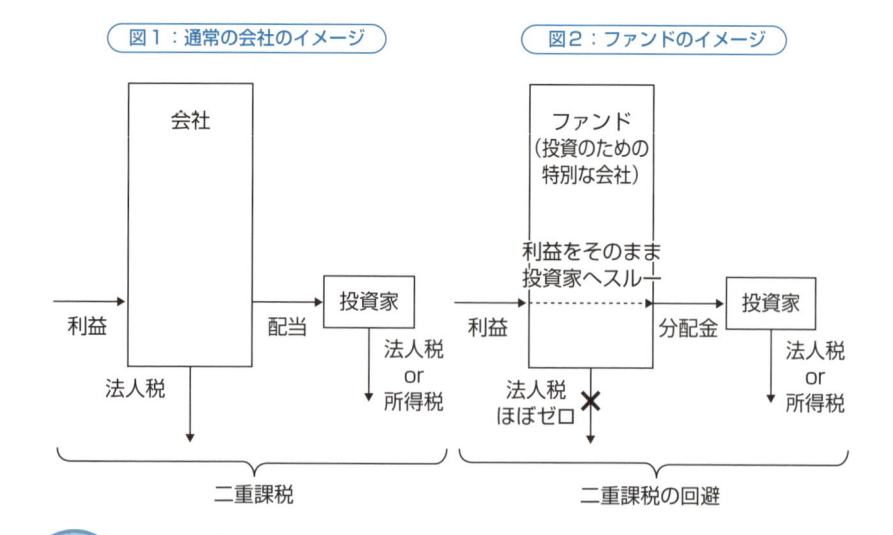

> **Point** 「二重課税の回避」とは？
>
> 会社段階での法人税をほぼゼロにすること。

第7講

不動産ファンドの基本的な4つの仕組み
―不動産ファンド②―

<本講のポイント>
不動産ファンドが機能するには4つの仕組みが必須である
図：不動産ファンドの5つの構成要素と本講の対象「不動産ファンド」

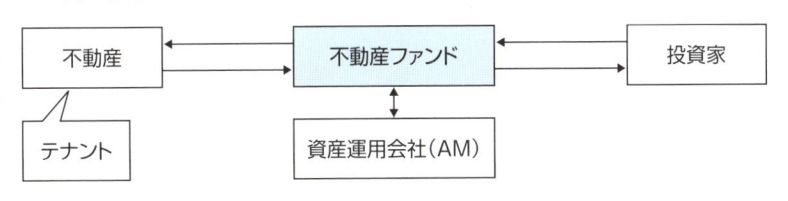

```
┌──────┐       ┌──────────┐       ┌──────┐
│ 不動産 │ ←──→ │ 不動産ファンド │ ←──→ │ 投資家 │
└──────┘       └──────────┘       └──────┘
   │                  ↕
┌──────┐       ┌──────────────┐
│ テナント│       │ 資産運用会社（AM）│
└──────┘       └──────────────┘
```

<講義の内容>

- **7-1** 小額の資金で投資が可能な（小口化の）仕組み―仕組み（1）
- **7-2** TK-GK スキーム―小口化①
- **7-3** TMK スキーム―小口化②
- **7-4** REIT スキーム―小口化③
- **7-5** 不動産投資・運用ノウハウ不要の仕組み―仕組み（2）
- **7-6** 法人税・内部留保をほぼゼロにできる仕組み―仕組み（3）
- **7-7** 収益物件の保有に特化できる仕組み―仕組み（4）
- **コラム9** 「不特法」って何？

7-1 小額の資金で投資が可能な（小口化の）仕組み―仕組み（1）

まず、第6講で説明した不動産ファンドの4つの特徴のうち、「(1) 小額の資金で投資が可能」という点を実現するための仕組みを説明します。

この仕組み、つまり、小口化の仕組みは、図1のとおり、コラム1で説明した3つのファンド形態（会社型、組合型、信託型）を用いて、実現することが可能です。

「会社型」は、複数の投資家が会社の持分と引き換えに会社に出資を行い、その資金で当該会社に投資対象不動産を保有してもらい、出資した割合（出資持分）に応じて当該不動産からの収益を分配してもらいます。

「組合型」は、複数の投資家が組合契約に基づき会社に投資資金を預け、その資金で当該会社に投資対象不動産を保有してもらい、資金を預けた割合（組合事業の持分＝出資持分）に応じて当該不動産からの収益を分配してもらいます。

「信託型」は、複数の投資家が信託契約に基づき信託銀行に投資資金を移し（信託し）、その資金（信託財産）で当該信託銀行に投資対象不動産を保有してもらい、資金を移した割合（信託財産の持分＝出資持分）に応じて当該不動産からの収益を分配してもらいます。

上記の会社（信託銀行含む）はいずれも、投資家の投資のための特別な会社（**特別目的会社／SPC**）であり、本書で「**ファンド**」と定義しているものです。

現状、「**不動産ファンド**」として用いられている仕組みは、7-2から7-4で説明する①TK-GKスキーム、②TMKスキーム、③REITスキームという3つですが、①は上記の「組合型」の仕組みを、②と③は上記の「会社型」の仕組みを用いて、小口化を可能にしています。なお、あくまで、小口化が可能ということであり、実際には、投資家が一人だけ、二人のみといった場合もあることに留意が必要です。

Point 小額の資金で投資が可能な仕組み（小口化の仕組み）

「会社型」「組合型」といったファンド形態を利用して、複数の投資家が出資（持分）割合に応じて実質的に不動産持分を持つことで小口化の仕組みを実現。

7-1 小額の資金で投資が可能な(小口化の)仕組み―仕組み(1)

「会社型」「組合型」といったファンド形態を利用して小口化を実現

図:小口化のための3つのファンド形態

「会社型」➡例:TMKスキーム、REITスキーム

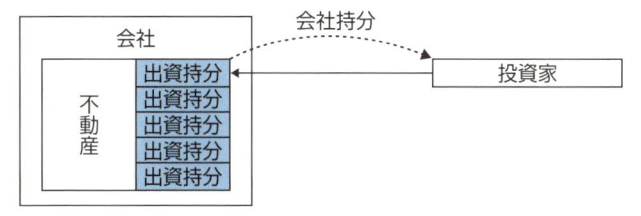

会社 — 会社持分 — 投資家
（会社内に不動産と出資持分）

「組合型」➡例:TK-GKスキーム

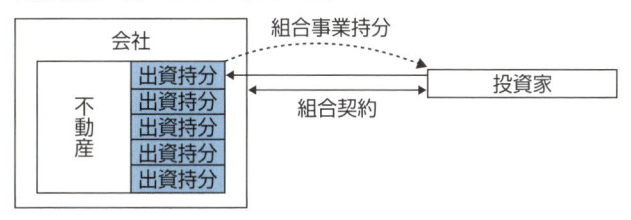

会社 — 組合事業持分／組合契約 — 投資家
（会社内に不動産と出資持分）

「信託型」

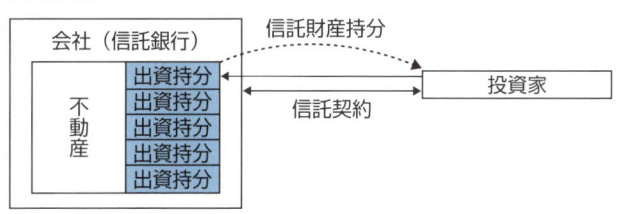

会社(信託銀行) — 信託財産持分／信託契約 — 投資家
（会社内に不動産と出資持分）

Technical term 重要な専門用語

特別目的会社(SPC:Special Purpose Companyの略でエス・ピー・シー)
➡投資家の投資という特別な目的のために作られた会社。

ファンド(Fund)
➡投資家が様々な投資対象資産への投資のために使う特別な会社。

不動産ファンド
➡投資家が不動産投資のために使う特別な会社。

7-2 TK-GKスキーム―小口化①

7-1で説明した小口化の仕組みのうち、ここで紹介するのは、「組合型」のファンド形態を利用した**TK-GKスキーム**と呼ばれているスキームです。

TKとは、商法に規定されている**匿名組合**(Tokumei Kumiai)、GKとは、会社法で規定されている**合同会社**(Godo Kaisha)の各々の頭文字をとった略称です。両者を組み合わせた仕組みということで、TK-GKスキームと呼ばれています。

組合というと、「皆で集まって何かを一緒にやる」といったイメージですが、匿名組合は少し特殊で、事業を行う**営業者**と、営業者が行う事業にお金を出す**匿名組合員**(事業に口は出さない)という2者だけで構成される組合です。

不動産ファンドにおいては、図1のとおり、不動産投資という事業を行う営業者の役割を合同会社に担わせ、各投資家は匿名組合員となります。

匿名組合員は、それぞれが営業者と**匿名組合契約**を締結します。組合員同士は契約関係にないため匿名性を保てることが、匿名という名の所以です。

この仕組みで特に留意が必要な点は、以下の2点です。

一つは、投資家の『**出資持分**』は、合同会社の持分(株式会社の株式に相当)ではなく、営業者に資金を預けることで得られる**匿名組合事業**の持分「**匿名組合出資持分(TK出資持分)**」だという点です。

二つ目は、投資対象が、主に**不動産信託受益権**となっているという点です(コラム9参照)。

この仕組みで借入を用いた場合の小口化のイメージは図2のとおりです。

例えば、100億円の不動産信託受益権を、5社の投資家が10億円ずつ出資し、加えて借入50億円を用いて取得したとすると、投資家1社当たり、10億円の出資と10億円の借入で20億円の不動産持分を持っているといったイメージになります。

> **Point** 小口化の仕組み①「TK-GKスキーム」
>
> 「組合型」ファンド形態のスキームで、合同会社(GK)と各投資家が匿名組合(TK)というパートナー契約を締結するスキーム。

7-2 TK-GKスキーム―小口化①

「匿名組合（TK）」と「合同会社（GK）」を組み合わせた仕組み

図1：TK-GKスキームのイメージ

- 合同会社（GK）上の「営業者」
- 匿名組合上の「匿名組合員」
- 合同会社（GK）が不動産信託受益権を保有し、TK出資持分を投資家が保有
- 匿名組合（TK）契約により投資家が出資

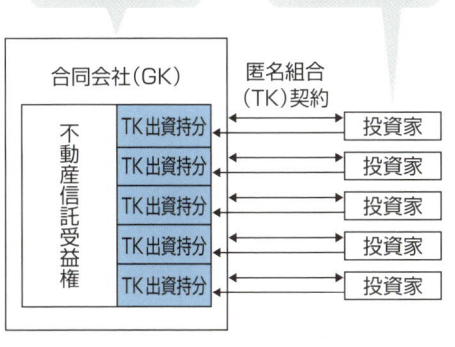

図2：借入と小口化のイメージ

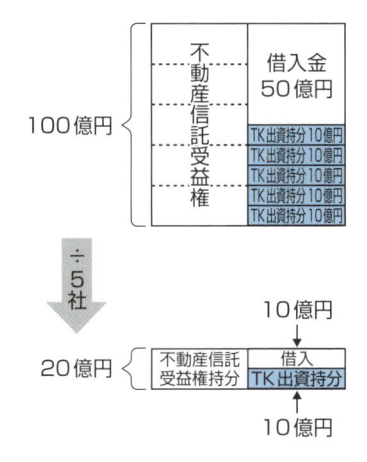

- 100億円 ＝ 不動産信託受益権（借入金50億円 ＋ TK出資持分10億円×5）
- ÷5社
- 20億円 ＝ 不動産信託受益権持分（借入10億円 ＋ TK出資持分10億円）

〈留意点〉
①「匿名組合出資持分（TK出資持分）」は合同会社の持分ではない
②合同会社の投資対象は主に「不動産信託受益権」

Technical term　重要な専門用語

TK-GKスキーム
　➡匿名組合（TK）と合同会社（GK）を組み合わせた不動産ファンドの仕組み。

匿名組合（Tokumei Kumiaiの頭文字でTKティー・ケーが略称）
　➡事業を行う営業者とお金を出す匿名組合員という2者のみの組合。

合同会社（Godo Kaishaの頭文字でGKジー・ケーが略称）
　➡会社法に定められている会社の一種。株式会社より簡易な組織。

匿名組合員／営業者
　➡匿名組合で営業者に資金を預ける者。営業者とは事業を行う者。

匿名組合契約
　➡匿名組合のルールを決めるため営業者と匿名組合員が締結する契約。

匿名組合事業
　➡匿名組合契約に基づき営業者が行う事業のこと。

匿名組合出資持分（TK出資持分）
　➡匿名組合の事業持分（営業者に預けた資金割合）。有価証券。

不動産信託受益権（受益権）
　➡信託された不動産からの収益を受取る権利。有価証券。

7-3 TMKスキーム―小口化②

7-1で説明した小口化の仕組みのうち、二つ目に紹介するのは、「会社型」のファンド形態を利用した**TMKスキーム**と呼ばれているスキームです。

TMKとは、**特定目的会社**（<u>T</u>okutei <u>M</u>okuteki <u>K</u>aisha）の頭文字をとった略称で、この特定目的会社を使った仕組みであることから、TMKスキームと呼んでいます。

特定目的会社とは、**資産流動化法**（**資産の流動化に関する法律**）に定められている法人です。資産流動化法とは、不動産などの資産を、（『出資持分』の形で）小口化することで売却しやすくして（流動化して）、投資家から資金を調達するための法律で、小口化のためのツールが特定目的会社というわけです。

TMKスキームは、不動産ファンドにおいては、図1のように用いられます。
特定目的会社は、株式会社の株券（株式）に相当する**優先出資証券**（**優先出資**）を発行して、投資家がこれを取得（これに投資）します。優先出資証券（優先出資）を保有する投資家は、**優先出資社員**（株式会社の株主に相当）と呼ばれます。

この仕組みで特に留意が必要な点は、TMKは、設立してすぐに使えるわけではないという点です。

資産流動化法の規定で、取得対象資産の概要や、資金調達の方法、また、返済の方法などを、**資産流動化計画**という書面にまとめて、**財務局**（金融庁の出先機関）に届出を行う必要があり、財務局が受理してくれるまでは業務は行えません。

この仕組みで借入を用いた場合の小口化のイメージは図2のとおりで、TK-GKスキームと類似していますが、TMKスキームの場合には、不動産信託受益権だけでなく、不動産（**現物不動産**）も投資対象としてよく用いられている点が大きく異なるところです。

Point 小口化の仕組み②「TMKスキーム」

「会社型」ファンド形態のスキームで、特定目的会社（TMK）の発行する優先出資（株式会社の株式に相当）を投資家が取得するスキーム。

7-3 TMKスキーム―小口化②

資産流動化法上の「特定目的会社（TMK）」を使った仕組み

図1：TMKスキームのイメージ

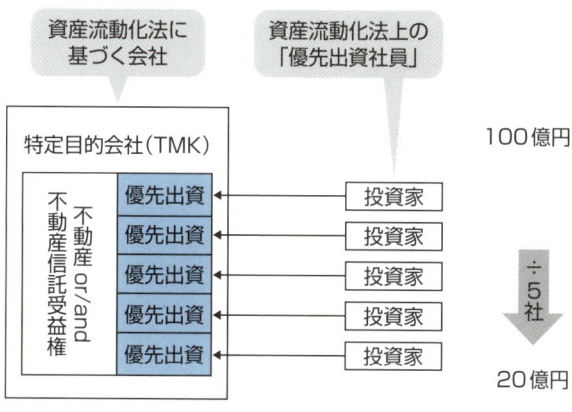

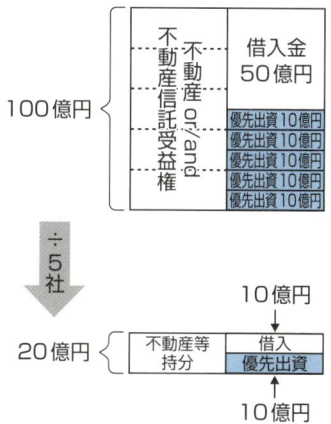

資産流動化法に基づく会社 → 特定目的会社（TMK）

資産流動化法上の「優先出資社員」 → 投資家

特定目的会社（TMK）内：不動産 or/and 不動産信託受益権、優先出資×5 ← 投資家×5

図2：借入と小口化のイメージ

100億円（不動産 or/and 不動産信託受益権）
- 借入金 50億円
- 優先出資10億円 ×5

÷5社 → 20億円：不動産等持分
- 借入 10億円
- 優先出資 10億円

〈留意点〉
①特定目的会社を使用するには、財務局への届出が必要

Technical term　重要な専門用語

TMKスキーム
　➡資産流動化法上の特定目的会社（TMK）を用いた不動産ファンドの仕組み。

特定目的会社（Tokutei Mokuteki Kaishaの頭文字でTMK　ティー・エム・ケーが略称）
　➡資産流動化法に定められた法人。特別目的会社の一種。

資産流動化法（資産の流動化に関する法律）
　➡資産を小口化して投資家に売却しやすくするための法律。

優先出資証券（優先出資）
　➡特定目的会社が発行する有価証券。株式会社の株券（株式）に相当。

優先出資社員
　➡優先出資証券を保有する投資家のこと。株式会社の株主に相当。

資産流動化計画
　➡特定目的会社の取得資産の概要、資金調達方法などをまとめた書面。

財務局
　➡金融庁の各地出先機関。関東財務局や近畿財務局など。

現物不動産（現物）
　➡不動産のこと。不動産信託受益権と区別する際に用いられる。

7-4 REITスキーム ― 小口化③

7-1で説明した小口化の仕組みのうち、最後に紹介するのは、「会社型」のファンド形態を利用した**REITスキーム**と呼ばれているスキームです。

REITとは、1-6でも説明したとおり、**不動産投資信託**（**R**eal **E**state **I**nvestment **T**rust）の頭文字をとった略称です。
日本では、**投信法**（**投資信託及び投資法人に関する法律**）に定められている**投資法人**を用いたスキームを、REITスキームと呼んでいます。投信法は、不動産や株・債券などの資産をまとめて保有し、（『出資持分』の形で）小口化して、投資家がそれらの資産に投資しやすくするための法律で、小口化のためのツールが投資法人というわけです。

RETIスキームは、不動産ファンドにおいては、図1のように用いられます。
投資法人は、株式会社の株券（株式）に相当する**投資証券**（**投資口**）を発行して、投資家がこれを取得（これに投資）します。投資証券（投資口）を保有する投資家は、**投資主**（株式会社の株主に相当）と呼ばれます。
この仕組みで特に留意が必要な点は、投資法人は、金融庁に登録する必要があり、設立してすぐに使えるわけではないという点です。

この仕組みによる小口化のイメージは図2のとおりで、TK-GKスキームやTMKスキームと類似していますが、REITスキームも、TMKスキームと同様、不動産信託受益権だけでなく、不動産（現物不動産）も投資対象としてよく用いられています。
なお、特に上場している**J-REIT**の場合には、個人が投資家になることもあり、小口化の度合いがさらに高まります。イメージで言うと、50万円の持分を持つ投資家が10万人集まり計500億円の出資をして、加えて500億円の借入を行い、総額1000億円の不動産を取得するといった具合で、より細かく小口化されています。

> **Point　小口化の仕組み③「REITスキーム」**
>
> 「会社型」ファンド形態のスキームで、投資法人の発行する投資口（株式会社の株式に相当）を投資家が取得するスキーム。

7-4 REITスキーム―小口化③

投信法上の「投資法人」を使った仕組み

図1：REITスキームのイメージ

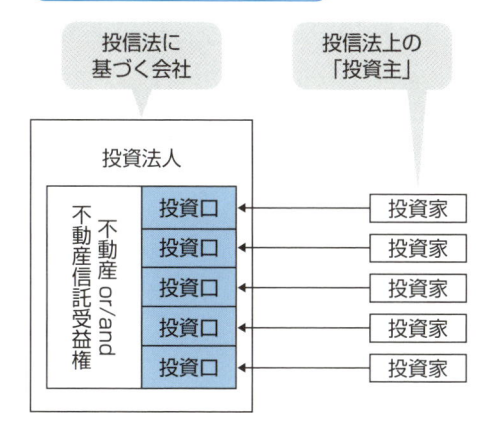

投信法に基づく会社：投資法人（不動産 or/and 不動産信託受益権、投資口×5）

投信法上の「投資主」：投資家×5 ← 投資口を保有

図2：借入と小口化のイメージ

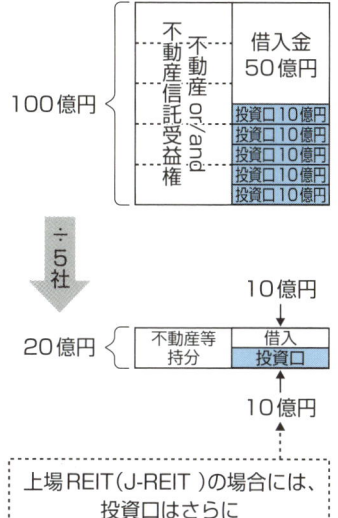

100億円 = 不動産 or/and 不動産信託受益権
- 借入金 50億円
- 投資口 10億円 ×5

÷5社 →

20億円 = 不動産等持分
- 借入 10億円
- 投資口 10億円

上場REIT（J-REIT）の場合には、投資口はさらに数十万円程度にまで小口化

〈留意点〉
①投資法人を使用するには、金融庁への登録が必要

Technical term 重要な専門用語

REIT（Real Estate Investment Trust／不動産投資信託）
➡ 不動産ファンドの一種でリートと呼ぶ。

REITスキーム
➡ 投信法上の投資法人を用いた不動産ファンドの仕組み。

投資法人
➡ 投信法に定められた法人。特別目的会社の一種。

投信法（投資信託及び投資法人に関する法律）
➡ 資産を小口化して投資家が投資しやすくするための法律。

投資証券（投資口）
➡ 投資法人が発行する有価証券。株式会社の株券（株式）に相当。

投資主
➡ 投資口を保有する投資家のこと。株式会社の株主に相当。

J-REIT（ジェイ・リート）
➡ 誰でも投資が可能な上場している不動産ファンド。

7-5 不動産投資・運用ノウハウ不要の仕組み―仕組み(2)

ここでは、第6講で説明した不動産ファンドの4つの特徴のうち、「(2) 不動産投資・運用ノウハウ不要」という点を実現するための仕組みを説明します。

この仕組みのポイントとなるのは、「**資産運用会社(AM)**」の活用です。

7-2から7-4で説明した合同会社、特定目的会社、投資法人は、投資家の不動産投資のために用いられる特別な会社、いわゆる**特別目的会社(SPC)**で、本書で「不動産ファンド」と定義しているものです。

これらのSPCは、本講で説明する各仕組みの確保や、関連法律、関係者(銀行等レンダー)の要請で、従業員を雇わない単なる器であることが求められます。

一方で、SPCは、実際の「買う、貸す、売る」といった不動産投資・運用実務を、**アセットマネジメント契約(AM契約)** の締結により、AMに委託します。これにより、投資家は、不動産投資・運用ノウハウがなくとも、不動産投資を行うことが可能となるわけです。

なお、第5講で説明したとおり、不動産ファンドが投資対象とする「不動産信託受益権」が、**金融商品取引法**上の「有価証券」と規定されていることなどから、不動産ファンドから委託を受けるAMも、同法のルールに従うことが求められます。

具体的には、不動産ファンドのスキームに応じて、金商法上の**金融商品取引業**のうち、「投資助言業」か「投資運用業」のどちらかの登録が求められます。**投資助言業**とは、SPCに対して買う、売るといった投資判断の助言を行う業務、**投資運用業**とは、買う、売るといった投資判断をSPCから一任される業務です。

TK-GKスキームとTMKスキームでは、どちらのライセンスでも可能ですが、REITスキームを用いる場合のAMには、投資運用業のライセンスが必要です。

> **Point　不動産投資・運用ノウハウ不要の仕組み**
>
> 不動産ファンド(合同会社、特定目的会社、投資法人という投資のための特別な会社)から委託を受けた資産運用会社(AM)が不動産投資・運用実務を担うため。

7-5 不動産投資・運用ノウハウ不要の仕組み—仕組み（2）

金商法上のライセンスを保有する「資産運用会社（AM）」を活用

投資家の不動産投資のための器
TK-GKスキームの「合同会社」、
TMKスキームの「特定目的会社」、
REITスキームの「投資法人」

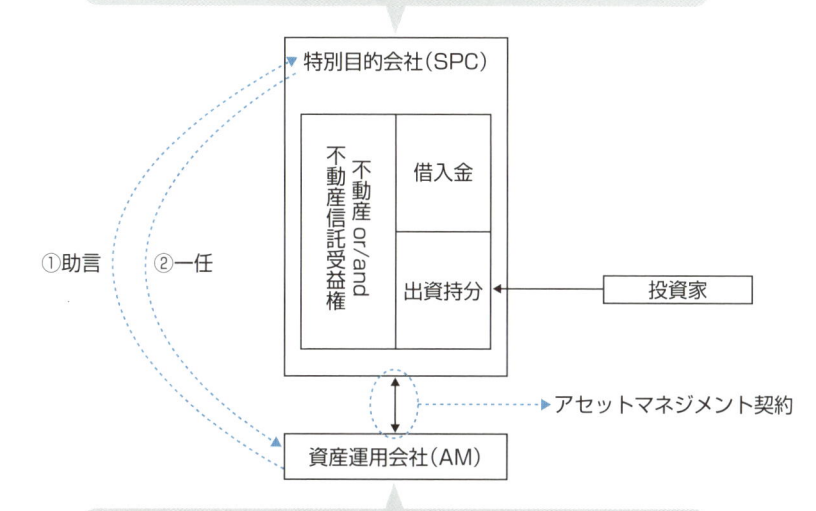

↓

特別目的会社（SPC）

不動産信託受益権 or/and 不動産	借入金
	出資持分 ← 投資家

①助言　②一任

↕ アセットマネジメント契約

資産運用会社（AM）

金商法上の「①投資助言業」もしくは「②投資運用業」の登録が必要

Technical term　重要な専門用語

資産運用会社（AM：Asset Manager）
➡投資家のために様々な資産を運用することを本業とする会社。

特別目的会社（SPC：Special Purpose Companyの略でエス・ピー・シー）
➡投資家の投資という特別な目的のために作られた会社。

アセットマネジメント契約（AM契約）
➡特別目的会社（SPC）と資産運用会社（AM）が締結する契約。

金融商品取引法（金商法）
➡金融庁が金融商品（有価証券）取引のルールを定めた法律。

金融商品取引業／金融商品取引業者
➡有価証券取引を取扱うためのライセンス。／そのライセンス保有者。

投資助言業
➡有価証券の投資判断（売買の判断）を投資家に助言する業務。

投資運用業
➡有価証券の投資判断（売買の判断）を投資家から一任される業務

7-6 法人税・内部留保をほぼゼロにできる仕組み—仕組み(3)

次に、第6講で説明した不動産ファンドの4つの特徴のうち、「(3) 法人税・内部留保がほぼゼロ」という点を実現するための仕組みを説明します。

この仕組みの重要なポイントは、「**分配金の損金算入**」というものです。

法人税を計算する場合、会計上の「収益－費用＝利益」に相当する用語は、「益金－損金＝課税所得」です。多くの場合、「収益」＝「益金」、「費用」＝「損金」が成り立ちますが、いくつか不一致の項目があり、その一つに、会計上の「費用」ではないものを「損金」にできるという制度があります。これが、**損金算入**です。

つまり、「分配金の損金算入」というのは、会計上の「費用」ではない「投資家への分配金」を、税金計算上は「損金」としてマイナスしてよいということです。

例えば、図1のように、通常の会社の場合には、会社の収益（益金）が200、費用（損金）が100であれば、利益（課税所得）は100です。この課税所得に対し法人税率約35％が課されると、法人税は35です。加えて、内部留保を15行うとすると、投資家への配当は、50（＝100－35－15）となってしまいます。

しかし、図2のように、合同会社と投資家との関係が**匿名組合**であれば、営業者である合同会社は匿名組合員である投資家への分配金を損金算入でき、課税所得をゼロにすることができます。ゼロに法人税率約35％を掛けても、法人税はゼロですので、投資家に利益100をそのまま分配することができるというわけです。

また、図3のTMKやREITのケースも仕組みは同様で、一定の要件（**導管性要件**）を満たせば、分配金を損金算入できます。導管性要件には、「利益のほぼ全てを投資家に分配しなければならない」という要件もあり、結果、内部留保もほぼゼロにせざるを得ないというわけです。

> **Point** 法人税・内部留保をほぼゼロにできる仕組み
>
> 不動産ファンドは、税金計算上、投資家への分配金も費用とできる。つまり、投資家に利益を全て分配すれば税金計算上の利益はゼロ。よって、法人税もゼロ。利益を全て分配するため内部留保もゼロ。

7-6 法人税・内部留保をほぼゼロにできる仕組み―仕組み（3）

キーワードは「分配金の損金算入」

図1：通常の会社のイメージ

①収益（≒②益金）：200
③費用（≒④損金）：100
⑤利益（≒⑥課税所得）：100
（①-③(②-④)）
⑦法人税：35（⑥×35%）
⑧内部留保：15
⑨配当：50（⑤-⑦-⑧）

会社
↑内部留保15
利益100
↓法人税35
配当50 →
投資家
（株主など
会社持分の
保有者）

図2：TK-GK のイメージ

〈合同会社（TKの営業者）〉
①収益（≒②益金）：200
③費用：100
④損金：100+100
⑤利益：100（①-③）
⑥課税所得：0（②-④）
⑦法人税：0（⑥×35%）
⑧内部留保：0
⑨分配金：100（⑤-⑦-⑧）

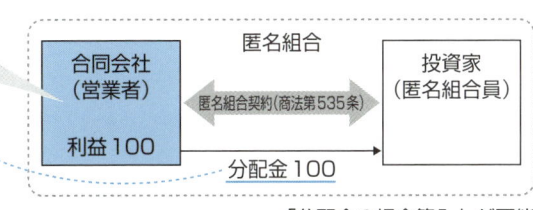

合同会社
（営業者）
利益100
←匿名組合契約(商法第535条)→
投資家
（匿名組合員）
分配金100 →

「分配金の損金算入」が可能
（但し匿名組合であれば）

図3：TMK or REIT のイメージ

〈特定目的会社 or 投資法人〉
①収益（≒②益金）：200
③費用：100
④損金：100+100
⑤利益：100（①-③）
⑥課税所得：0（②-④）
⑦法人税：0（⑥×35%）
⑧内部留保：0
⑨分配金：100（⑤-⑦-⑧）

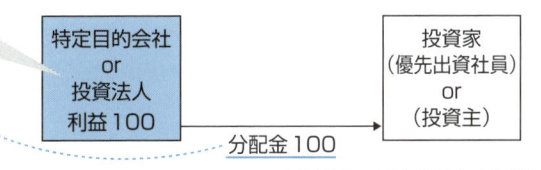

特定目的会社
or
投資法人
利益100
分配金100 →
投資家
（優先出資社員）
or
（投資主）

「分配金の損金算入」が可能
（但し導管性要件を満たすことが必要）

第7講 不動産ファンドの基本的な4つの仕組み ―不動産ファンド②―

Technical term 重要な専門用語

分配金
➡投資家がもらえる不動産ファンドの利益の分け前（≒会社の配当）。

損金算入
➡会計では費用とならないものを、税金計算上マイナスできること。

匿名組合（Tokumei Kumiaiの頭文字でTKティー・ケーが略称）
➡事業を行う営業者とお金を出す匿名組合員という2者のみの組合。

導管性要件
➡会社段階での法人税を回避するための要件。租税特別措置法に規定。

7-7 収益物件の保有に特化できる仕組み
―仕組み（4）

　最後に、第6講で説明した不動産ファンドの4つの特徴のうち、「(4) 収益物件の保有に特化」という点を実現するための仕組みについて説明します。
　ここで重要なのは、「定款」「一般社団法人」「根拠法律」です。

　不動産ファンドは、投資家が不動産に投資するための特別な会社です。
　ですから、通常の株式会社のように、会社自体の意思決定で不動産以外のビジネスを行ったり、不動産ビジネスでもすぐには収益を生まない開発事業を勝手に行ったりされると困ります。そこで、不動産ファンドの3つのスキームでは、図のとおり、各会社が収益物件の保有に特化するよう様々な仕組みが用いられています。

　例えば、①のTK-GKスキームでは、合同会社の**定款**において、収益物件の保有に特化する旨を規定します。さらに、定款が合同会社のコントロール権（議決権）を持つ社員（株式会社の株主に相当）によって変更されないように、中立な公認会計士が代表を務める**一般社団法人**という法人にのみ社員持分を持たせます。
　②のTMKスキームでも同様に定款が定められ、特定目的会社のコントロール権（議決権）を持つ特定社員に一般社団法人を置きます。特定目的会社の場合には、資産流動化法や同法に基づく資産流動化計画によっても活動が縛られています。
　なお、一般社団法人は、設立に必要なお金を出す者とコントロール権を持つ者を別々にできる特殊な法人で、中立な公認会計士を後者に据えることで意思を持たない中立的な会社とすることが可能です。また、一般社団法人が出資する社員持分や特定出資は通常数百万円と少額で、スキーム図では省略されることもあります。
　③のREITスキームでは、定款に相当する規約で収益物件の保有に特化する旨が規定されます。投資主は投資法人のコントロール権を持ちますが、投資法人はそもそも投信法や金融庁への登録で賃貸不動産事業に特化するよう制限されています。

> **Point　収益物件の保有に特化できる仕組み**
>
> 　不動産ファンド（合同会社、特定目的会社、投資法人という投資のための特別な会社）は、根拠法律、定款、一般社団法人で収益物件の保有に特化するようプログラミングされている。

7-7 収益物件の保有に特化できる仕組み―仕組み（4）

「定款」「一般社団法人」「根拠法律」が重要

図：株式会社と不動産ファンド各スキームのコントロール権者（議決権者）

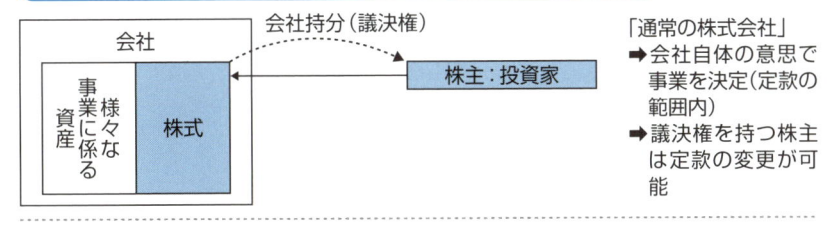

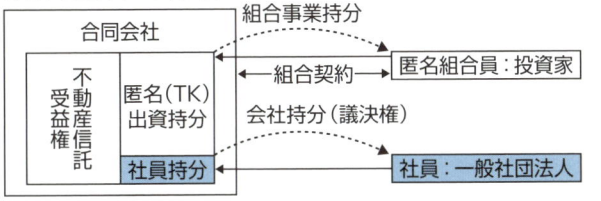

会社
- 様々な事業に係る資産
- 株式

会社持分（議決権） ← 株主：投資家

「通常の株式会社」
➡ 会社自体の意思で事業を決定（定款の範囲内）
➡ 議決権を持つ株主は定款の変更が可能

①TK-GKスキームのイメージ

合同会社
- 不動産受益権
- 匿名(TK)出資持分
- 社員持分

組合事業持分 ← 匿名組合員：投資家
← 組合契約 →
会社持分（議決権）← 社員：一般社団法人

「合同会社」
➡ 定款で事業を制限
➡ 一般社団法人活用で定款変更を制限

②TMKスキームのイメージ

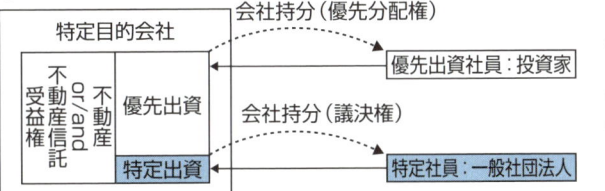

特定目的会社
- 不動産受益権 or/and 不動産
- 優先出資
- 特定出資

会社持分（優先分配権）← 優先出資社員：投資家
会社持分（議決権）← 特定社員：一般社団法人

「特定目的会社」
➡ 資産流動化法等による事業制限
➡ 定款で事業を制限
➡ 一般社団法人活用で定款変更を制限

③REITスキームのイメージ

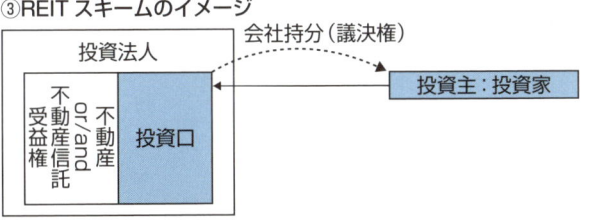

投資法人
- 不動産受益権 or/and 不動産
- 投資口

会社持分（議決権）← 投資主：投資家

「投資法人」
➡ 投信法等による事業制限
➡ 規約で事業を制限

Technical term　重要な専門用語

定款
➡ 会社の基本的なルールを定めた会社の憲法のようなもの。

一般社団法人※
➡ 出資者と議決権保有者を別々にできる特殊な法人。

※外資系ファンドなどで、一般社団法人と同様の目的で使用されるものに「ケイマンSPC」などもあります。

コラム9 「不特法」って何？

7-2で、TK-GKスキームの合同会社は、現物不動産ではなく、主に不動産信託受益権を投資対象とすることを説明しました。その理由となっているのが、ここで説明する**不動産特定共同事業法（不特法）**です。

従前から、不特法では、図1のように、匿名組合を用いた不動産投資スキームが定められていました。しかし、営業者には、信用力のある不動産会社が想定され、宅地建物取引業者であること、一定の資本金がある株式会社であること等を要件とする不特法上のライセンス（**不動産特定共同事業**）保有者（**不動産特定共同事業者**）であることが求められていました。

つまり、TK-GKスキームの合同会社では、この要件を満たすことができないため、不動産の代わりに不動産信託受益権に投資していたというわけです。

しかし、2014年の不特法改正で、図2のように、不特法上のライセンスを得た資産運用会社（AM）に業務を委託するスキームも認められるようになりました。そのため、現在ではTK-GKスキームで現物不動産を保有することも可能となっています。

不動産特別共同事業法（不特法）を活用した不動産投資スキーム

図1：不特法スキーム①のイメージ

不動産特定共同事業者 → 不動産会社（営業者）／現物不動産 ←出資／匿名組合契約（商法第535条）／分配金→ 投資家（匿名組合員）

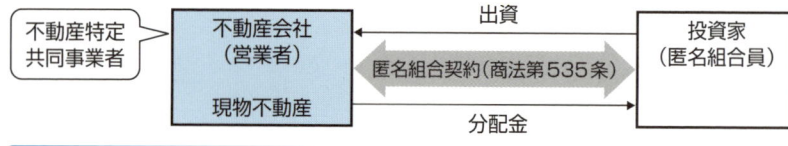

図2：不特法スキーム②のイメージ

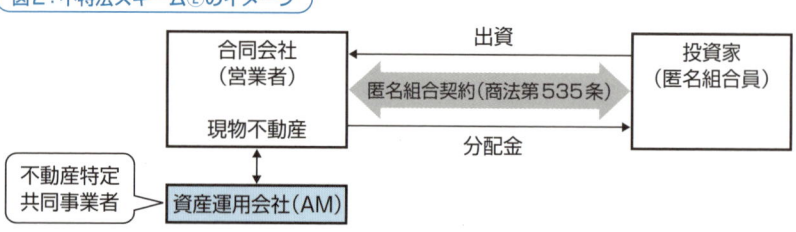

合同会社（営業者）／現物不動産 ←出資／匿名組合契約（商法第535条）／分配金→ 投資家（匿名組合員）
不動産特定共同事業者 → 資産運用会社（AM）

Point 不特法を活用したTK-GKスキーム

不特法を活用すれば、TK-GKスキームで現物不動産保有も可能。

第8講

日本の代表的な3つの不動産ファンドの概要
―不動産ファンド③―

<本講のポイント>

「私募ファンド」「J-REIT」「私募REIT」が代表的な不動産ファンド

図：不動産ファンドの5つの構成要素と本講の対象「不動産ファンド」

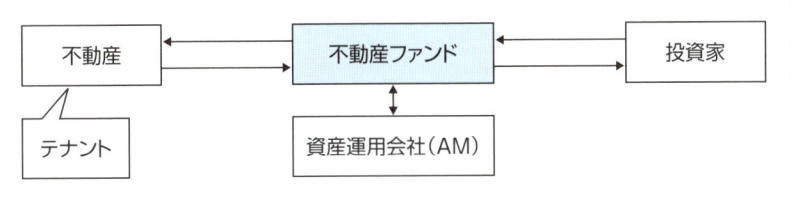

```
不動産 ←――→ 不動産ファンド ←――→ 投資家
  │                │
テナント         資産運用会社（AM）
```

<講義の内容>

- 8-1 私募ファンド①（TK-GKスキーム）―期間限定の不動産ファンド
- 8-2 私募ファンド②（TMKスキーム）―期間限定の不動産ファンド
- 8-3 J-REIT（REITスキーム）―上場している不動産ファンド
- 8-4 私募REIT（REITスキーム）―非上場の不動産ファンド
- 8-5 3つの不動産ファンドの特徴（まとめ）
- コラム10 「REIT投信」って何？

8-1 私募ファンド①（TK-GKスキーム）
―期間限定の不動産ファンド

本講では、3つの代表的な不動産ファンドを紹介していきます。
まずは、7-2で説明した**TK-GKスキーム**を用いた私募ファンドです。
私募ファンドとは、プロ投資家である**機関投資家**を対象にしたファンドで、『一定期間で会社を閉じてしまう期間限定の賃貸不動産会社に投資する』イメージです。

まず、①の「買う」ステップです。投資家は、匿名組合出資にて匿名組合の営業者である合同会社（GK）※に資金を預けます（①A）。合同会社は、レンダーからの借入でも資金を調達します（①B）。※合同会社の持分については参考図参照。

TK-GKスキームの場合、コラム9で説明した**不特法**との関連で、主な投資対象は、**不動産信託受益権**（受益権）となります（売主が現物不動産を保有している場合には、信託銀行に不動産を信託して、売主は受益権を保有します（①C））。

合同会社は、投資家からの資金と借入金を合わせて、受益権を取得します（①D）。

次に、②の「持つ（貸す）」ステップです。まず、テナントによる賃料収入等をベースにした純収益が不動産保有者の信託銀行に入ります（②A）。信託銀行は、信託報酬を控除した残余を信託配当として合同会社に支払います（②A）。

合同会社は、信託配当から、レンダーに借入利息を支払い、資産運用会社（AM）への報酬も支払って（②B）、その残余が、投資家に分配金として支払われます（②C）。この分配金が私募ファンドの投資家が得られるインカムゲインです。

最後に、③の「売る」ステップです。買主が受益権を取得する場合、買主から合同会社に購入代金が支払われます（③A）。

合同会社は、その代金から、レンダーに借入元本を返済し、AMに報酬を支払い（③B）、その残余が、投資家に分配金として支払われます（③C）。③Cと①Aの差額が、投資家が得られるキャピタルゲイン／ロスです。

> **Point 私募ファンドとは？**
>
> プロ投資家向けの期間限定の不動産ファンド。TK-GKかTMKスキームを活用。期間終了時までに不動産を売却して投資家に換金する仕組み。

8-1　私募ファンド①（TK-GKスキーム）―期間限定の不動産ファンド

期間限定の賃貸不動産保有会社に投資するイメージ

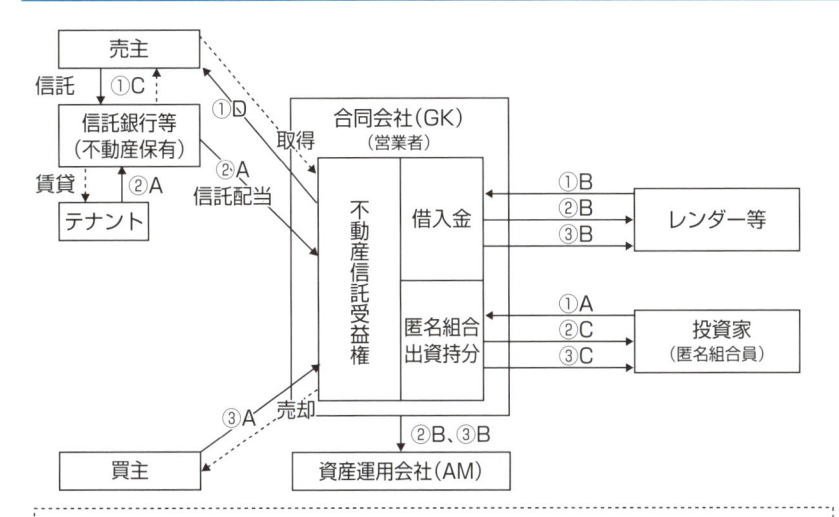

[図：売主から信託銀行等（不動産保有）へ信託①C、信託銀行等はテナントへ賃貸②A。売主から合同会社（GK・営業者）へ①D取得。合同会社は不動産信託受益権を保有し、②A信託配当を受ける。合同会社の借入金に対してレンダー等が①B、②B、③B。匿名組合出資持分について投資家（匿名組合員）が①A、②C、③C。③A売却で買主へ。②B、③Bで資産運用会社（AM）へ。]

参考図：一般社団法人の出資分を加えた図（7-7参照）

- 一般社団法人が合同会社の（議決権）持分を保有
- 匿名組合出資は、合同会社にとっては匿名組合契約に基づく預かり金

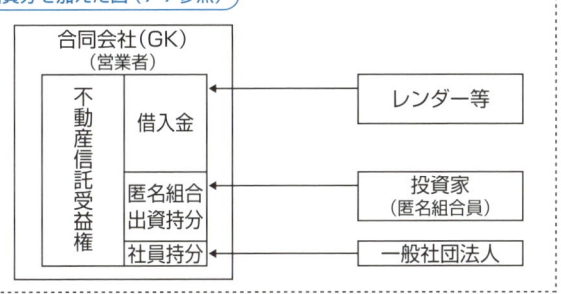

[図：合同会社（GK・営業者）は不動産信託受益権を保有。借入金にレンダー等、匿名組合出資持分に投資家（匿名組合員）、社員持分に一般社団法人。]

重要な専門用語

TK-GKスキーム
　➡匿名組合（TK）と合同会社（GK）を組み合わせた不動産ファンドの仕組み。

機関投資家
　➡多額の資金を運用するプロ投資家。

私募ファンド（私募不動産ファンド）
　➡プロ投資家のための期間限定の不動産ファンド。

不動産特定共同事業法
　➡匿名組合を活用した現物不動産投資手法を定めた法律。

不動産信託受益権（受益権）
　➡信託された不動産からの収益を受け取る権利。有価証券。

8-2 私募ファンド②（TMKスキーム）
―期間限定の不動産ファンド

次も同じ私募ファンドですが、7-3で説明した**TMKスキーム**を用いています。

用いるスキームが異なるだけで、8-1で説明したTK-GKスキームによる**私募ファンド**と同様に、プロ投資家向けの期間限定の不動産ファンドです。

まず、①の「買う」ステップです。投資家は、特定目的会社※が発行する**優先出資証券（優先出資）**に投資します（①A）。特定目的会社は、レンダーからの借入や投資家への社債（**特定社債**）の発行によっても資金を調達します（①B）。

※特定目的会社の特定出資持分については参考図参照。

TMKスキームは、TK-GKスキームと異なり、**現物不動産**（不動産）にも投資が可能です。特定目的会社は、投資家からの資金と借入金を合わせて、売主が保有する不動産もしくは不動産信託受益権（受益権）を取得します（①D）。

次に、②の「持つ（貸す）」ステップです。不動産の場合には、特定目的会社がテナントによる賃料収入等をベースにした純収益を受け取ります（②A）。受益権の場合には、信託銀行から信託配当を受け取ります（②A）。

特定目的会社は、純収益や信託配当から、レンダーに借入利息を支払い、資産運用会社（AM）への報酬も支払って（②B）、その残余が、投資家に分配金として支払われます（②C）。この分配金が私募ファンドの投資家が得られるインカムゲインです。

最後に、③の「売る」ステップです。買主に、不動産や受益権を売却して、購入代金を受領します（③A）。特定目的会社は、その代金から、レンダーに借入元本を返済し、AMへの報酬を支払い（③B）、その残余が、投資家に分配金として支払われます（③C）。③Cと①Aの差額が、私募ファンドの投資家が得られるキャピタルゲイン／ロスです。

> **Point 私募ファンドとは？**
>
> プロ投資家向けの期間限定の不動産ファンド。TK-GKかTMKスキームを活用。期間終了時までに不動産を売却して投資家に換金する仕組み。

8-2 私募ファンド②(TMKスキーム)—期間限定の不動産ファンド

期間限定の賃貸不動産保有会社に投資するイメージ

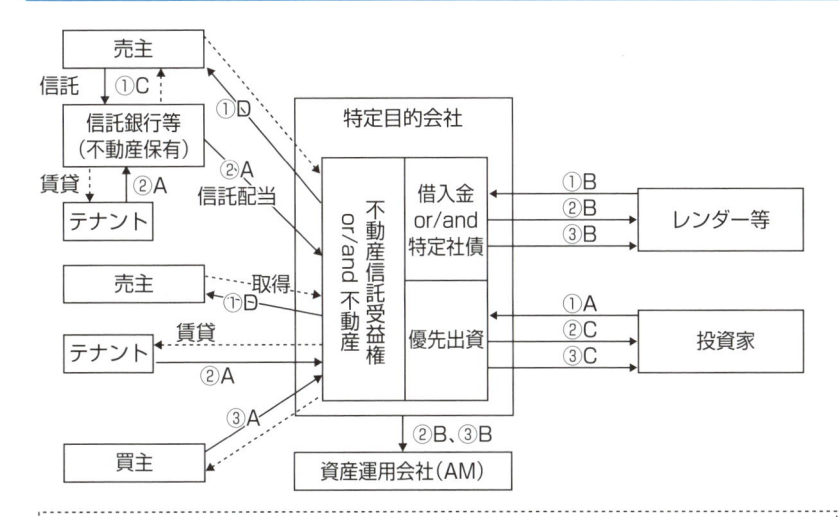

[図：特定目的会社(TMK)を中心に、売主・信託銀行等(不動産保有)・テナント、売主・テナント・買主、レンダー等(借入金or/and特定社債 ①B②B③B)、投資家(優先出資 ①A②C③C)、資産運用会社(AM)(②B、③B)との関係を示す図。TMK内に「不動産信託受益権or/and不動産」を保有。①C、①D、②A、信託配当、取得、賃貸、③A などの矢印あり]

参考図：一般社団法人の出資分を加えた図(7-7参照)

- 一般社団法人が特定目的会社の(議決権)持分を保有
- 優先出資は、優先的に特定目的会社の収益が分配される権利

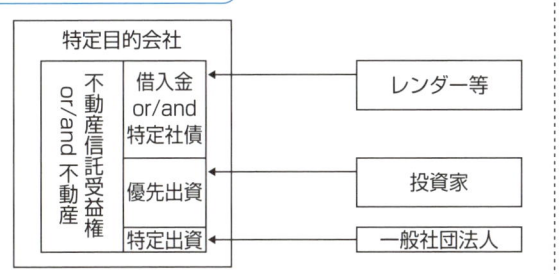

[図：特定目的会社内に「不動産信託受益権or/and不動産」、借入金or/and特定社債→レンダー等、優先出資→投資家、特定出資→一般社団法人]

Technical term　重要な専門用語

TMKスキーム
→資産流動化法上の特定目的会社(TMK)を用いた不動産ファンドの仕組み。

私募ファンド(私募不動産ファンド)
→プロ投資家のための期間限定の不動産ファンド。

優先出資証券(優先出資)
→特定目的会社が発行する有価証券。株式会社の株券(株式)に相当。

特定社債
→特定目的会社が発行する有価証券。株式会社の社債に相当。

現物不動産(現物)
→不動産のこと。不動産信託受益権と区別する際に用いられる。

8-3 J-REIT（REITスキーム）
── 上場している不動産ファンド

二つ目の不動産ファンドは、**REITスキーム**を用いたJ-REITです。

J-REITは、プロ投資家だけでなく、個人投資家も投資が可能な**公募**ファンドで、『上場している賃貸不動産保有会社に投資する』イメージです。

まず、①の「買う」ステップです。2つの買い方（投資の仕方）があります。

一つは、投資法人が発行する投資証券（投資口）を買うケース（A①）。もう一つは、他の投資家から**証券取引所**を通じて投資口を買うケースです（B①）。

次に、②の「持つ」ステップです。上記のどちらのケースでも、投資口を保有し、投資法人からの分配金を受け取ることになります（A②もしくはB②）。この分配金がJ-REITの投資家が得られるインカムゲインです。

この分配金の大部分は、投資法人が保有する不動産からの純収益、もしくは、受益権の信託配当から、借入金の利息や資産運用会社（AM）への報酬を支払った残余になります。不動産や受益権を売却した際の売却益が分配される場合もあります。

なお、投資法人は銀行などレンダーからの借入だけでなく、**投資法人債**（株式会社の社債に相当）の発行によっても資金を調達します。

最後に、③の「売る」ステップは、証券取引所で、他の投資家に投資口を売却することで実施されます（A③もしくはB③）。A③とA①、B③とB①の差額が、それぞれ、J-REITの投資家A、投資家Bが得られるキャピタルゲイン／ロスとなります。

J-REITの大きな特徴は、①買う、②売る、という手続きの際の売買価格、つまり、**投資口価格**（株式会社の株価に相当）の決定と、その売買の相手方探索が、株式と同様に証券取引所を通じて自動的に行われるということです。つまり、J-REITへの投資は、不動産投資と株式投資を組み合わせたような投資と言えます。

> **Point　J-REITとは？**
>
> 誰でも投資可能な上場不動産ファンド。REITスキームを活用。投資家は投資法人の投資口をいつでも売却して換金が可能。

8-3 J-REIT（REITスキーム）―上場している不動産ファンド

上場している賃貸不動産保有会社に投資するイメージ

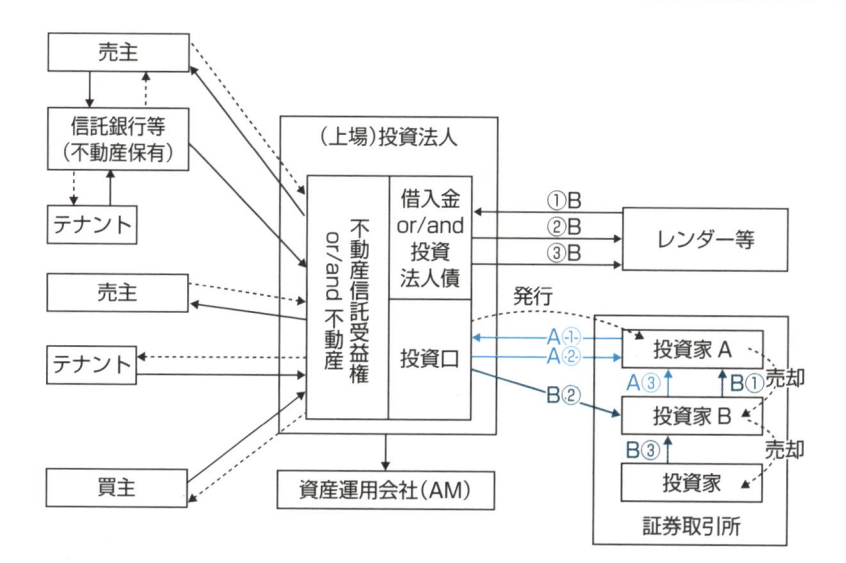

[図：売主、信託銀行等（不動産保有）、テナント、売主、テナント、買主 → （上場）投資法人（不動産信託受益権 or/and 不動産、借入金 or/and 投資法人債、投資口）→ レンダー等（①B、②B、③B）、投資家A（A①、A②）、投資家B（B②、A③、B①売却）、投資家（B③売却）、証券取引所、資産運用会社（AM）]

投資口の売買≒株の売買
（常時可能）

重要な専門用語 (Technical term)

REITスキーム
➡ 投信法上の投資法人を用いた不動産ファンドの仕組み。

J-REIT（ジェイ・リート）
➡ 誰でも投資が可能な上場している不動産ファンド。

公募ファンド
➡ 投資家が限定される私募と異なり、誰でも投資可能なファンド。

証券取引所
➡ 株式やREITの投資口を自由に売買できる場を提供している所。

投資証券（投資口）
➡ 投資法人が発行する有価証券。株式会社の株券（株式）に相当。

投資法人債
➡ 投資法人が発行する有価証券。株式会社の社債に相当。

投資口価格
➡ 投資法人の持分である投資口の価格で、株式会社の株価に相当。

8-4 私募REIT(REITスキーム)
―非上場の不動産ファンド

　三つ目は、8-3と同じ**REITスキーム**を用いた私募REITです。

　私募REITは、J-REITと異なり、プロ投資家である機関投資家を対象とした私募ファンドの一種で、投資家から見ると、『非上場だが、永続する賃貸不動産保有会社に投資する』イメージです。

　まず、①の「買う」ステップです。J-REIT同様に２つの買い方（投資の仕方）があります。一つは、投資法人が発行する投資証券（投資口）を買うケース（A①）。もう一つは、他の投資家から投資口を買うケースです（B①）。J-REITと似ていますが、後者のケースでは、私募REITは、相対で売主を探してくる必要があります。

　次に、②の「持つ（貸す）」ステップです。上記どちらのケースでも、投資口を保有し、投資法人からの分配金を受け取ることになります（A②もしくはB②）。これが私募REITで投資家が得られるインカムゲインです。分配金の内容は、J-REITとほぼ同様です。

　最後に、③の「売る」ステップです。一つは、他の投資家に相対で投資口を売却して換金が可能です（A③もしくはB③）。また、制限はありますが投資法人に投資口の払戻しを請求して換金してもらうという手段もあります（A④もしくはB④）。
　「A③もしくはA④」と「A①」、「B③もしくはB④」と「B①」の差額が、それぞれ、私募REITの投資家A、投資家Bが得られるキャピタルゲイン／ロスです。

　私募REITにおける投資口価格は、J-REITのように証券取引所での売買を通じて決まるわけではなく、**不動産鑑定評価額**をベースにした不動産の持分価値で示されるため、J-REITと比べ、不動産持分を売買しているのに近い形態と言えます。

Point　私募REIT(REITスキーム)とは？

　プロ投資家向けの無期限の不動産ファンド。REITスキームを活用。投資家は投資法人の投資口を売却したり投資法人に買い取ってもらうことで換金が可能。但し、換金のタイミングは限定的。

8-4 私募REIT（REITスキーム）―非上場の不動産ファンド

非上場の賃貸不動産保有会社に投資するイメージ

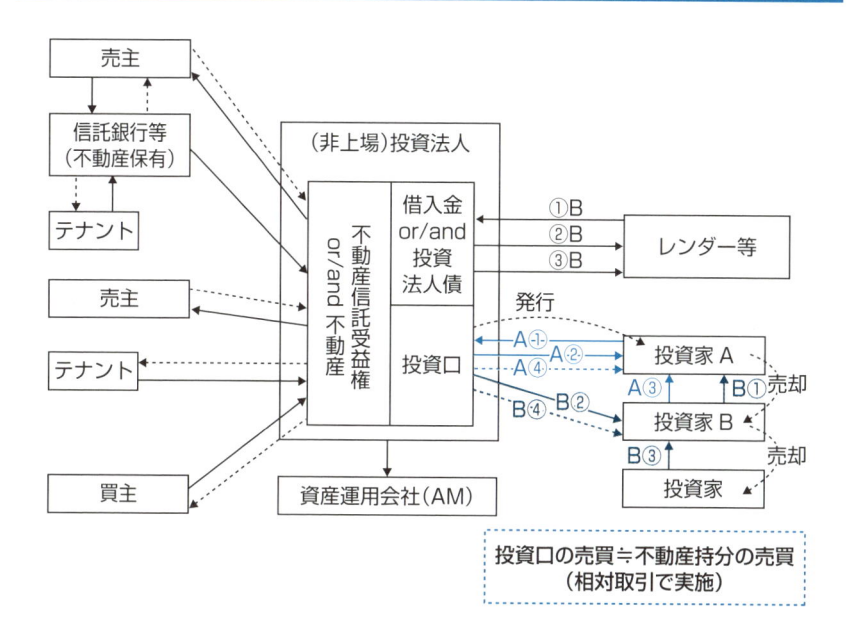

（図：非上場投資法人を中心に、売主・信託銀行等（不動産保有）・テナント・買主、資産運用会社（AM）、レンダー等、投資家A・投資家Bとの関係を示す。投資法人は借入金or/and投資法人債の発行、不動産信託受益権or/and不動産の保有、投資口の発行を行う。①B・②B・③Bはレンダー等との資金の流れ、A①・A②・A④・A③は投資家Aとの投資口取引、B①・B②・B③・B④は投資家Bとの投資口取引および売却を示す。）

投資口の売買≒不動産持分の売買
（相対取引で実施）

Technical term　重要な専門用語

REITスキーム
➡ 投信法上の投資法人を用いた不動産ファンドの仕組み。

私募REIT
➡ プロ投資家のための無期限の不動産ファンド。

不動産鑑定評価額
➡ 不動産鑑定士が算定した不動産価値。

8-5 3つの不動産ファンドの特徴（まとめ）

最後に、本講で紹介した3つの**不動産ファンド**（私募ファンド、J-REIT、私募REIT）の特徴をまとめてみたいと思います（図参照）。

まず、「**私募ファンド（私募不動産ファンド）**」は、主に機関投資家を対象にしたファンドであるため、投資家当たりの投資額は通常、最低数億円からとなります。

私募ファンドは、一般的な不動産投資の「買う→持つ（貸す）→売る」という流れに忠実で、直接不動産投資に近い形態と言えます。

一方で、運用期間が定められているため、インカムリターンを享受できる期間が限られ、最終的な投資の成果が、期間終了時（売却時）の売却価格に基づくキャピタルリターンに大きく左右されるというデメリットがあります。

次に、「**J-REIT**」は、個人投資家を含む誰もが投資可能なファンドで、多くの場合、数十万円という小額で投資が可能です。さらに、上場しているため、いつでも売買できる（流動性が高い）という画期的な仕組みです。

一方で、売買の仕組みが上場株式と類似しており、株価に相当する投資口価格の変動幅が大きいというデメリットもあります。

最後に、「**私募REIT**」は、私募ファンドと同様、機関投資家を対象にしているため、投資家当たりの投資額は、数億円からとなっています。

私募REITは、私募ファンドの期間終了時やJ-REITの投資口価格の変動により生じるキャピタルリターンの変動の大きさを軽減した商品で、不動産ファンドに共通のメリットである安定的なインカムリターンを狙う機関投資家向けの商品です。

なお、私募REITは、投資法人に払戻しを請求することでの換金も可能な**オープンエンドファンド**（不可のものは**クローズドエンドファンド**）です。また、売却の相手方も相対での探索となり、いつでも換金が可能なわけではありません。

> **Point　「私募ファンド」「J-REIT」「私募REIT」の大きな違いは？**
>
> 私募ファンドと私募REITは、プロ投資家を対象にした不動産ファンド。J-REITはプロ投資家だけでなく個人など一般投資家も投資可能。

8-5 3つの不動産ファンドの特徴（まとめ）

各タイプとも一長一短

不動産ファンドのタイプ		私募ファンド (8-1、8-2)	J-REIT (8-3)	私募REIT (8-4)
基本的な概要	用いられるスキーム	TK-GKスキーム TMKスキーム	REITスキーム	REITスキーム
	主な投資家	機関投資家	機関投資家 一般投資家	機関投資家
	私募か公募か	私募	公募	私募
	上場か非上場か	非上場	上場	非上場
	ファンドの期限の有無	有期限	無期限	無期限
主な特徴	長所	直接不動産投資に近い	いつでも売買（換金）が可能	私募ファンドとJ-REITの短所が解消
	短所	期間満了時の不動産市況の影響が大きい	投資口価格の変動が大きい	いつでも換金が可能なわけではない
	備考	クローズエンドファンド	クローズエンドファンド	オープンエンドファンド

Technical term 重要な専門用語

不動産ファンド
　➡投資家が不動産投資のために使う特別な会社。
私募ファンド（私募不動産ファンド）
　➡プロ投資家のための期間限定の不動産ファンド。
J-REIT（ジェイ・リート）
　➡誰でも投資が可能な上場している不動産ファンド。
私募REIT
　➡プロ投資家のための無期限の不動産ファンド。
オープンエンドファンド（Open-end Fund, Open-ended Fund）
　➡投資家の請求により払い戻しを行うファンド。投資信託が主な例。
クローズドエンドファンド（Closed-end Fund, Closed-ended Fund）
　➡払い戻しを行わないファンド。J-REITが主な例。

コラム10 「REIT投信」って何？

　REIT投信とは、J-REITなど国内外の上場REITをパッケージにした金融商品で、REITを通じて間接的に不動産に投資しており、不動産ファンドの一種とも言えます。

　仕組みは、図1のように、投資家（主に個人）からの資金を信託財産として受け入れた信託銀行が、資産運用会社の指図に基づいて、様々な上場REIT（の投資口）に投資し、その分配金や売却益を投資家に分配するものです。1万円前後で投資可能なように細かく小口化されているのが特徴です。同様に、様々な株式をパッケージにしたのが**株式投信**（図2）、様々な債券をパッケージにしたのが**公社債投信**（図3）です。

　投信（**投資信託**）とは、信託を活用したファンドの仕組みで、詳細は、投資法人同様、**投信法**（**投資信託及び投資法人に関する法律**）で定められています。

　なお、REIT投信のように、様々なファンド（ここではREIT）に投資するファンドを**ファンド・オブ・ファンズ**（FOFs：Fund of Funds）と呼んでいます。

『投信』は信託を活用したファンドスキーム

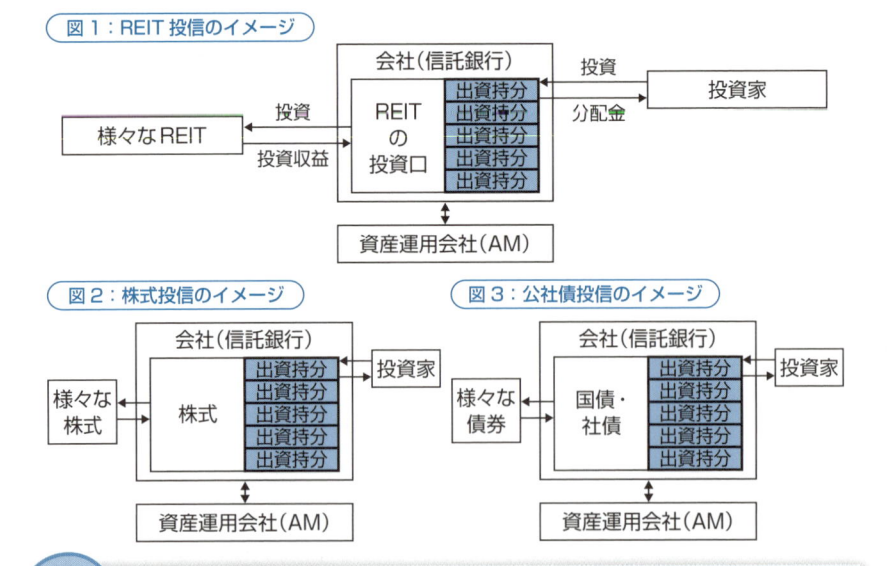

図1：REIT投信のイメージ

図2：株式投信のイメージ

図3：公社債投信のイメージ

Point　REIT投信とは？

様々なREIT（不動産ファンド）に投資するファンド。

第9講

不動産ファンドビジネスの概要
― 資産運用会社（AM）① ―

＜本講のポイント＞
不動産ファンドビジネスの主役は資産運用会社（AM）

図：不動産ファンドの5つの構成要素と本講の対象「資産運用会社」

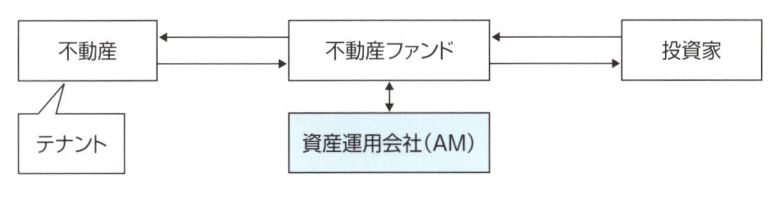

```
┌──────┐   ┌────────┐   ┌──────┐
│ 不動産 │ ←→ │ 不動産ファンド │ ←→ │ 投資家 │
└──────┘   └────────┘   └──────┘
    │              ↕
┌──────┐   ┌────────┐
│ テナント │   │ 資産運用会社（AM）│
└──────┘   └────────┘
```

＜講義の内容＞

- **9-1** 不動産ファンドビジネスとは？
- **9-2** 不動産ファンドビジネスの流れとカタカナ用語
- **9-3** 不動産ファンドに関わる主なプレイヤー
- **9-4** 資産運用会社（AM）の概要とビジネスモデル─主なプレイヤー①
- **9-5** デベロッパーの概要とビジネスモデル─主なプレイヤー②
- **9-6** 不動産仲介会社の概要とビジネスモデル─主なプレイヤー③
- **9-7** PM会社の概要とビジネスモデル─主なプレイヤー④
- **9-8** レンダーの概要とビジネスモデル─主なプレイヤー⑤
- **コラム11** 不動産ファンドに関わる様々な専門家

9-1 不動産ファンドビジネスとは？

不動産ファンドビジネスとは、**資産運用会社（AM）**が主役のビジネスです。

ここでは、AMのビジネスモデルを、図1にあるように、自動車メーカーのビジネスモデルと比べながら、説明していきたいと思います。

自動車メーカーは、まず、顧客である消費者がどのような車を欲しているかという調査を行います（①）。次に、消費者が求める車を作るために必要な原材料（鉄、ゴム、ガラスなど）や部品を調達します（②）。そして、それらを用いて車を組み立て（③）、ディーラーを通じて顧客にそれらの車を販売します（④）。

販売後も、カスタマーサービスなどを通じて顧客をフォローし（⑤）、そのメーカーのファンになってもらうように努めます。そうすることで、また、新たな車を買ってもらうようにする、それが、自動車メーカーのビジネスモデルです。

AMを、上記の自動車メーカーと同じようなメーカーだと考えると、図2のとおり、作っている商品は、「**不動産証券化商品**と呼ばれる不動産ファンドの『出資持分』」（「**匿名組合出資持分**」「**優先出資証券（優先出資）**」「**投資証券（投資口）**」）ということになります。また、この商品を販売する顧客は「投資家」です。

AMは、まず、顧客である投資家がどのような商品（収益）を欲しているのかという調査を行います（①）。次に、その商品を作るために必要な原材料（不動産）を調達します（②）。そして、その不動産を用いて商品を組成し（③）、証券会社等を通じて投資家にそれらの商品を販売します（④）。

販売後も、賃料収入等の収入を増やす、購入時よりも高い価格で売却するなど、投資家の収益を極大化する（これを「**アセットマネジメント**」と呼ぶ）サービスを提供し（⑤）、投資家の満足を得るように努めます。そうすることで、また、AMが組成する商品を買ってもらうようにする、これが、AMのビジネスモデルです。

> **Point** 不動産ファンドビジネスとは？
>
> 「顧客（投資家）ニーズ調査、原材料（不動産）調達、商品（不動産証券化商品）組成・販売、アフターサービス提供」という一連の流れで実施される資産運用会社（AM）のビジネス。

9-1 不動産ファンドビジネスとは？

資産運用会社（AM）のビジネスはメーカーのビジネスモデルと類似

図1：「自動車メーカー」のビジネスの流れイメージ

顧客：消費者（商品「車」の購入者）

①顧客（消費者）ニーズの調査 ➤ ②原材料調達 ➤ ③商品の製造 ➤ ④販売 ➤ ⑤アフターサービス

自動車メーカー（商品「車」の製造販売）

図2：「資産運用会社（AM）」の不動産ファンドビジネスの流れイメージ

顧客：投資家（不動産証券化商品「匿名組合出資持分」「優先出資証券」「投資証券」などの購入者）

①顧客（投資家）ニーズの調査 ➤ ②原材料（不動産）調達 ➤ ③商品の組成 ➤ ④販売（出資受入） ➤ ⑤アフターサービス（アセットマネジメントサービス）

資産運用会社（不動産証券化商品「匿名組合出資持分」「優先出資証券」「投資証券」などの製造販売）

重要な専門用語

資産運用会社（AM：Asset Manager）
➡投資家のために様々な資産を運用することを本業とする会社。

不動産証券化商品
➡不動産ファンドの「匿名組合出資持分」「優先出資」「投資口」。

匿名組合出資持分（TK出資持分）
➡匿名組合の事業持分（営業者に預けた資金割合）。有価証券。

優先出資証券（優先出資）
➡特定目的会社が発行する有価証券。株式会社の株券（株式）に相当。

投資証券（投資口）
➡投資法人が発行する有価証券。株式会社の株券（株式）に相当。

アセットマネジメント[広義]（Asset Management）
➡投資家の投資対象資産からの収益を極大化する業務。

9-2 不動産ファンドビジネスの流れとカタカナ用語

不動産ファンドビジネスにおいては、独特のカタカナ用語が使われますが、9-1で説明したビジネスの流れを理解すると、さほど難しい意味ではありません。

以下、図のビジネスの流れに沿って、主な用語を説明していきます。

①顧客(投資家)ニーズの調査

まず、資産運用会社(AM)には、不動産投資で投資家がどのような収益を得ることを望んでいるか、という投資家ニーズの調査(マーケティング)が必要です。

②原材料(不動産)調達

次に、①で調査した投資家のニーズに合う不動産を調達します。この不動産を調達する(sourse)プロセスを**ソーシング**、調達した原材料(不動産)が、商品化にあたって問題ないかどうかをチェックする作業を**デューデリジェンス**と呼びます。

③商品の組成

不動産から、不動産ファンドの仕組み(ストラクチャー)を作るプロセスということで、ストラクチャリングなどと呼んでいます。具体的には、借入れのためのレンダーとの交渉、TK-GKやTMKなどSPCの設立作業、仕組みを固めるために必要な関係者との契約書作成作業(**ドキュメンテーション**)などが含まれます。

④販売(出資受入)

「投資家に出資してもらい、レンダーから借入金も調達して、不動産を取得するという一連のプロセス」を取引を終えるということで**クロージング**と呼んでいます。

以上の②から④までのステップは、投資家が不動産を「買う」ステップに相当し、この一連の作業全体を**アクイジション**と呼んでいます。

⑤アセットマネジメントサービス

実際に不動産を運営する「持つ(貸す)」プロセスのことを**アセットマネジメント**、「売る(処分する)」プロセスを**ディスポジション**と呼びます。

> **Point 不動産ファンドビジネスの流れと用語**
>
> 原材料調達(ソーシング・デューデリジェンス)、商品組成・販売(ストラクチャリング・クロージング)、アフターサービス(アセットマネジメント・ディスポジションなど)。

9-2 不動産ファンドビジネスの流れとカタカナ用語

不動産ファンドビジネスの流れとカタカナ用語との関係

図：不動産ファンドビジネスの流れと各プロセスに対応する用語

顧客：投資家（不動産証券化商品「匿名組合出資持分」「優先出資証券」「投資証券」などの購入者）

① 顧客（投資家）ニーズの調査 → ② 原材料（不動産）調達 → ③ 商品の組成 → ④ 販売（出資受入） → ⑤ アフターサービス（アセットマネジメントサービス）

資産運用会社（不動産証券化商品「匿名組合出資持分」「優先出資証券」「投資証券」などの製造販売）

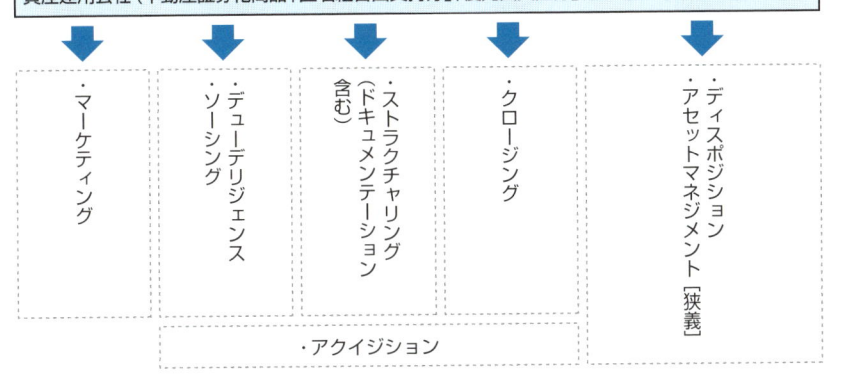

- マーケティング
- デューデリジェンス／ソーシング
- ストラクチャリング（ドキュメンテーション含む）
- クロージング
- ディスポジション／アセットマネジメント［狭義］

・アクイジション

Technical term 重要な専門用語

ソーシング（Sourcing）
➡ 投資対象となる不動産を調達（探索）すること。

デューデリジェンス（DD：Due Diligence）／デューデリ
➡ 不動産証券化商品の原材料である不動産の安全度チェック作業。

ドキュメンテーション（Documentation）／ドキュメン
➡ 不動産証券化商品の登場プレイヤー同士の約束を書面にする作業。

クロージング（Closing）
➡ 不動産ファンドが不動産の取得を完了すること。

アクイジション（Acquisition）／アクイジ
➡ 不動産の調達から取得完了までの一連のプロセス。「買う」に相当。

アセットマネジメント［狭義］（Asset Management）／アセマネ
➡ 不動産を持つ（貸す）プロセス。「持つ（貸す）」に相当。

ディスポジション（Disposition）／ディスポジ
➡ 不動産を売却するプロセス。「売る」に相当。

9-3 不動産ファンドビジネスに関わる主なプレイヤー

不動産ファンドビジネスの主役である資産運用会社（AM）は、図の各段階で、様々なプレイヤーを活用してビジネスを進めていく必要があります。

②原材料（不動産）調達

不動産を調達する際には、**不動産仲介会社**から不動産の売却情報を入手します。**デベロッパー**などの売主から直接情報を入手する場合もあります。不動産のチェックには、不動産の物理的な安全性をチェックした**エンジニアリングレポート（ER）**というレポートが必要で、その作成者がER作成会社です。また、不動産鑑定事務所には不動産の客観的な価値を**不動産鑑定評価書**というレポートにまとめてもらいます。

③商品の組成

不動産ファンドはほとんどのケースで借入を利用しますが、この貸し手のことを総称して**レンダー**と呼んでいます。

SPCの設立作業は、会計税務事務所（会社登記は司法書士）に、契約書の作成作業は法律事務所にサポートしてもらいます。さらに、「法人税をほぼゼロにするといった税務の仕組み」のチェックは会計税務事務所、「収益物件の保有に特化するといった法律上の仕組み」のチェックは法律事務所に行ってもらいます。

④販売（出資受入）

不動産証券化商品の投資家への販売は、証券会社が担います。特に、第11講で説明するJ-REITや私募REITでは、証券会社は非常に大きな役割を果たします。

その他、不動産売買のサポートは不動産仲介会社に、不動産登記は土地家屋調査士や司法書士に依頼します。

⑤アセットマネジメントサービス

不動産の日常管理を委ねるのは**プロパティマネジメント会社（PM会社）**です。信託受益権を活用したときには、不動産の所有者となる信託銀行（**受託者**）への指図も必要です。SPCの会社としての会計税務手続きは会計税務事務所に委託します。

> **Point　不動産ファンドビジネスに関わる主なプレイヤー**
>
> 原材料調達はデベロッパーや不動産仲介会社、商品組成にはレンダー、販売には証券会社、アフターサービスではPM会社が大きな役割。

9-3 不動産ファンドビジネスに関わる主なプレイヤー

AMは各段階で様々なプレイヤーを活用・コントロール

図：不動産ビジネスの流れと各プロセスに関連する主なプレイヤー

顧客：投資家（不動産証券化商品「匿名組合出資持分」「優先出資証券」「投資証券」などの購入者）

①顧客（投資家）ニーズの調査 → ②原材料（不動産）調達 → ③商品の組成 → ④販売（出資受入） → ⑤アフターサービス（アセットマネジメントサービス）

資産運用会社／AM（不動産証券化商品の製造販売）

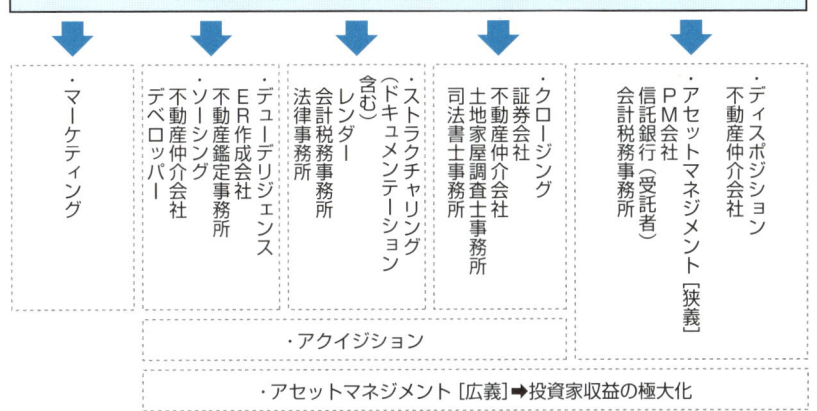

- ①：マーケティング
- ②：デベロッパー、不動産仲介会社、ソーシング、不動産鑑定事務所、ER作成会社、デューデリジェンス
- ③：レンダー、ストラクチャリング（ドキュメンテーション含む）、会計税務事務所、法律事務所、司法書士事務所、土地家屋調査士事務所、不動産仲介会社、証券会社、クロージング
- ④：会計税務事務所、信託銀行（受託者）、PM会社、アセットマネジメント[狭義]
- ⑤：不動産仲介会社、ディスポジション

・アクイジション（②③）
・アセットマネジメント[広義] ➡ 投資家収益の極大化

重要な専門用語 (Technical term)

不動産仲介会社（業者、ブローカー）
➡不動産の買主と売主、貸主と借主のマッチングで手数料を得る会社。

デベロッパー（Developer）／デベ
➡土地を買い建物を建て、売却もしくは賃貸で収益を得る会社のこと。

エンジニアリングレポート（ER：Engineering Report）／エンジ
➡不動産の物理的な安全性を専門家が調査したレポート。

不動産鑑定評価書
➡不動産の客観的な価値を不動産鑑定士がまとめたレポート。

レンダー（Lender）
➡お金の貸し手のこと。お金の借り手は**ボロワー（Borrower）**。

プロパティマネジメント会社（PM会社、PM：Property Manager）
➡日常の不動産賃貸・管理を取り仕切る会社。

受託者（受託）
➡不動産ファンドにおいて不動産を所有する信託銀行のこと。

第9講　不動産ファンドビジネスの概要 ── 資産運用会社（AM）①

9-4 資産運用会社（AM）の概要とビジネスモデル―主なプレイヤー①

9-1から9-3で見てきたように、**資産運用会社（AM）** は、不動産ファンドビジネスの中心プレイヤーです。ここでは、誰がAMを設立するのかという点と、AMがどうやって利益を上げるのかという点を説明したいと思います。

図のとおり、不動産ファンドには、様々なプレイヤーが関わっています。「講義の概要」でも説明したとおり、これらのプレイヤーにとって不動産ファンドは重要な顧客となっています。実は、AMを設立している大半はこれらのプレイヤーです。

9-3のとおり、AMは、投資家に成り代わってこれらの様々なプレイヤーを活用・コントロールする役割を担っています。したがって、AMとなることは、不動産ファンドビジネスにおいて活用してもらうチャンスが増えるという訳です。

AMを設立する会社、つまり、AMの主要な株主のことを**スポンサー**と呼んでいます。具体的なスポンサーの例には、9-5から9-8で説明する、デベロッパー（売主）、不動産仲介会社、PM会社などが挙げられます。また、銀行（レンダー）や証券会社も、自らが様々な金融商品に投資しているというノウハウを活かして資産運用ビジネスに力を入れており、スポンサーとなっている場合があります。

AMの最大の役割は、9-2で説明したアクイジション（取得）、アセットマネジメント（運用）、ディスポジション（処分）という3つのプロセスそれぞれで、上記のプレイヤーをコントロールしながら、投資家収益を極大化することです。

この3つのプロセスでの役割に応じて、AMは、不動産を取得する際の**アクイジションフィー（取得報酬）**、不動産を保有し貸す段階での毎年の**アセットマネジメントフィー（運用報酬）**、不動産を売却する際の**処分報酬（ディスポジションフィー）** の3つの報酬を得ます。さらに、収益を上げる動機をもたせるため、一定以上の収益を上げた場合に、**インセンティブフィー**が得られる場合もあります。

> **Point** 資産運用会社（AM）のビジネスモデルとは？
>
> 原材料（不動産）調達から商品（不動産証券化商品）の組成・販売まで（アクイジション）、アフターサービス（アセットマネジメントやディスポジション）を投資家のために行い、報酬を収受するビジネス。

9-4 資産運用会社（AM）の概要とビジネスモデル―主なプレイヤー①

AMは「不動産ファンド」を重要な顧客とするプレイヤーが設立

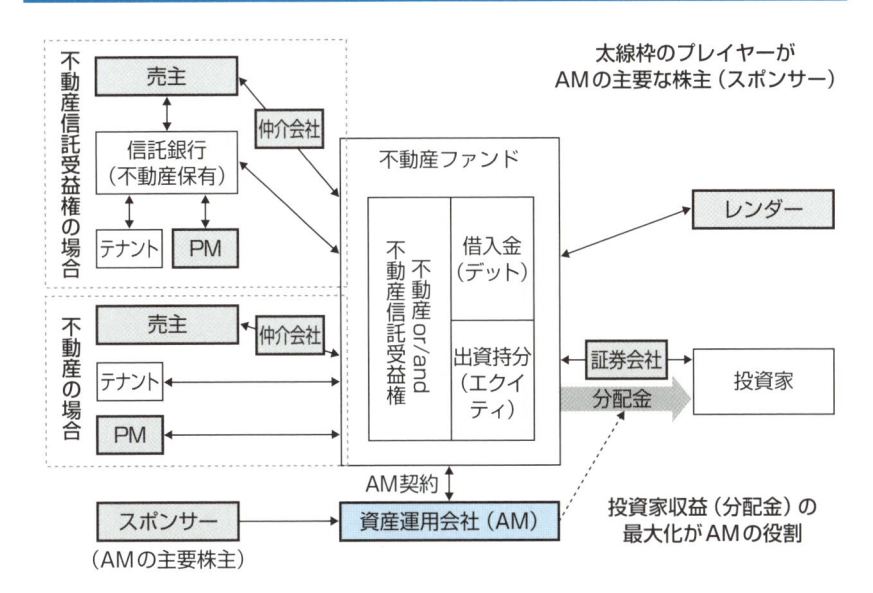

太線枠のプレイヤーがAMの主要な株主（スポンサー）

不動産信託受益権の場合: 売主 ― 仲介会社 ― 信託銀行（不動産保有） ― テナント／PM

不動産の場合: 売主 ― 仲介会社 ― テナント／PM

不動産ファンド：不動産信託受益権／不動産 or/and 不動産信託受益権／借入金（デット）／出資持分（エクイティ）

レンダー ← 借入金
証券会社 → 投資家（分配金）

スポンサー（AMの主要株主） ― AM契約 ― 資産運用会社（AM）

投資家収益（分配金）の最大化がAMの役割

Technical term　重要な専門用語

資産運用会社（AM：Asset Manager）
➡投資家のために様々な資産を運用することを本業とする会社。

スポンサー（Sponsor）
➡資産運用会社の主要株主のこと。

アクイジションフィー（Acquisition Fee）
➡不動産取得に伴う対価としてAMが収受する報酬のこと。**取得報酬**。

アセットマネジメントフィー（Asset Management Fee）
➡運用期間中の対価としてAMが収受する報酬のこと。**運用報酬**。

ディスポジションフィー（Disposition Fee）
➡不動産売却に伴う対価としてAMが収受する報酬のこと。**処分報酬**。

インセンティブフィー
➡投資家の期待を上回る収益を上げたときにAMが収受できる報酬。

9-5 デベロッパーの概要とビジネスモデル ―主なプレイヤー②

AMによる不動産ファンドビジネスは、原材料となる不動産が調達できなければビジネスが成り立ちません。この点で大きな役割を果たすのが**デベロッパー**です。

デベロッパーとは、不動産開発会社や不動産分譲業者などとして知られ、土地を仕入れて、その土地の上に建物を建て（この土地の仕入れと建物の建築というプロセスを含めて「開発」という）、完成した土地建物を誰かに売却して売却収入を得る、誰かに貸して賃料収入を得る、というビジネスを行っている不動産会社です。

不動産ファンドが登場するまでは、デベロッパーには、図1のような、開発した不動産をそこに住みたい個人に売却する（分譲ビジネス）、もしくは、図2のような、開発した不動産を自ら保有し誰かに貸して賃料収入を得る（賃貸ビジネス）の2つしか選択肢がありませんでした。

しかし、**不動産ファンド**の登場により、図3のように、開発した不動産を、不動産に投資したいという投資家（が投資のために用いる不動産ファンド）に売却する、という新たなビジネスが可能となりました。現在では、多くのデベロッパーが、不動産ファンドに売却することを前提とした不動産開発ビジネスを行っています。

大まかにはデベロッパーの利益は、「開発不動産の最終的な売却価格（③）」から、「土地取得価格（①）と建物建築コスト（②）」を差し引いた額となります。

したがって、高く売れた方がより儲かるわけですが、一方で、投資家利益の極大化を目指す資産運用会社（AM）にとっては、できるだけ安く買うことが望ましいことは言うまでもありません。つまり、資産運用会社のスポンサーがデベロッパーの場合には、ソーシングがしやすいというメリットがある一方で、売買価格に関して、両者の利益が常に衝突（**コンフリクト**）するという課題があります。

Point デベロッパーのビジネスモデルとは？

土地を仕込んで建物を建て、誰かに売却して利益を上げるビジネス。収益物件を作って、不動産ファンドという顧客に売却することでも利益が得られる。

9-5 デベロッパーの概要とビジネスモデル―主なプレイヤー②

「不動産ファンド」の登場で図3のビジネスが新たに可能に

図1：住宅分譲ビジネス

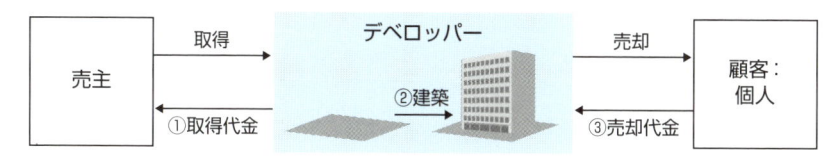

売主 →取得→ デベロッパー →売却→ 顧客：個人
①取得代金 ②建築 ③売却代金

図2：賃貸ビジネス

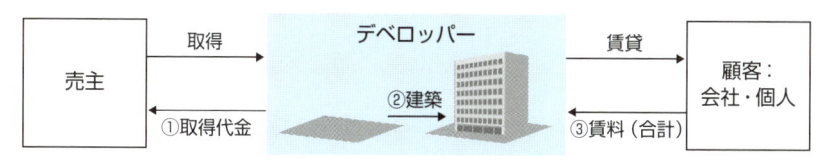

売主 →取得→ デベロッパー →賃貸→ 顧客：会社・個人
①取得代金 ②建築 ③賃料（合計）

図3：収益物件分譲ビジネス

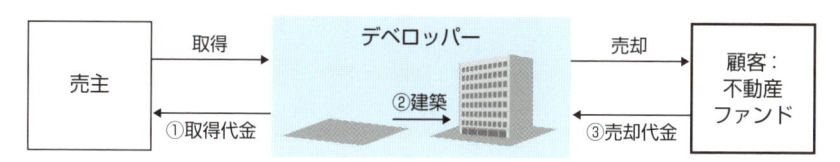

売主 →取得→ デベロッパー →売却→ 顧客：不動産ファンド
①取得代金 ②建築 ③売却代金

第9講 不動産ファンドビジネスの概要 ―資産運用会社（AM）①―

Technical term 重要な専門用語

デベロッパー（Developer）／デベ
➡土地を買い建物を建て、売却もしくは賃貸で収益を得る会社のこと。

不動産ファンド
➡投資家が不動産投資のために使う特別な会社。

コンフリクト（Conflict of Interest）
➡一方の利益を優先すると他方の利益を損なってしまう状況のこと。

9-6 不動産仲介会社の概要とビジネスモデル―主なプレイヤー③

　原材料となる不動産の調達において、デベロッパーと並んで重要な役割を果たすのが、**不動産仲介会社**です。

　不動産仲介会社とは、9-2でも説明したように、不動産の買主と売主、貸主と借主をマッチングしたり、どちらか一方、もしくは両者の売買や賃貸借手続きをサポートしたりすることで**仲介手数料**という手数料を得る会社のことです。
　不動産仲介を行うための要件や業務内容は、**宅地建物取引業法**という法律で定められており、不動産仲介会社は同法に基づく**宅地建物取引業**の免許を有する**宅地建物取引業者**であることが必要です。
　また、不動産仲介会社が収受可能な仲介手数料も、同法で上限が定められ、売買の場合は、売主、買主双方からそれぞれ売買価格×3％＋6万円（但し一定額以上）、賃貸借の場合は、貸主、借主からの合計額が賃料1ヶ月以内となっています。

　不動産ファンドは、不動産仲介会社にとって、非常に重要な顧客となっています。
　なぜなら、図にあるとおり、不動産仲介会社の顧客は、不動産の買主（1）、売主（2）、貸主（3）、借主（4）ということになりますが、不動産ファンドは、このうち、買主、売主、貸主の立場となるからです。また、借主が顧客の場合でも、マッチングする貸主が不動産ファンドである場合もあるため、その概要を知らないわけにはいきません。

　なお、不動産ファンドは、第6講から第8講でも説明したように、不動産だけでなく、不動産信託受益権にも投資します。
　不動産信託受益権は、**金融商品取引法**上の有価証券ですので、この売買を取り扱う不動産仲介会社には、金融商品取引法に基づく**第二種金融商品取引業**の登録も求められることに留意が必要です。

> **Point　不動産仲介会社のビジネスモデルとは？**
>
> 不動産の売主と買主、または、貸主と借主をマッチングさせて手数料を収受するビジネス。不動産ファンドが買主、売主、貸主といった顧客となる。

9-6 不動産仲介会社の概要とビジネスモデル―主なプレイヤー③

「不動産ファンド」は、買主、売主、貸主として仲介会社の顧客となる

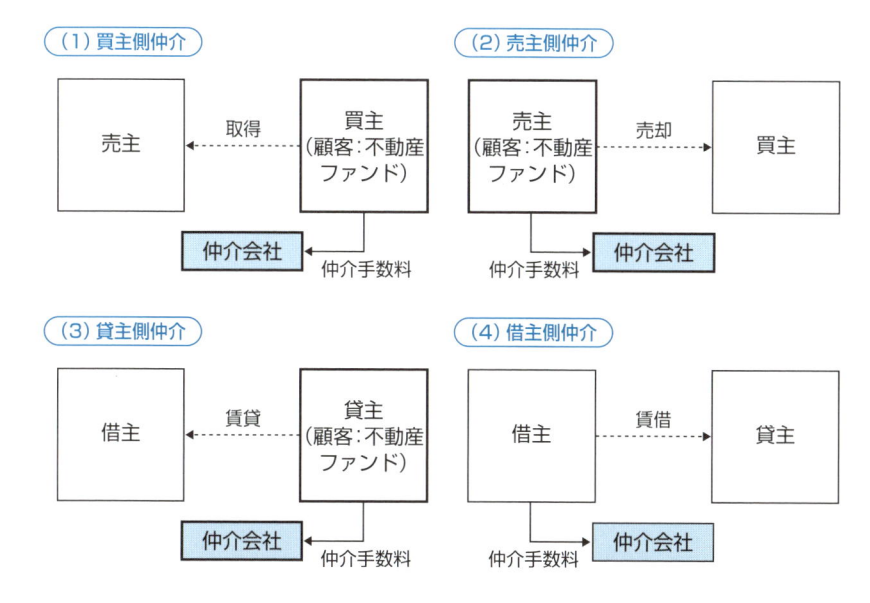

(1) 買主側仲介

売主 ←--取得--- 買主（顧客：不動産ファンド） → 仲介手数料 → 仲介会社

(2) 売主側仲介

売主（顧客：不動産ファンド） ---売却--→ 買主
仲介手数料 → 仲介会社

(3) 貸主側仲介

借主 ←--賃貸--- 貸主（顧客：不動産ファンド） → 仲介手数料 → 仲介会社

(4) 借主側仲介

借主 ---賃借--→ 貸主
仲介手数料 → 仲介会社

第9講 不動産ファンドビジネスの概要 ―資産運用会社（AM）①―

Technical term 重要な専門用語

不動産仲介会社（業者、ブローカー）
➡不動産の買主と売主、貸主と借主のマッチングで手数料を得る会社。

仲介手数料
➡仲介会社が買主と売主、貸主と借主とのマッチングで得る手数料。

宅地建物取引業法（宅建業法）
➡国土交通省が不動産取引のルールを定めた法律。

宅地建物取引業／宅地建物取引業者
➡不動産取引を取扱うためのライセンス。／そのライセンス保有者。

金融商品取引法（金商法）
➡金融庁が金融商品（有価証券）取引のルールを定めた法律。

第二種金融商品取引業
➡不動産信託受益権を仲介する会社に必要な金商法上のライセンス。

9-7 PM会社の概要とビジネスモデル
—主なプレイヤー④

　商品（不動産証券化商品）を買ってもらった投資家へのアフターサービス提供の段階で欠かせないのが、当該商品の原材料である不動産の日常管理を担う**プロパティマネジメント会社**（**PM会社**、**PM**、プロパティマネジャーなど）です。

　不動産ファンドビジネスでは、投資家利益を極大化する役割を担う資産運用会社（AM）が投資家に成り代わって様々なプレイヤーをコントロールしますが、AMの指示に基づき各投資対象不動産の収益極大化の役割を担うのがPMです。

　PMは、図のとおり、分譲マンション所有者の依頼により当該建物を管理する分譲マンション管理会社（1）、オフィスビル所有者の依頼を受けて当該建物を管理する建物管理会社（2）と類似しています。

　PM（3）も、不動産所有者（オーナー）の依頼により当該不動産（建物）の日常管理を行うという点では両者と同様です。異なるのは、不動産所有者が「不動産ファンド」（不動産信託受益権に投資している場合には不動産所有者は「信託銀行」）であるということで、その場合のPMが行う不動産管理業務のことを**プロパティマネジメント**、PMが収受する管理報酬のことを**プロパティマネジメントフィー（PM報酬）**と呼んでいます。

　プロパティマネジメント（**PM**）業務には、3-4でも説明したように、建物管理会社（**BM会社**）をコントロールしたり自ら建物管理を行う建物管理業務（BM：ビルメンテナンス）、テナントを募集したり賃貸借契約の更新を行うテナント業務（LM：リーシングマネジメント）、建物の修繕計画を立て実行する修繕業務（CM：コンストラクションマネジメント）、不動産に係る入出金を管理するキャッシュマネジメント業務、それらの業務をレポート（**PMレポート**）にまとめるレポーティング業務などがあります。

> **Point　プロパティマネジメント会社のビジネスモデルとは？**
>
> 顧客（不動産ファンド）が保有する収益物件の日常的な管理運営を担い、当該物件の賃料収入から一定の報酬を得るビジネス。

9-7 PM会社の概要とビジネスモデル─主なプレイヤー④

「不動産ファンド」は、不動産オーナーとしてPM会社の顧客となる

(1) 分譲マンション管理会社

管理会社 ⇄ 所有者※1
（管理サービス／管理報酬）

※1 分譲マンション所有者
➡個々の所有者から構成される「管理組合」が管理会社との窓口

(2) 建物管理会社

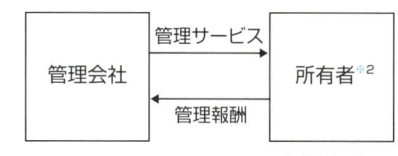

管理会社 ⇄ 所有者※2
（管理サービス／管理報酬）

※2 ビルオーナー

(3) プロパティマネジメント会社

〈不動産に投資している場合〉

PM ⇄ 不動産ファンド（不動産所有者）
（PMサービス／PM報酬）

不動産ファンド ⇄ AM（AM契約）

AM → PM（実際の業務指示）

〈不動産信託受益権に投資している場合〉

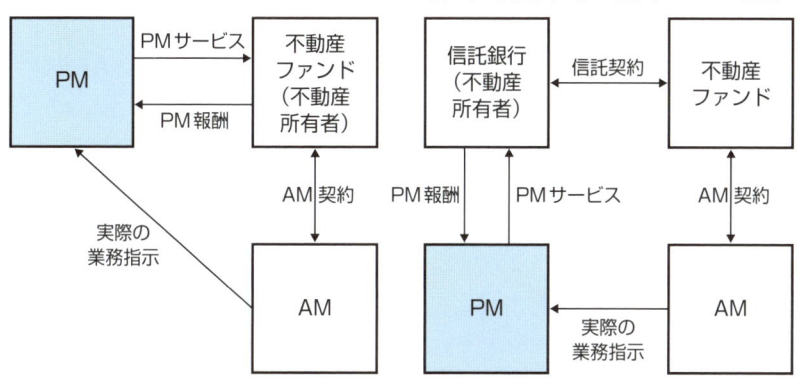

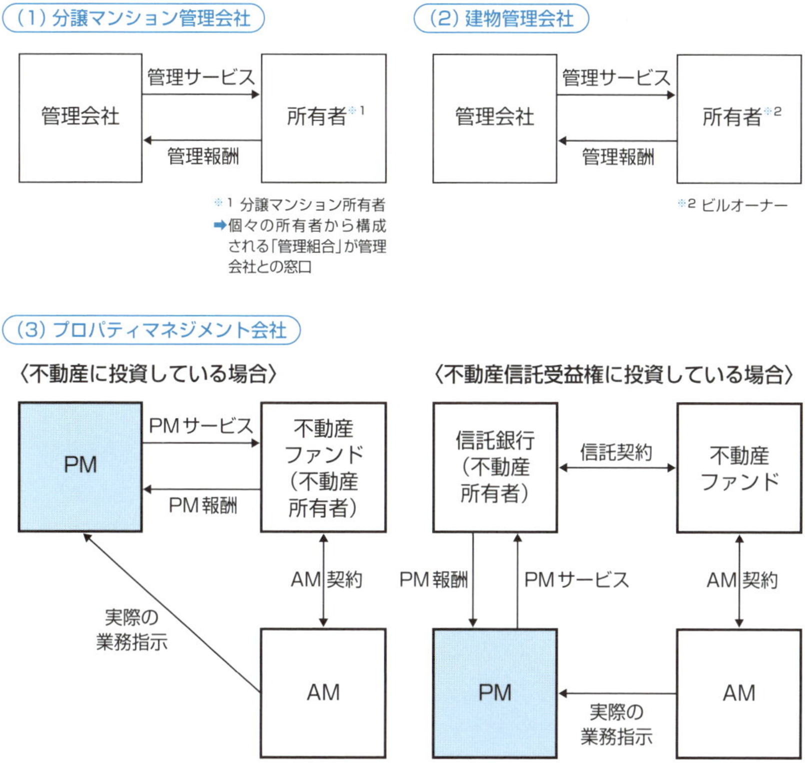

信託銀行（不動産所有者） ⇄ 不動産ファンド（信託契約）

信託銀行 ⇄ PM（PM報酬／PMサービス）

不動産ファンド ⇄ AM（AM契約）

AM → PM（実際の業務指示）

重要な専門用語

プロパティマネジメント会社（PM会社、PM：Property Manager）
➡日常の不動産賃貸・管理を取り仕切る会社。

プロパティマネジメント（PM：Property Management）
➡日常の不動産賃貸・管理を取り仕切る業務。

プロパティマネジメントフィー（Property Management Fee）
➡PMが収受する報酬のこと。**PM報酬**。

BM（Building Management, Building Maintenanceの略でビー・エム）
➡建物管理業務や建物管理会社などを示す略称。

PMレポート
➡PMが不動産賃貸・管理状況を通常月単位でレポートにしたもの。

9-8 レンダーの概要とビジネスモデル
―主なプレイヤー⑤

　不動産証券化商品の組成（ストラクチャリング）にあたって、非常に重要な役割を果たすのが**レンダー**です。

　なぜなら、第5講でも説明したように、レンダーが提供するローン金額の不動産価格に対する割合（**LTV**）や、貸出金利と不動産利回りの差額（**イールドギャップ**）次第で、投資家の利回り水準が変わってくる、つまり、不動産証券化商品の商品性が変わってくるからです。

　レンダーとは、お金の貸し手のことで、主要なレンダーとして挙げられるのは銀行です。2-1で説明したとおり、銀行の場合には、主に預金でお金を調達して、そのお金を貸して、貸出金利-預金金利の差（利ざや）が儲けとなります。このほか、保険料で資金を調達する保険会社や、銀行から資金を調達するレンダーもいます。

　図の(1)のように、お金の借り手（**ボロワー**）が、通常の会社であればコーポレートローン（**リコースローン**）、(2)のように不動産ファンドであれば**ノンリコースローン**と呼ばれます（但し、REITへの貸出は永続的な会社への貸出としてコーポレートローンとみなされています）。

　なお、不動産ファンドのローンとして、**CMBS**ローンもあります。
　図(3)のとおり、これは投資銀行などが一旦ローンを提供するのですが、そのローンから利息や元本を受け取る権利（貸出債権）をすぐに特別目的会社に売却し、当該特別目的会社がこの権利を裏付けに発行した証券（ローンを小口化したイメージでこの証券をCMBSと呼ぶ）を投資家に買ってもらうものです。
　最初にローンを提供した投資銀行等にとっては、融資した額と特別目的会社に売却した差額が儲けとなるイメージです。

Point レンダーのビジネスモデルとは？

　会社や個人にお金を貸して利ざやを得るビジネス。投資家が不動産に投資するための特別な会社である不動産ファンドも重要な顧客。

9-8 レンダーの概要とビジネスモデル―主なプレイヤー⑤

「不動産ファンド」は、レンダーにとって重要な借り手（顧客）である

（1）通常の融資

会社 →ローン→ レンダー※1 →預金→ 投資家（預金者）
会社 ←利息← レンダー※1 ←利息← 投資家（預金者）
会社 ←元本← レンダー※1 ←元本← 投資家（預金者）

※1 銀行など

（2）不動産ファンドへの融資

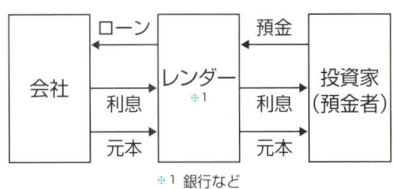

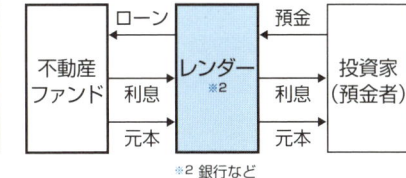

不動産ファンド →ローン→ レンダー※2 →預金→ 投資家（預金者）
不動産ファンド ←利息← レンダー※2 ←利息← 投資家（預金者）
不動産ファンド ←元本← レンダー※2 ←元本← 投資家（預金者）

※2 銀行など

（3）CMBSのイメージ（SPCの「A」「B」「C」といった小口化商品がCMBS）

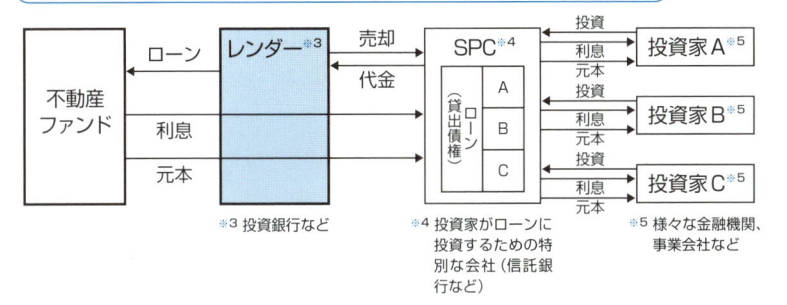

不動産ファンド →ローン→ レンダー※3 →売却→ SPC※4（貸出債権ローン A/B/C）→投資→ 投資家A※5
不動産ファンド ←利息← レンダー※3 ←代金← SPC ←利息・元本← 投資家B※5
不動産ファンド ←元本← レンダー※3   SPC   投資家C※5

※3 投資銀行など
※4 投資家がローンに投資するための特別な会社（信託銀行など）
※5 様々な金融機関、事業会社など

重要な専門用語

レンダー（Lender）
➡お金の貸し手。借り手はボロワー（Borrower）。

LTV（Loan to Valueの略でエル・ティー・ヴィー）
➡借入金÷不動産評価額のこと。一般には借入比率。担保掛目も同義。

イールドギャップ（Yield Gap）
➡不動産利回り（ネット利回り）と借入金利の差。

イールドスプレッド（Yield Spread）
➡イールドギャップと同じ。

リコースローン（RL：Recourse Loan）
➡不動産売却で返済不足だと、他の資産や収入で返済が必要なローン。

ノンリコースローン（NRL：Non-Recourse Loan）／ノンリコ
➡不動産売却で返済不足でも、他の資産や収入で返済が不要なローン。

CMBS（Commercial Mortgage Backed Securitiesの略でシー・エム・ビー・エス）
➡商業用不動産ローン担保証券。ノンリコースローンの小口化商品。

コラム11　不動産ファンドに関わる様々な専門家

　不動産ファンドには、本講で取り上げた主要なプレイヤー（デベロッパー、不動産仲介会社、PM会社、レンダー、さらに、商品の販売に大きな役割を果たす証券会社）だけでなく、9-3でも見たように、多くの専門家も登場してきます。

　資産運用会社（AM）には、これら専門家が果たす役割の理解も必須です。
　例えば、デューデリジェンス作業で必要な不動産鑑定評価書の取得においては**不動産鑑定士**が、クロージング作業における不動産の売買、不動産の信託設定、さらに不動産信託受益権売買に伴う登記作業には**司法書士**が必須です。
　また、商品組成段階（ストラクチャリング）における不動産ファンドの仕組みのチェックには、**税理士**や**弁護士**が必須です。さらに、アセットマネジメント段階においては、不動産ファンドとして用いられるSPCの会社としての日々の経理処理から決算書作成、税務申告には**公認会計士**や税理士が必要です。

「不動産ファンド」に関わる専門家の例

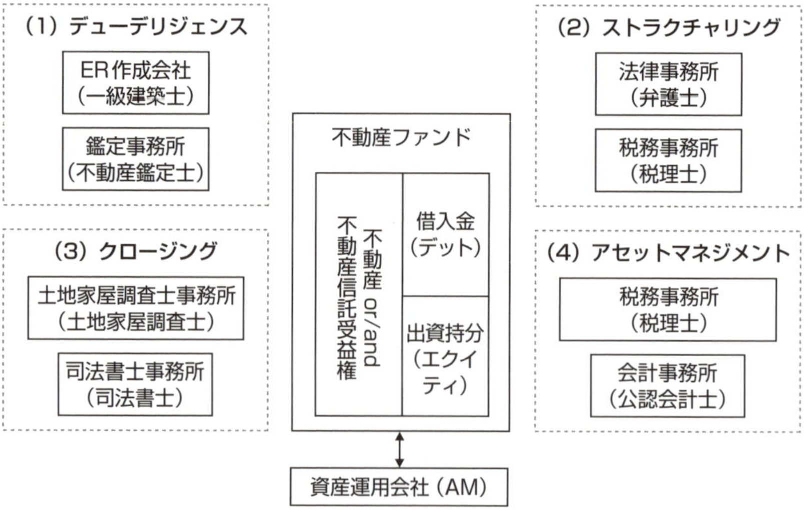

(1) デューデリジェンス
- ER作成会社（一級建築士）
- 鑑定事務所（不動産鑑定士）

(2) ストラクチャリング
- 法律事務所（弁護士）
- 税務事務所（税理士）

(3) クロージング
- 土地家屋調査士事務所（土地家屋調査士）
- 司法書士事務所（司法書士）

(4) アセットマネジメント
- 税務事務所（税理士）
- 会計事務所（公認会計士）

不動産ファンド：不動産 or/and 不動産信託受益権／借入金（デット）／出資持分（エクイティ）
⇕
資産運用会社（AM）

Point　「不動産ファンド」に関与する主な専門家とは？

「不動産鑑定士」「司法書士」「弁護士」「税理士」「公認会計士」など。

第10講

私募ファンドのビジネスモデル
―資産運用会社（AM）②―

＜本講のポイント＞
私募ファンドの運用は期間限定の不動産投資プロジェクト

図：不動産ファンドの5つの構成要素と本講の対象「資産運用会社」

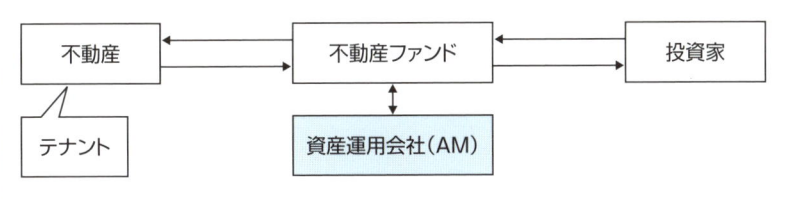

```
┌──────┐   ┌──────────┐   ┌──────┐
│ 不動産 │←→│ 不動産ファンド │←→│ 投資家 │
└──────┘   └──────────┘   └──────┘
   ↑              ↕
┌──────┐   ┌──────────┐
│ テナント│   │資産運用会社(AM)│
└──────┘   └──────────┘
```

＜講義の内容＞

- **10-1** マーケティング―アクイジションプロセス①
- **10-2** ソーシング―アクイジションプロセス②
- **10-3** デューデリジェンス―アクイジションプロセス③
- **10-4** デットファイナンス―アクイジションプロセス④
- **10-5** ドキュメンテーション―アクイジションプロセス⑤
- **10-6** クロージング―アクイジションプロセス⑥
- **10-7** アセットマネジメントプロセス
- **10-8** ディスポジションプロセス
- **コラム12** 不動産ファンドに関わる様々な専門用語

10-1 マーケティング ―アクイジションプロセス①

本講では、図1に示すビジネスの流れに沿って、8-1及び8-2で説明した私募ファンドのビジネスモデルを概観していきたいと思います。

まず、**資産運用会社**（AM）には、不動産投資からどのような収益（リターン）を望んでいるかという投資家ニーズの調査（マーケティング）が求められます。この投資家のニーズに合わせて、商品（不動産証券化商品）を作るというわけです。

一般に、不動産は、債券よりも高いインカムゲインが得られ、株式ほど価格の変動（**ボラティリティ**）が大きくないとされています。このような特徴から、不動産のリスクリターンは、図のように、債券と株式の中間に位置し、その不動産を原材料として作られた不動産証券化商品（不動産ファンド）も、同様の特徴をもちます。

不動産ファンドには、図2にあるように、主に4つの商品タイプがあります。

一つ目は、「**コア**」型で、安定的なインカムゲインを求めるタイプです。特に、私募REITは「コア」型の代表商品と言えます。

二つ目は、「**コアプラス**」型で、安定的なインカムゲインに加えて、多少のキャピタルゲインも狙うといった特徴があります。

三つ目は、「**バリューアッド**」型で、賃料引上げや経費削減などにより、インカムゲインの向上を図り、それに伴うキャピタルゲインも狙うというものです。

四つ目は、「**オポチュニティ（オポ）**」型です。大幅にディスカウントされた不動産を取得し、大きなキャピタルゲインを狙うようなタイプです。

特に、コア型は、借入を低く抑えた（レバレッジが低い）タイプ、オポ型は、借入比率を高めた（レバレッジが高い）タイプという特徴があります。

なお、J-REITは、基本的には安定的なインカムゲインを求めていく商品ですが、上場しているため、価格の変動が大きく、株式投資に似た側面もあります。

> **Point　マーケティングとは？**
>
> 顧客（投資家）ニーズの調査を行うこと。資産運用会社（AM）は、投資家のニーズに合った不動産証券化商品の提供が求められる。

10-1 マーケティング―アクイジションプロセス①

顧客（投資家）ニーズを把握して提供する商品タイプを検討するプロセス

図1：「私募ファンドビジネス」の流れ

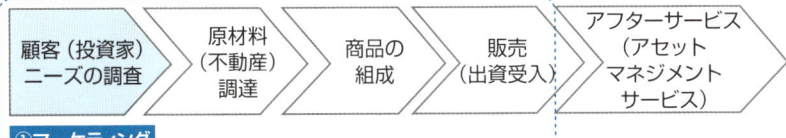

顧客（投資家）ニーズの調査 → 原材料（不動産）調達 → 商品の組成 → 販売（出資受入） → アフターサービス（アセットマネジメントサービス）

①マーケティング

アクイジションプロセス

図2：AMが投資家に提供する不動産ファンド（不動産証券化商品）の商品性イメージ

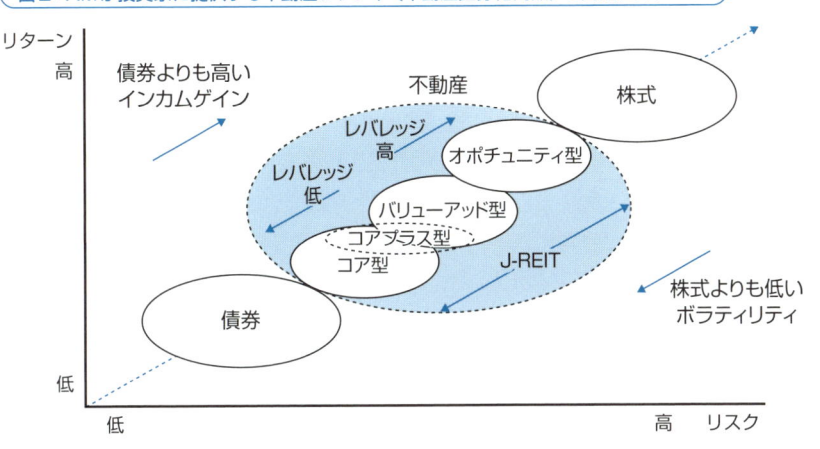

リターン高／低　リスク低／高

- 債券よりも高いインカムゲイン
- 株式よりも低いボラティリティ
- 不動産：レバレッジ高／レバレッジ低
- オポチュニティ型
- バリューアッド型
- コアプラス型
- コア型
- J-REIT
- 債券
- 株式

重要な専門用語

資産運用会社（AM：Asset Manager）
➡投資家のために様々な資産を運用することを本業とする会社。

ボラティリティ（Volatility）／ボラ
➡価格の変動のこと。

コア（Core）
➡安定的なインカムゲインを狙う不動産ファンド。

コアプラス（Core-Plus）
➡基本はコア型で、多少のキャピタルゲインも狙う不動産ファンド。

バリューアッド（Value-Added）
➡インカムゲイン向上で、キャピタルゲインも狙う不動産ファンド。

オポチュニティ（Opportunity）／オポチュニスティック（Opportunistic）／オポ
➡安く仕入れて大きなキャピタルゲインを狙う不動産ファンド。

第10講　私募ファンドのビジネスモデル ―資産運用会社（AM）②―

10-2 ソーシング
―アクイジションプロセス②

投資家ニーズ確認後、資産運用会社（AM）がすべきことは、そのニーズに合った商品を作るための原材料（不動産）を調達（**ソーシング**）することです（図1）。

以下、図2を参考にソーシングプロセスを説明していきたいと思います。

AMは、多くの場合、不動産仲介会社に依頼して投資対象候補となる物件情報を収集します（①）。なお、不動産信託受益権を取り扱う場合には、第二種金融商品取引業のライセンスも持っている仲介会社であることが必要です。

関心を持った特定の物件についてより詳細に調べたいと思ったときには、AMは、売主と**CA（シー・エー）**と呼ばれる秘密保持契約（実際には売主への差し入れ形式の場合が多い）を取り交わして、必要な資料を受領します（②③④）。

なお、仲介会社の紹介により特定の物件について交渉が進む場合には、当該仲介会社を通じて、AMと売主間のやりとりが行われることになります。

詳細な資料を受領して、AMは、特に、**レントロール**など物件収支に関連する資料を確認しながら、当該物件の想定CFを算定します（⑤）。加えて、レンダーからローン条件をヒアリングするなどして、第3講から第5講で説明したようなCF表を活用して投資シミュレーションを行います（⑥）。

このシミュレーションにより、投資家ニーズに応えられる収益（リターン）を達成できると思われる投資価格を決定し、その価格を記載した**LOI（エル・オー・アイ）**と呼ばれる購入意向表明書を売主に提出するのです（⑦）。

AMから提示したLOIの内容に売主が合意すれば、売主から**売渡承諾書**を受領するのが一般的です（⑧）。売渡承諾書には、排他的（**エクスクルーシブ**）な優先交渉期間が明記され、その間、AMは第三者を活用したデューデリジェンスとそれを踏まえた売買交渉を相対で売主と行うことができます。

> **Point　ソーシングとは？**
>
> 不動産証券化商品（不動産ファンドの出資持分）を組成する原材料となる不動産を調達するプロセス。

10-2 ソーシング―アクイジションプロセス②

商品の原材料となる不動産を調達するプロセス

図1：「私募ファンド」ビジネスの流れ

顧客（投資家）ニーズの調査 → 原材料（不動産）調達 → 商品の組成 → 販売（出資受入） → アフターサービス（アセットマネジメントサービス）

②ソーシングアクイジションプロセス

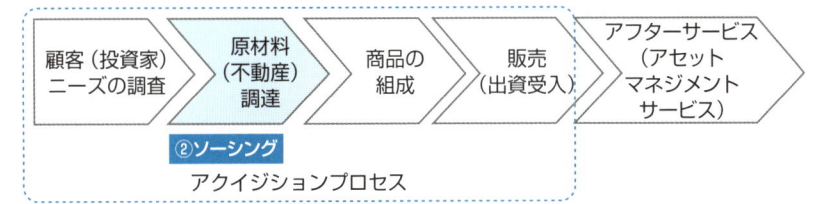

図2：AMによるソーシングプロセスのイメージ

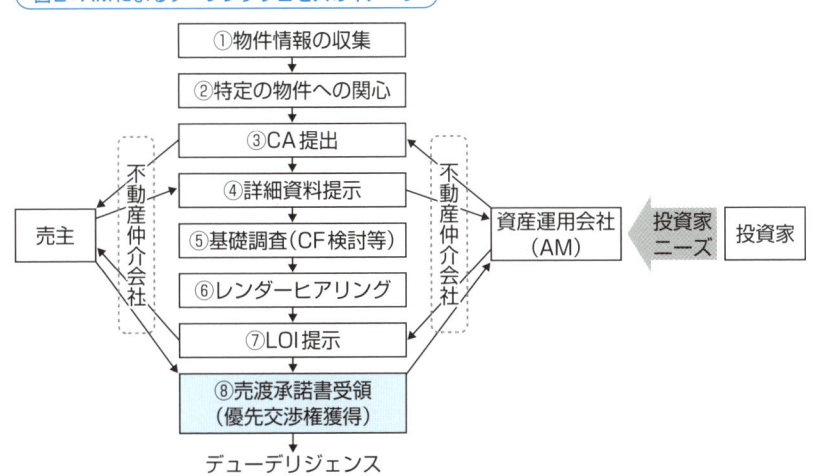

①物件情報の収集
↓
②特定の物件への関心
↓
③CA提出
↓
④詳細資料提示
↓
⑤基礎調査（CF検討等）
↓
⑥レンダーヒアリング
↓
⑦LOI提示
↓
⑧売渡承諾書受領（優先交渉権獲得）
↓
デューデリジェンス

売主 ― 不動産仲介会社 ― 資産運用会社（AM） ← 投資家ニーズ ― 投資家

Technical term　重要な専門用語

ソーシング（Sourcing）
➡投資対象となる不動産を調達（探索）すること。

CA（Confidential Agreementの略でシー・エー）
➡秘密保持契約書のこと。差入れ形式の場合も同様に使われる。

レントロール（RR：Rent Roll）
➡収益物件のテナント名やその賃貸借条件を一覧にした表のこと。

LOI（Letter of Intentの略でエル・オー・アイ）
➡購入意向表明書や買付証明書（略して「買付（かいつけ）」）のこと。

売渡承諾書（略して「売渡（うりわたし）」）
➡売却に合意した売主が売却基本条件を記載して買主に提示する書面。

エクスクルーシブ（Exclusive）
➡排他的の意味。優先的に相対交渉できるとの意味でよく用いられる。

10-3 デューデリジェンス —アクイジションプロセス③

　不動産を調達する際には、その不動産が不動産証券化商品の原材料として安心かどうかを調べる作業も必須です。このプロセスが**デューデリジェンス**です（図1）。
　主な作業は、図2に示す、下記3つのレポートの取得になります。

　一つ目は、**エンジニアリングレポート（ER）**です。
　ERは、専門家（ゼネコンや損害保険会社の子会社、専門の調査会社など）が、不動産の物理的な安全性をチェックしてレポートにまとめたものです。
　主なチェックの内容は、建物を使用可能な状態に維持していくのにどれくらいの修繕費用や資本的支出が必要か、建物が法律を遵守して建てられているか／使用されているか、建物に有害物質が含まれていないか、地震に耐えられる強度を備えているか、土地が汚染されていないか、などです。

　二つ目は、**不動産鑑定評価書**です。
　不動産鑑定評価書は、客観的にその不動産がどれくらいの価値をもっているかを不動産鑑定士がまとめたレポートのことです。不動産ファンドが投資する不動産の不動産鑑定評価書は、ERの内容を参考にすることが求められているため、ERの取得も必須です。また、商業施設やホテルなどの鑑定評価においては、マーケットレポートの提示も求められます。

　三つ目は、**マーケットレポート**です。
　特に、商業施設やホテルなど、当該施設の運営者の能力次第でその不動産の価値が大きく変わる不動産（**オペレーショナルアセット**）が投資対象の場合によく用いられるレポートで、当該施設の市場での競争力を専門家がまとめたものと言えます。
　内容には、施設運営者の実績や財務状況、その運営者が撤退した場合の代替テナント候補の有無、当該施設の売上からみた賃料水準の妥当性などが含まれます。

> **Point　デューデリジェンスとは？**
>
> 調達した原材料（不動産）が不動産証券化商品組成に十分な品質を満たしているかをチェックする作業で、ERと不動産鑑定評価書は必須。

10-3 デューデリジェンス―アクイジションプロセス③

商品の原材料として調達した不動産の品質を確認するプロセス

図1:「私募ファンド」ビジネスの流れ

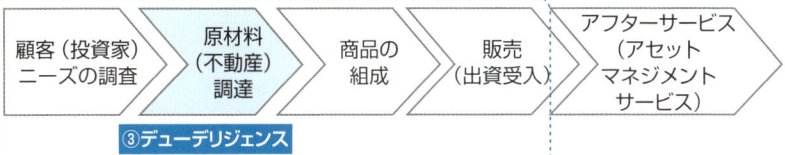

顧客（投資家）ニーズの調査 → **原材料（不動産）調達** → 商品の組成 → 販売（出資受入） → アフターサービス（アセットマネジメントサービス）

③デューデリジェンス
アクイジションプロセス

図2：AMがデューデリジェンスで活用する3つのレポート

1. エンジニアリングレポート（ER）

不動産の物理的な安全性をチェック → チェックする主な内容 →
- 建物の中長期的な修繕費用見積もり
- 建物の遵法性
- 建物内の有害物質有無
- 建物の地震への耐性
- 土壌の汚染物質有無

2. 不動産鑑定評価書

不動産の客観的な価値をチェック → 主な留意点 →
- 評価にはERが必要
- 商業施設等の場合にはマーケットレポートも必要

3. マーケットレポート

特殊な不動産※の実力（収益力）をチェック → 内容の例（商業施設）→
- 施設運営者の概要
- 代替テナント
- 施設の売上高から見た賃料水準の妥当性

※商業施設、ホテル等

第10講 私募ファンドのビジネスモデル ―資産運用会社（AM）②―

Technical term 重要な専門用語

デューデリジェンス（DD：Due Diligence）／デューデリ
➡不動産証券化商品組成の原材料である不動産の安全度チェック作業。

エンジニアリングレポート（ER：Engineering Report）／エンジ
➡不動産の物理的な安全性を専門家が調査したレポート。

不動産鑑定評価書
➡不動産の客観的な価値を不動産鑑定士がまとめたレポート。

マーケットレポート（Market Report）
➡商業施設やホテルなどの市場競争力を専門家がまとめたレポート。

オペレーショナルアセット（Operational Asset）
➡商業施設、ホテル、老人ホーム等施設運営能力で価値が動く不動産。

10-4 デットファイナンス
―アクイジションプロセス④

　原材料となる不動産が、商品に使うことに問題がないことが分かれば、いよいよ、当該不動産を実際に活用して商品の組成に進みます（図1）。
　不動産証券化商品の特性は、借入（レバレッジ）の利用次第で大きく変わるため、どのようなローンを利用するか、つまり、どのレンダーからローンを借りるかを決定することは、資産運用会社（AM）の非常に重要な仕事です。

　レンダーを選定する際に重要となるのがタームシートです。
　タームシートとは、仮条件提示書とも呼ばれ、レンダーがローンを提供する際の主な条件を箇条書きにしてまとめたものです。AMは、各レンダーのタームシートを比較して、どのレンダーを選定するかを決めます。

　タームシートは、ローン契約の基礎条件にもなるもので、内容は多岐に渡りますが、図2のとおり、LTVと金利は最重要でチェックする条件と言えます。
　まず、**LTV**は、レンダーの不動産評価に対する借入金額を示したもので、自ら評価する場合や不動産鑑定評価額を評価額として採用する場合があります。
　次に、金利は、ベースレート＋スプレッドで示されます。
　ベースレートとは基準金利とも呼ばれ、レンダーのお金の仕入れ値といったイメージです。この仕入れ値に儲け分（**スプレッド**）を上乗せしたものが、レンダーのローン販売値（金利）です。レンダーに対しては金利のほか、アップフロントフィー（融資手数料／貸付手数料）という手数料支払いも必要となります。

　このほか、元本返済の仕方も記載され、ローン期間中に一部元本返済をしていくことを**アモチ**、期間満了時に一括返済することを**ブレット**と呼んでいます。
　その他、**コベナンツ**（借り手（**ボロワー**）が守るべき事項）や貸付実行前提条件（ローン実行の条件）も記載されます。

> **Point　デットファイナンスとは？**
>
> 投資家の投資資金（不動産ファンドへの出資金）に対する投資利回りを上げるために、不動産ファンドにレンダーからの融資を受けさせること。

10-4 デットファイナンス―アクイジションプロセス④

顧客(投資家)ニーズにあった商品組成のためのレバレッジを検討するプロセス

図1:「私募ファンド」ビジネスの流れ

顧客(投資家)ニーズの調査 > 原材料(不動産)調達 > **商品の組成** > 販売(出資受入) > アフターサービス(アセットマネジメントサービス)

④デットファイナンス
アクイジションプロセス

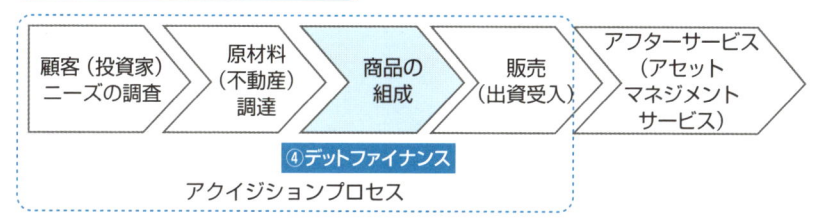

図2:AMがタームシートでチェックすべき最重要条件

1. LTVのイメージ

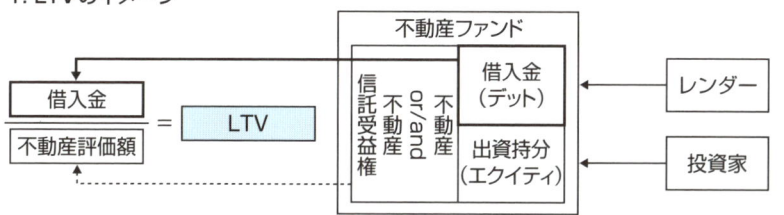

不動産ファンド: 信託受益権 不動産 or/and 不動産 → 借入金(デット) / 出資持分(エクイティ)

借入金 / 不動産評価額 = LTV

レンダー → 借入金(デット)
投資家 → 出資持分(エクイティ)

2. 金利のイメージ

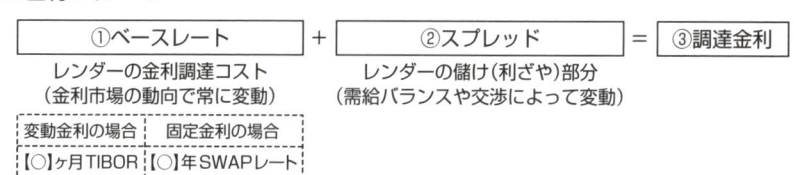

①ベースレート + ②スプレッド = ③調達金利

- ①ベースレート:レンダーの金利調達コスト(金利市場の動向で常に変動)
  - 変動金利の場合:【○】ヶ月TIBOR
  - 固定金利の場合:【○】年SWAPレート
- ②スプレッド:レンダーの儲け(利ざや)部分(需給バランスや交渉によって変動)

Technical term 重要な専門用語

タームシート (Term Sheet)
➡レンダー(貸し手)がローンの仮条件を箇条書きでまとめた書面。

LTV (Loan to Valueの略でエル・ティー・ヴィー)
➡借入金÷不動産評価額のこと。一般には借入比率。**担保掛目**も同義。

ベースレート (Base Rate)
➡基準金利。レンダーのお金の仕入れ値(調達金利)のようなもの。

スプレッド (Spread)
➡レンダーの儲け分(利鞘)。ベースレート+スプレッドが支払金利。

アモチ (Amortization/アモチゼーションの略)
➡借入期間中に元本を一部返済すること。期限一括返済はブレット。

コベナンツ (Covenants)
➡借り手(ボロワー)がローン期間中に守るべき事項をまとめたもの。

10-5 ドキュメンテーション
—アクイジションプロセス⑤

不動産証券化商品は様々な関係者が関与するため、資産運用会社（AM）は、これら関係者間の役割を契約書できちんと定めておく必要があります。

この契約書作成作業を**ドキュメンテーション**（**ドキュメン**）と呼び（図1）、一般的には、法律事務所の弁護士（**リーガルカウンセル**）が入って実施されます。

ここでは、図2に従って、AMがチェックする主要な7つの契約書を紹介します。

なお、私募ファンドでは、不動産ファンドとして合同会社（TK-GKスキーム）か特定目的会社（TMKスキーム）が用いられます。

①**匿名組合契約（TK-GKスキームの場合のみ）**
　投資家（匿名組合員）と合同会社（営業者）との間で締結される契約。

②**ローン契約（金銭消費貸借契約）**
　レンダーと不動産ファンドとの間で締結される契約。
　なお、レンダーが資金回収を確実にするために、不動産からの収入に関与する関係者（信託銀行、AM、不動産ファンドなど）との間で資金回収のルールを定めた契約書を**プロジェクト契約**と呼びます。

③**信託契約**
　売主（委託者兼当初受益者）と信託銀行（受託者）との間で締結される契約。
　既存の不動産信託受益権を売買する場合（☆）には、不動産ファンド（新受益者）と信託銀行（受託者）との間で信託変更契約が必要。

④**売買契約（PSA）**：売主と不動産ファンドの間で締結される契約。

⑤**PM契約**：PMと不動産所有者との間で締結される契約。

⑥**AM契約**：AMと不動産ファンドとの間で締結される契約。

⑦**事務委託契約**
　不動産ファンドの会社としての、会計税務手続きを行う会計税務事務所との間で締結される契約。

> **Point　ドキュメンテーションとは？**
>
> 不動産証券化商品の最終組立てのために、不動産ファンドとそれに関連するプレイヤーとの間の取り決めを文書化して契約を締結する作業。

10-5 ドキュメンテーション―アクイジションプロセス⑤

商品組成のため関連する各プレイヤーの役割を契約で取り決めるプロセス

図1:「私募ファンド」ビジネスの流れ

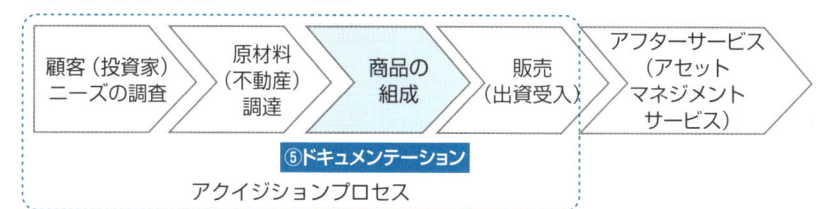

顧客（投資家）ニーズの調査 → 原材料（不動産）調達 → **商品の組成** → 販売（出資受入） → アフターサービス（アセットマネジメントサービス）

⑤ドキュメンテーション

アクイジションプロセス

図2：AMがドキュメンテーションでチェックしなければならない主な契約書

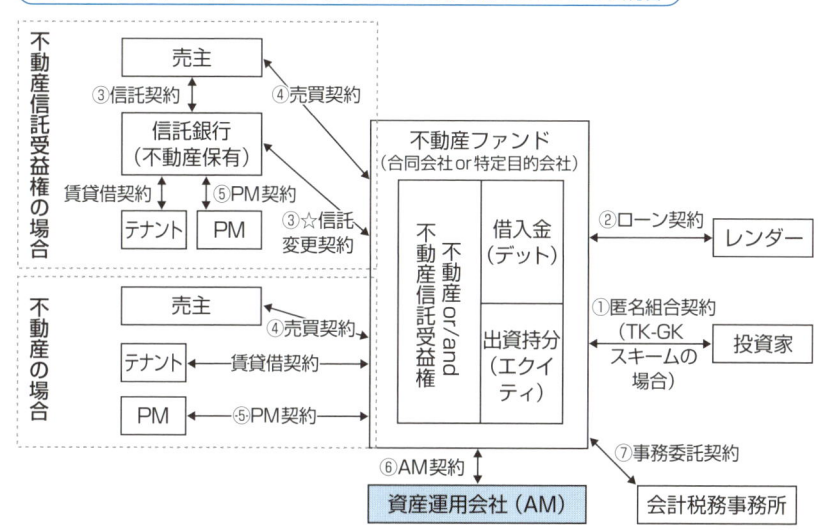

不動産信託受益権の場合
- 売主
- ③信託契約
- 信託銀行（不動産保有）
- ④売買契約
- 賃貸借契約
- ⑤PM契約
- テナント／PM
- ③☆信託変更契約

不動産の場合
- 売主
- ④売買契約
- テナント―賃貸借契約
- PM―⑤PM契約

不動産ファンド（合同会社or特定目的会社）
- 不動産or/and不動産信託受益権
- 借入金（デット）―②ローン契約―レンダー
- 出資持分（エクイティ）―①匿名組合契約（TK-GKスキームの場合）―投資家

⑥AM契約 → 資産運用会社（AM）
⑦事務委託契約 → 会計税務事務所

重要な専門用語

ドキュメンテーション（Documentation）／ドキュメン
➡不動産証券化商品の登場プレイヤー同士の約束を書面にする作業。

リーガルカウンセル（Legal Counsel）
➡弁護士のこと。弁護士や法律事務所を**リーガル**と呼ぶことも。

金銭消費貸借契約（金消／きんしょう）
➡ローン契約のこと。

プロジェクト契約（プロ契／ぷろけい）
➡レンダーの資金回収ルールを関係者間で定めた契約。

PSA（Purchase and Sales Agreementの略でピー・エス・エー）
➡売買契約の英語略。不動産もしくは不動産信託受益権の売買契約。

10-6 クロージング
―アクイジションプロセス⑥

　商品販売に相当するプロセスが**クロージング**で、具体的には、「投資家に不動産ファンドに出資してもらい、借入金と合わせて、売主から不動産等を取得する」という一連の取引を終えることです。また、クロージングは、不動産を「買う」という「**アクイジション**」プロセスを終えることでもあります（図1）。

　ここでは、図2に従って、資金の流れを追いながら、そのプロセスを解説します。

① 投資家からの出資
　まず、投資家が不動産ファンドに出資を行います。TK-GKスキームの場合には、合同会社との匿名組合契約に基づき、合同会社に資金を預けます。TMKスキームの場合には、特定目的会社が発行する優先出資証券を購入します。

　なお、両スキームとも、事前に合同会社や特定目的会社を設立しておく必要があり、多くの場合、一般社団法人（7-7参照）からの出資により設立されます（☆）。

② レンダーからのローン
　投資家による出資が確認できた後、レンダーがローンを実行します。

　住宅ローンの実行に様々な資料の提出が必要なように、AMは、実際にレンダーがローンを実行するための**貸付実行前提条件**の充足に留意しなければなりません。

　主な条件としては、「デューデリジェンスの内容に問題ないこと（10-3）」、「必要な契約書が締結されていること（10-5）」のほか、「二重課税回避の仕組みが整っているかを記載した**税務意見書**や、倒産隔離の仕組みが整っているかを記載した**法律意見書**が整い、内容に問題ないこと」などが挙げられます。

③ 不動産信託受益権もしくは不動産の取得
　投資家からの出資金とレンダーからの借入金を合わせて、不動産ファンドは、不動産信託受益権もしくは不動産を取得します。なお、この際には、取引に係る税金や取引に関係する専門家への報酬などの様々な取得コストも支払う必要があります。

　AMが収受する**取得報酬**（**アクイジションフィー**）もその一つです。

> **Point　クロージングとは？**
>
> 不動産証券化商品を投資家に販売する一連のプロセス。実際には、投資家からの出資→借入→不動産取得の順で実施される。

10-6 クロージング―アクイジションプロセス⑥

私募ファンドビジネスの流れ

図1：「私募ファンド」ビジネスの流れ

顧客（投資家）ニーズの調査 → 原材料（不動産）調達 → 商品の組成 → 販売（出資受入）→ アフターサービス（アセットマネジメントサービス）

アクイジションプロセス / ⑥クロージング

図2：AMがコントロールするクロージング時の主な資金の流れ

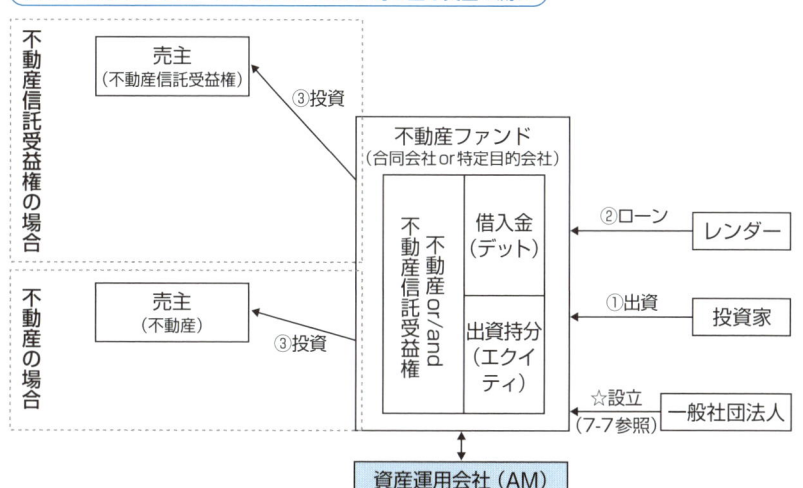

- 不動産信託受益権の場合：売主（不動産信託受益権）← ③投資
- 不動産の場合：売主（不動産）← ③投資
- 不動産ファンド（合同会社or特定目的会社）
  - 不動産or/and不動産信託受益権
  - 借入金（デット）← ②ローン ← レンダー
  - 出資持分（エクイティ）← ①出資 ← 投資家
  - ☆設立（7-7参照）― 一般社団法人
- 資産運用会社（AM）

重要な専門用語

アクイジション（Acquisition）／アクイジ
➡不動産の調達から取得完了までの一連のプロセス。「買う」に相当。

クロージング（Closing）
➡不動産ファンドが不動産の取得を完了すること。

貸付実行前提条件（前提条件）
➡レンダーがローンを実行するための条件。

税務意見書（Tax Opinion）
➡二重課税回避の仕組みが整っているか等を税理士がまとめたもの。

法律意見書（Legal Opinion）
➡倒産隔離の仕組みが整っているか等を弁護士がまとめたもの。

アクイジションフィー（Acquisition Fee）
➡不動産取得に伴う対価としてAMが収受する報酬のこと。**取得報酬**。

10-7 アセットマネジメントプロセス

ここでは、アクイジション（買う）後の、**アセットマネジメント**（貸す）プロセス（図1）について、図2に従って、資金の流れを追いながら概要を説明していきます。

①**賃料収入等をベースにした収入**

不動産ファンドが信託受益権を保有している場合には、不動産の所有者である信託銀行にテナントからの賃料収入が入ってきます。信託銀行は、**PM**に日常の不動産管理を委託してPM報酬を支払うほか、様々な費用を支払います。そして、賃料収入等の総収入から総支出を差し引いた純収益（NCF）を収受し、自らの信託報酬を控除した残額を信託配当として不動産ファンドに支払います。

AMは、受益者である不動産ファンドから、**受託者**：信託銀行への「**指図権**」を委託され、所有者：信託銀行、そして、間接的にPMをコントロールします。

一方、不動産ファンド自体が不動産を所有している場合には、不動産ファンドにテナントからの賃料収入が直接入ってきます。不動産ファンドは、PMに日常の不動産管理を委託してPM報酬を支払うほか、様々な費用を支払います。そして、賃料収入等の総収入から総支出を差し引いた純収益（NCF）を収受します。

②**レンダーへの利息支払い**

不動産ファンドは、上記の信託配当や純収益から、ローン契約で定められた利息をレンダーに支払います。

③**不動産ファンドのコスト支払い**

不動産ファンドは、日々の経理事務、決算、税金計算を会計税務事務所に委託しており、その報酬を支払う必要があります。その後、AMは、アセットマネジメント業務の対価として、**運用報酬**（**アセットマネジメントフィー**）を受領できます。

④ **投資家への分配金支払い**

不動産ファンドが受領した収入から、上記の金利、不動産ファンドのコスト（AM報酬含む）を支払った後の残額が、分配金として投資家に支払われます。

Point アセットマネジメントとは？

不動産証券化商品を購入した投資家にAMが行うアフターサービス。不動産所有者：信託銀行や不動産管理者：PMのコントロールが重要。

10-7 アセットマネジメントプロセス

顧客（投資家）フォローのため商品の中身の不動産をマネジメントするプロセス

図1：「私募ファンド」ビジネスの流れ

顧客（投資家）ニーズの調査 → 原材料（不動産）調達 → 商品の組成 → 販売（出資受入） → アフターサービス（アセットマネジメントサービス）

※アフターサービス部分＝アセットマネジメントプロセス

図2：AMがコントロールするアセットマネジメント時の主な資金の流れ

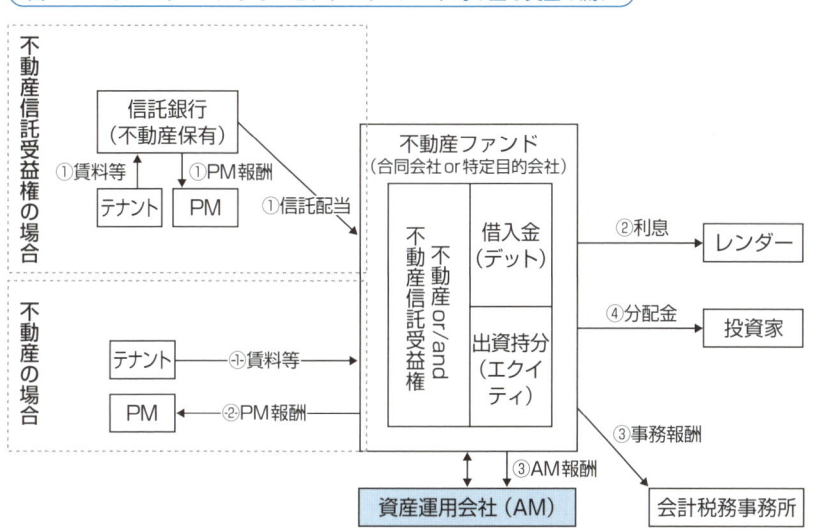

不動産信託受益権の場合：
- 信託銀行（不動産保有）
- テナント →①賃料等→ 信託銀行
- 信託銀行 →①PM報酬→ PM
- 信託銀行 →①信託配当→ 不動産ファンド

不動産の場合：
- テナント →①賃料等→ 不動産ファンド
- 不動産ファンド →②PM報酬→ PM

不動産ファンド（合同会社or特定目的会社）
- 不動産信託受益権／不動産 or/and
- 借入金（デット） →②利息→ レンダー
- 出資持分（エクイティ） →④分配金→ 投資家
- →③AM報酬→ 資産運用会社（AM）
- →③事務報酬→ 会計税務事務所

重要な専門用語

アセットマネジメント［狭義］（Asset Management）／アセマネ
➡不動産を持つ（貸す）プロセス。「持つ（貸す）」に相当。

プロパティマネジメント会社（PM会社、PM：Property Manager）
➡日常の不動産賃貸・管理を取り仕切る会社。

受託者（受託）
➡不動産ファンドにおいて不動産を所有する信託銀行のこと。

指図権
➡受託者：信託銀行に不動産所有者として必要な行為を指示する権利。

アセットマネジメントフィー（Asset Management Fee）
➡運用期間中の対価としてAMが収受する報酬のこと。**運用報酬**。

10-8 ディスポジションプロセス

　最後に、**ディスポジション**（売る）プロセス（図1）について解説したいと思います。
　不動産を売却することで、投資家の収益（リターン）が確定するため、商品を買ってもらった顧客（投資家）のアフターサービスで一番重要なプロセスと言えます。

　ここでも、図2に従って、資金の流れを追いながら概要を説明していきます。
①売却収入
　不動産ファンドが保有する不動産信託受益権や不動産を買主に売却することで、不動産ファンドにはその買主からの売却収入が得られます。
　売却にあたって不動産仲介会社を活用した場合には、仲介手数料が必要となりますし、不動産信託受益権を売却した場合には、信託銀行に信託報酬を支払う必要があります。
②レンダーへの元本返済
　不動産ファンドは、上記の売却収入から、レンダーに借入元本を返済します。
③不動産ファンドのコスト支払い
　その後、AMは、ディスポジションに対応する対価として、不動産ファンドから**処分報酬**（**ディスポジションフィー**）を受領します。一定以上の収益を上げた場合に、**インセンティブフィー**が得られる場合もあります。
④投資家への分配金支払い
　上記の借入元本、AM報酬を支払った後の残額が、分配金として投資家に支払われます。

　なお、投資家の希望する収益（リターン）を満たせない価格でしか売却できないような状況においては、売却をしないで、ローンの借換え（**リファイナンス**）を選択し、市況が回復するのを待つという選択をする場合もあることに留意が必要です。

> **Point　ディスポジションとは？**
>
> 　不動産ファンドに保有不動産を売却させて、最終的な商品の利益を確定するプロセス。投資家へのアフターサービスの最も重要なプロセス。

10-8 ディスポジションプロセス

顧客（投資家）フォローのため商品の中身の不動産を売却するプロセス

図1：「私募ファンド」ビジネスの流れ

顧客（投資家）ニーズの調査 ▷ 原材料（不動産）調達 ▷ 商品の組成 ▷ 販売（出資受入） ▷ アフターサービス（アセットマネジメントサービス）

　　　　　　　　　　　　　　　　　　　　　　　　　　　　　　ディスポジションプロセス

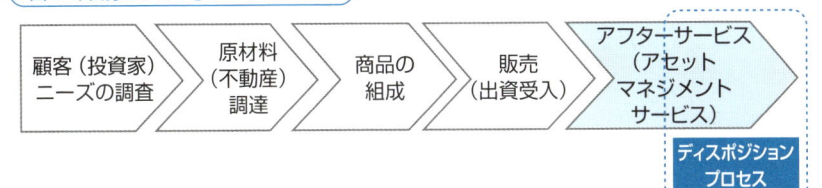

図2：AMがコントロールするディスポジション時の主な資金の流れ

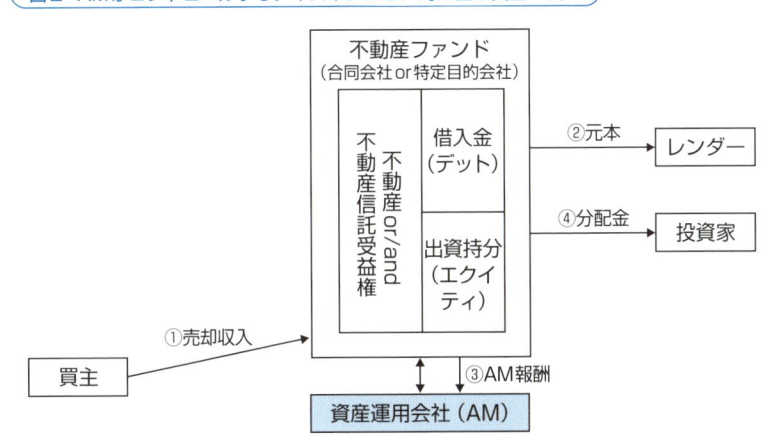

不動産ファンド（合同会社or特定目的会社）
- 不動産信託受益権 or/and 不動産
- 借入金（デット） → ②元本 → レンダー
- 出資持分（エクイティ） → ④分配金 → 投資家

買主 → ①売却収入 → 不動産ファンド
③AM報酬 ↔ 資産運用会社（AM）

第10講　私募ファンドのビジネスモデル ― 資産運用会社（AM）②

Technical term 重要な専門用語

ディスポジション（Disposition）／ディスポジ
➡不動産を売却するプロセス。「売る」に相当。

ディスポジションフィー（Disposition Fee）
➡不動産売却に伴う対価としてAMが収受する報酬のこと。**処分報酬**。

インセンティブフィー（Incentive Fee）
➡投資家の期待を上回る収益を上げたときにAMが収受できる報酬。

リファイナンス（Refinance）
➡借換えのこと。**リファイ**。

コラム12 不動産ファンドに関わる様々な専門用語

　10年以上、このビジネスに携わっていても、聞いたことのない用語に遭遇するぐらい、特殊な専門用語が多いのがこのビジネスの特徴と言えます。

　不動産ファンドビジネスがもともと米国から輸入されたモデルであること、実際に日本でビジネスをしている外国人も多いこと、また、不動産・金融・投資・資産運用といった様々なビジネスが混ざっていること、さらには、日本特有の省略文化？などがその原因ではないかと思います。中には、元々の意味とは違った意味で使われているものもあったりしますので、留意が必要です。
　ここでは、そのうちのいくつかを、不動産ファンドのビジネスの流れに沿って、紹介したいと思います。

〈マーケティング〉
- **トラックレコード（Track Record）**
  資産運用会社の過去の投資実績のこと。投資家を募る上で重要。
- **AUM（Asset Under Managementの略でエー・ユー・エム）**
  資産運用会社の運用資産総額（預かり資産）。重要なトラックレコードの一つ。
- **ファンドレイズ（Fundraisingの意味）**
  投資家の資金を募ること。
- **セイムボート（Same-boat Investment）**
  資産運用会社やそのスポンサーが投資家と一緒に投資すること。
- **レントグロース（Rent Growth）**
  賃料水準が上がること。4-4で見たとおり価格上昇要因。
- **キャップレートコンプレッション（Cap Rate Compression）**
  キャップレートが下がること。4-4で見たとおり価格上昇要因。
- **出口戦略（Exit Strategy／エグジットストラテジー／出口）**
  どのように不動産を売却して投資を終えるかという戦略。
- **マルチプル（Cash Multipleの略）**
  分配金合計÷投資額。元手が何倍になったかを示す投資指標。

〈ソーシング＆デューデリジェンス〉
- **バルク（Bulk Sale）**
  複数の不動産をまとめて売却すること。
- **シールドビッド（Sealed Bid）／クローズドビッド（Closed Bid）**
  候補者を限定した入札の意味で用いられる。

コラム12　不動産ファンドに関わる様々な専門用語

- **オープンビッド（Open Bid）**
  候補者を限定しない入札の意味で用いられる。
- **相対（あいたい）**
  相対取引のこと。売主と1対1の相対で交渉すること。
- **セラーズエージェント（Seller's Agent）**
  売主側の不動産仲介会社のこと。買主側は Buyer's Agent。
- **アスキング（Asking Priceの略）**
  売主の希望売却価格のこと。
- **TBI（Trust Beneficiary Interestの略でティー・ビー・アイ）**
  直訳は信託受益権。不動産信託受益権のこととして使用。
- **NDA（Non Disclosure Agreementの略でエヌ・ディー・エー）**
  CA（秘密保持契約）と同義。
- **パッケージ（Information Packageの略）**
  投資検討にあたって売主から提供される必要資料一式。
- **コンプス（Comparablesの略）**
  類似物件のこと。賃料や売買価格の相場感を調べるときに必要。
- **スタッキングプラン（Stacking Plan）／鳥かご**
  ビルやマンションの断面図にテナント名や賃貸条件を示したもの。
- **CAM（Common Area Maintenanceの略）**
  共益費のこと。
- **ロールアップ（Roll-Up Meetingの略）**
  作戦会議のこと。取得物件検討等で資産運用会社（AM）が多用。
- **マンデート（Mandate）**
  正式に何らかの業務を委託されること、もしくは、委託すること。

〈ストラクチャリング&デットファイナンス〉

- **ベーシス（bp：basis point／ベーシス・ポイントの略）**
  1ベーシスは0.01％。1％は100ベーシス。レンダーが多用。
- **プロラタ（Pro Rata）**
  複数のレンダーが同条件でローンを出す場合。優先劣後との対比で使用。
- **優先劣後**
  複数レンダーがシニアとメザニンに分かれてローンを出す場合など。
- **フルエク（フルエクイティの略）**
  ローンを使わないで全額投資家の出資のみで投資する場合。
- **DSCR（Debt Service Coverage Ratioの略でディー・エス・シー・アール）**
  NCF÷元利払い合計額のこと。レンダーごとに定義確認要。
- **ウォーターフォール（Waterfall／直訳は滝→上から下への資金移動図の意）**
  賃料収入、各種支出、利払い、分配の流れや期日を上から順に示した図。

〈ドキュメンテーション〉
- **レプワラ（Representation and Warrantyの略）**
  表明保証のこと。契約書で必ず登場。
- **アズイズ（As isのこと）**
  瑕疵担保責任を負わないで売主が買主に現況有姿（現況）で引渡すことの意味。
- **しぼとり（私募取り）**
  私募ファンド等で投資家に商品説明を行う私募取扱業者や私募取扱契約のこと。

〈クロージング〉
- **重説（じゅうせつ）**
  重要事項説明の略。不動産仲介会社が行う物件説明のこと。
- **売契（ばいけい）／賃契（ちんけい）**
  売買契約書の略。／賃貸借契約書の略。
- **セール＆リースバック（Sale and Leaseback）**
  売主が自ら使用している所有不動産を売却した後、そのまま借りること。

〈その他〉
- **ARES（Association of Real Estate Securitizationの略でエイリス）**
  一般社団法人不動産証券化協会。不動産ファンド関連プレイヤーの業界団体。

第11講

J-REITのビジネスモデル
―資産運用会社（AM）③―

＜本講のポイント＞

J-REITの運用は上場不動産賃貸会社の運営のようなもの

図：不動産ファンドの5つの構成要素と本講の対象「資産運用会社」

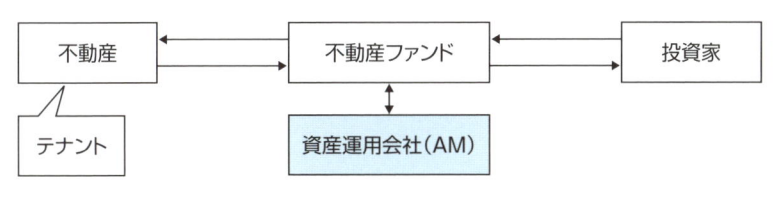

```
┌──────┐      ┌──────────┐      ┌──────┐
│ 不動産 │◀───▶│ 不動産ファンド │◀───▶│ 投資家 │
└──────┘      └──────────┘      └──────┘
   │                │
┌──────┐      ┌──────────┐
│ テナント│      │資産運用会社（AM）│
└──────┘      └──────────┘
```

＜講義の内容＞

- **11-1** 「私募ファンド」と「J-REIT」のビジネスモデルの違い
- **11-2** 資産運用会社の設立と商品検討―ビジネスの流れ①
- **11-3** 投資法人の設立と商品組成―ビジネスの流れ②
- **11-4** 投資法人の上場と商品販売―ビジネスの流れ③
- **11-5** 商品販売後の追加物件取得①―ビジネスの流れ④
- **11-6** 商品販売後の追加物件取得②―ビジネスの流れ⑤
- **11-7** J-REITの分配金の仕組み
- **11-8** J-REIT保有不動産の3つの価値
- **コラム13**「J-REIT」と「私募REIT」のビジネスモデルの違い

11-1 「私募ファンド」と「J-REIT」のビジネスモデルの違い

本講では、「J-REIT」のビジネスモデルを紹介しますが、まずはじめに、前講で説明した「私募ファンド」のビジネスモデルとの違いを説明したいと思います。

第8講でも見たように、ファンド期限の有無が大きな違いとなります。

私募ファンドは、8-1や8-2で説明したとおり、期間限定のプロ投資家向けの不動産ファンドで、TK-GKスキームやTMKスキームが用いられます。

図1のように、私募ファンドの資産運用会社（AM）は、顧客（プロ投資家）の投資ニーズに応じて原材料となる不動産を調達して商品を組成販売し、最終的に不動産を売却して一つのビジネスを終えます。

つまり、不動産を買う→持つ（貸す）→売るという不動産投資の流れに沿って、**アクイジション→アセットマネジメント→ディスポジション**という一連のビジネスを顧客ごとに提供するという訳です。

一方、**J-REIT**は、8-3でも説明したとおり、誰もが投資可能な上場不動産ファンドです。REITスキームが用いられること、そして、私募ファンドと異なり、無期限の不動産ファンドであるという特徴を持ちます。

図2のように、J-REIT用の**資産運用会社（AM）**の設立から始まり、投資法人の設立、その投資法人の上場により投資家から調達した資金と借入金を合わせて不動産を取得するまでの一連のプロセスが、顧客（投資家）ニーズの調査から商品販売までのプロセスに該当します。

一旦、商品が組成されたあとは、資産運用会社（AM）が、借入金や投資家からの出資金で追加の不動産を取得していき、通常の不動産会社と同様に、永続的に不動産投資事業を行っていきます。J-REITでは、この不動産投資事業の中で、不動産を買う／アクイジション→持つ（貸す）／アセットマネジメント→売る／ディスポジションというプロセスが繰り返し行われることになります。

> **Point　私募ファンドとJ-REITの商品の違い**
>
> 私募ファンドは、一旦組成された商品の中身（不動産）は基本的に変わらないが、J-REITは、商品の中身（不動産）が常に変わっていく商品である。

11-1 「私募ファンド」と「J-REIT」のビジネスモデルの違い

「私募ファンド」と「J-REIT」のビジネスモデルの違い

図1:「私募ファンド」ビジネスの流れ

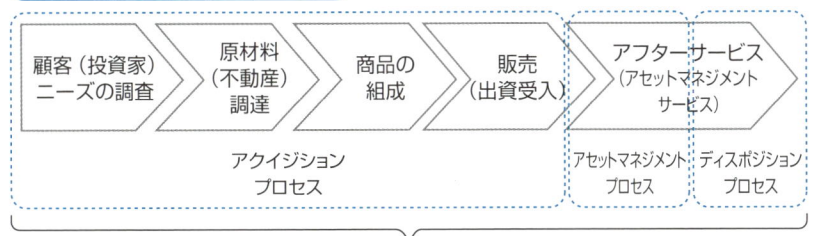

顧客（投資家）ニーズの調査 → 原材料（不動産）調達 → 商品の組成 → 販売（出資受入） → アフターサービス（アセットマネジメントサービス）

- アクイジションプロセス：顧客（投資家）ニーズの調査／原材料（不動産）調達／商品の組成／販売（出資受入）
- アセットマネジメントプロセス：アフターサービス（アセットマネジメントサービス）
- ディスポジションプロセス

顧客（投資家）ごとにこの一連のプロセスを提供（有期限）

図2:「J-REIT」ビジネスの流れ

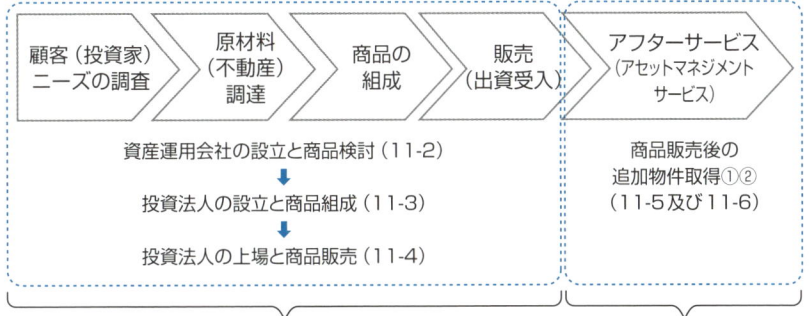

顧客（投資家）ニーズの調査 → 原材料（不動産）調達 → 商品の組成 → 販売（出資受入） → アフターサービス（アセットマネジメントサービス）

- 資産運用会社の設立と商品検討（11-2）
  ↓
- 投資法人の設立と商品組成（11-3）
  ↓
- 投資法人の上場と商品販売（11-4）

- 商品販売後の追加物件取得①②（11-5及び11-6）

商品の組成は一回だけ ／ 一旦商品を組成したあとは、顧客（投資家）に対して追加の物件取得を継続（無期限）

第11講　J-REITのビジネスモデル ─ 資産運用会社（AM）③─

Technical term　重要な専門用語

私募ファンド（私募不動産ファンド）
➡期間限定のプロ投資家向け不動産ファンド。

アクイジション（Acquisition）／アクイジ
➡不動産の調達から取得完了までの一連のプロセス。「買う」に相当。

アセットマネジメント［狭義］（AM：Asset Management／アセマネ）
➡不動産を持つ（貸す）プロセス。「持つ（貸す）」に相当。

ディスポジション（Disposition）／ディスポジ
➡不動産を売却するプロセス。「売る」に相当。

J-REIT（ジェイ・リート）
➡誰もが投資可能な上場不動産ファンド。

資産運用会社（AM：Asset Manager）
➡投資家のために様々な資産を運用することを本業とする会社。

11-2 資産運用会社の設立と商品検討 —ビジネスの流れ①

　J-REITビジネスは、図2①に示すように、まず、スポンサーが、J-REIT（上場投資法人）という不動産ファンドを運営する専門の資産運用会社（AM）を設立するところからスタートします。

　このように、AMを設立し、その主要な株主となる会社のことを**スポンサー**と呼び、J-REITビジネスモデルの影の主役とも言える存在です。
　主なスポンサーには、不動産会社や、不動産事業を手がける商社や電鉄会社などが挙げられます。これらの会社がJ-REITを手がける一つの大きな理由は、J-REITに開発や管理といった自らの不動産ビジネスの顧客となってもらうためです。

　J-REITの投資法人は、「不動産」の売買だけでなく、金融商品取引法上の有価証券とされる「不動産信託受益権」の売買も行います。したがって、図2②のとおり、これらを取り扱う資産運用会社は、不動産ビジネスを管轄する**国土交通省**と金融ビジネスを管轄する**金融庁**の両方のライセンスを得る必要があります。
　具体的には、国土交通省が定める**宅地建物取引業法**に基づく「宅地建物取引業」の免許や「取引一任代理等」の認可、金融庁が定める**金融商品取引法**に基づく「金融商品取引業（投資運用業）」の登録が必要となります。
　投資法人の運用は、投資信託の運用と同じく、金融庁が定める**投資信託及び投資法人に関する法律**に基づくものであるため、投資運用業の登録が求められるのです。

　資産運用会社は、上記のライセンス取得作業と並行して、図2③に示すように、投資法人を通じて投資家にどのような商品を提供していくか、つまり、投資法人を通じてどのような不動産をどのように調達していくか、の検討を行っていきます。
　多くの場合、スポンサーが開発や運営管理のノウハウを持つ不動産タイプが、投資の対象とされます。

> **Point　J-REITの商品検討上の特徴**
>
> J-REITビジネスの影の主役は「スポンサー」。スポンサーが開発や管理運営ノウハウを有している不動産タイプが投資の対象となる。

11-2 資産運用会社の設立と商品検討―ビジネスの流れ①

スポンサーが設立した資産運用会社が商品の内容を検討

図1：J-REITビジネスの流れ

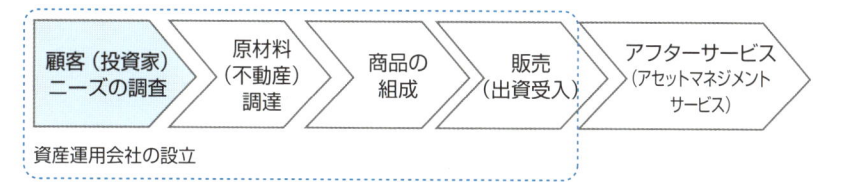

顧客（投資家）ニーズの調査 → 原材料（不動産）調達 → 商品の組成 → 販売（出資受入） → アフターサービス（アセットマネジメントサービス）

（資産運用会社の設立）

図2：資産運用会社の設立と商品検討イメージ

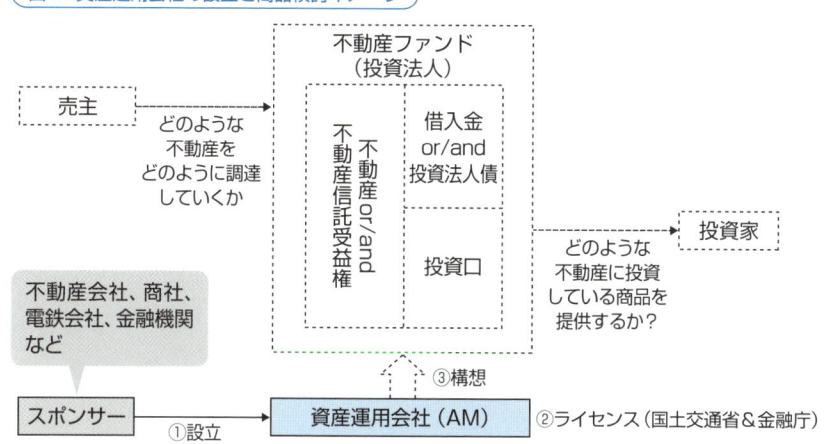

- 売主 → どのような不動産をどのように調達していくか → 不動産ファンド（投資法人）
  - 不動産 or/and 不動産信託受益権
  - 借入金 or/and 投資法人債
  - 投資口
- 不動産ファンド → どのような不動産に投資している商品を提供するか？ → 投資家
- 不動産会社、商社、電鉄会社、金融機関など → スポンサー → ①設立 → 資産運用会社（AM）
- ③構想
- ②ライセンス（国土交通省＆金融庁）

重要な専門用語

スポンサー（Sponsor）
➡資産運用会社の主要株主のこと。

国土交通省（国交省）
➡不動産ビジネスを管轄している役所。

宅地建物取引業法（宅建業法）
➡国土交通省が不動産取引のルールを定めた法律。

金融庁（FSA：Financial Service Agency）
➡金融ビジネスを管轄している役所。

金融商品取引法（金商法）
➡金融庁が金融商品（有価証券）取引のルールを定めた法律。

投信法（投資信託及び投資法人に関する法律）
➡資産を小口化して投資家が投資しやすくするための法律。

11-3 投資法人の設立と商品組成 —ビジネスの流れ②

　資産運用会社（AM）を設立し、必要なライセンスを取得した後は、このAMが中心となって商品の原材料となる不動産の調達作業を本格化していきます（図2①）。
　対象となるのは、スポンサーから直接取得する物件や、スポンサー以外の第三者から取得する物件です。実際に取得が可能になるまでの間、物件を確保しておくために私募ファンド（**ブリッジファンド**）が利用されることもあります。

　通常、上場のために数百億円が必要とされる物件取得に目処が立てば、資産運用会社（AM）は、投資法人を設立します（図2②）。
　投資法人は、**投信法**に基づく法人で、同法に基づき金融庁に登録を行う必要があります。この投資法人は、実際に投資家の資金を受け入れ、投資対象となる特定の資産（不動産等）を取得するだけのための会社、つまり、**特別目的会社**です。
　なお、投資法人には、株式会社の株主総会に相当する投資主総会、取締役会に相当する役員会、取締役に相当する執行役員などが設置されますが、不動産取引実務を行う従業員はいないことが特徴です。

　また、投信法に基づき、投資法人は、資産運用会社（AM）とAM契約を締結しなければならないほか、投資法人には従業員がいないため、会社としての様々な事務を、投信法に定められた会社に委託する必要があります（図2③）。
　このうち、**資産保管会社**は、不動産の権利証や信託受益権証書といった不動産の権利を示す重要書類の保管などを行います。また、**一般事務受託者**は、投資法人の経理処理、決算事務、税務事務などを行います。両者とも、信託銀行がその役割を担うケースが多いですが、後者は、税理士法人が担っているケースもあります。

　このような作業と合わせて、AMは、レンダーとの借入条件の交渉や、投資家への商品説明資料の準備等、商品組成の準備を進めていきます（図2④）。

> **Point　J-REITの商品組成上の特徴**
>
> 投資法人は、特別目的会社であり、会社としての様々な事務は、投信法で定められた資産保管会社や一般事務受託者に委託しなければならない。

11-3 投資法人の設立と商品組成―ビジネスの流れ②

物件確保の目処が立ったところで投資法人を設立し商品を組成

図1：J-REITビジネスの流れ

顧客（投資家）ニーズの調査 → 原材料（不動産）調達 → 商品の組成 → 販売（出資受入） → アフターサービス（アセットマネジメントサービス）

投資法人の設立（原材料調達～販売）

図2：投資法人の設立と商品組成イメージ

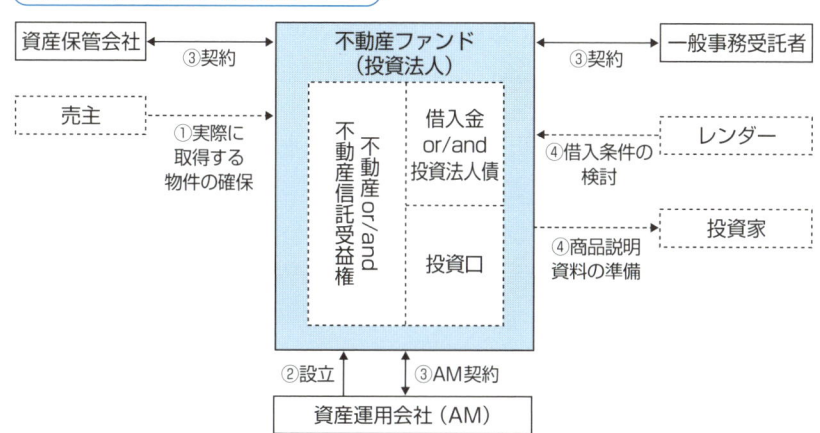

- 資産保管会社 ←③契約→ 不動産ファンド（投資法人）←③契約→ 一般事務受託者
- 売主 ←①実際に取得する物件の確保
- 不動産ファンド内訳：不動産信託受益権 or/and 不動産／借入金 or/and 投資法人債／投資口
- レンダー ←④借入条件の検討
- 投資家 ←④商品説明資料の準備
- 資産運用会社（AM）←②設立／③AM契約

Technical term 重要な専門用語

ブリッジファンド
➡ 実際に取得できるまでの間、物件を確保するためのつなぎファンド。

投資法人
➡ 投信法に定められた法人。特別目的会社の一種。

投信法（投資信託及び投資法人に関する法律）
➡ 資産を小口化して投資家が投資しやすくするための法律。

特別目的会社（SPC：Special Purpose Companyの略でエス・ピー・シー）
➡ 投資家の投資という特別な目的のために作られた会社。

資産保管会社
➡ 投資法人が保有する資産に係る重要書類を保管する会社。

一般事務受託者
➡ 資産運用会社と資産保管会社が行わない投資法人の事務を行う会社。

11-4 投資法人の上場と商品販売 —ビジネスの流れ③

　投資法人が実際に活動を始めるのは、自らの**上場**により、様々な投資家から資金を調達し、銀行からの借入と合わせて、投資対象不動産を取得してからです。

　投資家からの資金調達は、投資法人の出資持分である「**投資証券（投資口）**」を投資家へ販売することで行われるため、この上場プロセス自体が商品販売に相当すると言えます。

　実際の投資家からの資金調達は、複数の証券会社が、いったん投資法人が発行する全ての投資口を買い取り（図2①）、それぞれの証券会社が投資口に投資したい投資家（自らの顧客）に、買い取った投資口を販売していく（図2②）ことで実施されます。②の総額が①よりも多くなるように価格が設定され、②と①の差額が実質的な証券会社の手数料（引受手数料）となります。

　こうして調達した投資家からの資金とレンダーからの借入金（図2③）を合わせて、投資法人は元々確保していた不動産を取得します（図2④）。

　投資家が取得した投資口は、証券取引所に登録された投資口として、投資法人の上場後は、誰でも自由に売買することができます（図2⑤）。

　なお、通常、上場時のLTVは図のように30-40%程度に設定されます。

　この一連の上場プロセスのことを、一般的に、**IPO（アイ・ピー・オー）**と呼んでいます。投資法人のIPOも、株式会社のIPOとほぼ同様の流れですが、投信法人の場合には、実際のIPOの準備作業を行うのは資産運用会社（AM）になります。

　AMは、上場のコンサルを行い一番多くの引受を行う**主幹事証券会社**と上場プロセスを相談し、上場審査を行う**証券取引所**への手続きも行います。

　また、投資家に対して、投資口の商品内容（どのような不動産に投資しているのか、今後どのような不動産を買っていくのか、強みは何かといった投資法人の特徴）をまとめた「**目論見書**」の作成を行うのもAMの重要な役割です。

> **Point　J-REITの商品販売の特徴**
>
> 投資法人の投資口は投資法人の上場を通じて投資家に販売される。通常の会社と異なり、上場手続きは資産運用会社（AM）が実質的に行う。

11-4 投資法人の上場と商品販売―ビジネスの流れ③

投資家への商品販売は投資法人の上場により実施

図1：J-REITビジネスの流れ

顧客（投資家）ニーズの調査 ▶ 原材料（不動産）調達 ▶ 商品の組成 ▶ **販売（出資受入）** ▶ アフターサービス（アセットマネジメントサービス）

投資法人の上場

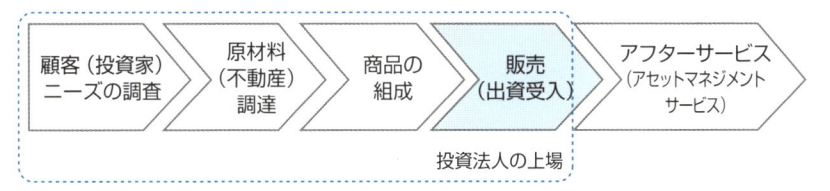

図2：投資法人の上場と商品販売イメージ

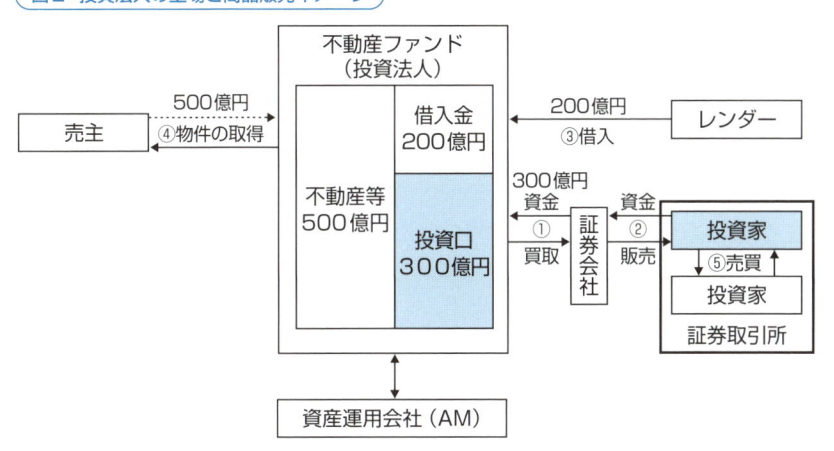

- 不動産ファンド（投資法人）
  - 借入金 200億円
  - 不動産等 500億円
  - 投資口 300億円
- 売主 ← 500億円 ④物件の取得 ― 不動産ファンド
- レンダー → 200億円 ③借入 → 不動産ファンド
- 不動産ファンド → 300億円 資金 ①買取 → 証券会社
- 証券会社 → 資金 ②販売 → 投資家
- 投資家 ⑤売買 投資家（証券取引所）
- 資産運用会社（AM）

重要な専門用語

上場
➡ 会社の有価証券を誰でも売買できるよう証券取引所に登録すること。

投資証券（投資口）
➡ 投資法人が発行する有価証券。株式会社の株券（株式）に相当。

IPO（Initial Public Offeringの略でアイ・ピー・オー）
➡ 新規上場で有価証券を新たに発行して投資家資金を調達すること。

主幹事証券会社
➡ 会社の新規上場をコンサルする証券会社のこと。

証券取引所
➡ 株式やREITの投資口を自由に売買できる場を提供している所。

目論見書
➡ ある有価証券を発行する会社等の概要を詳細に説明した書類。

11-5 商品販売後の追加物件取得① ―ビジネスの流れ④

　商品を販売した投資法人が、商品を買ってもらった投資家に行うアフターサービスで最も重要なことは、投資家が期待する収益（分配金）を提供し続けることです。

　一般に保有する物件が多くなれば、一つの物件のテナントが退去したとしても、全体の収益に与える影響は限定的です。つまり、**分散投資効果**で、安定的な分配金の提供が可能になります。そこで、図2のとおり、投資法人は、上場後、まずは、レンダーからの追加借入れなどで（図2①）、新たな不動産を取得していく（図2②）ことを目指します。

　ここでポイントとなるのが、投資法人の**LTV**です。通常、上場時のLTVは、30-40%程度に設定されていますが、ここから、最大LTV60%程度に至るまで、投資法人は「借入れ」によって物件を取得することができます（例えば、11-4のように不動産が500億円、借入金が200億円のLTV40%で上場した場合、追加の借入200億円で新たな物件を200億円取得できるイメージ。400億円÷700億円＝LTV57%＜60%）。

　レンダーは不動産市況が悪化しても、不動産評価額から6割程度の価格であれば売却が可能で、貸したお金を確実に返済してもらえるだろうと考えているため、LTV60%程度までは、資金を貸してくれるからです。

　なお、投資法人は、「借入れ」のほか、「**投資法人債の発行**」でも資金調達を行います。投資法人債とは、株式会社の**社債**に相当するもので、投資家に直接、投資法人への貸付（融資）を行ってもらうことといえます。

　投資家は、銀行と違って融資の専門家ではありませんので、なんらかの判断材料が必要になります。この助けとなるのが、**格付会社**が行う**格付け**です。

　格付会社は、投資法人の財務内容や保有物件の収益力を調べて、投資法人債の元本を返してもらえる可能性を、アルファベット順でランク付けしてくれます。

> **Point　J-REITの商品販売後の特徴①**
>
> 投資法人は、保有物件を増やして安定的に収益を投資家に提供することが課題。まずは、追加借入れや投資法人債発行により、物件を取得していく。

11-5　商品販売後の追加物件取得①―ビジネスの流れ④

投資法人は新たな借入や投資法人債の発行で物件取得が可能

図1：J-REITビジネスの流れ

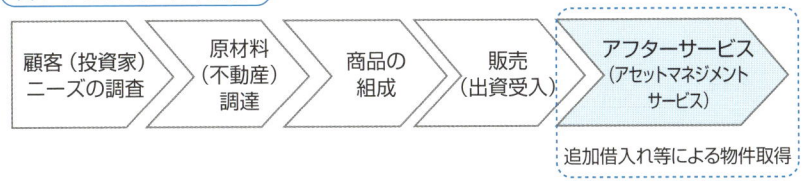

顧客（投資家）ニーズの調査 ▷ 原材料（不動産）調達 ▷ 商品の組成 ▷ 販売（出資受入） ▷ **アフターサービス（アセットマネジメントサービス）**

追加借入れ等による物件取得

図2：追加借入れ等による物件取得イメージ

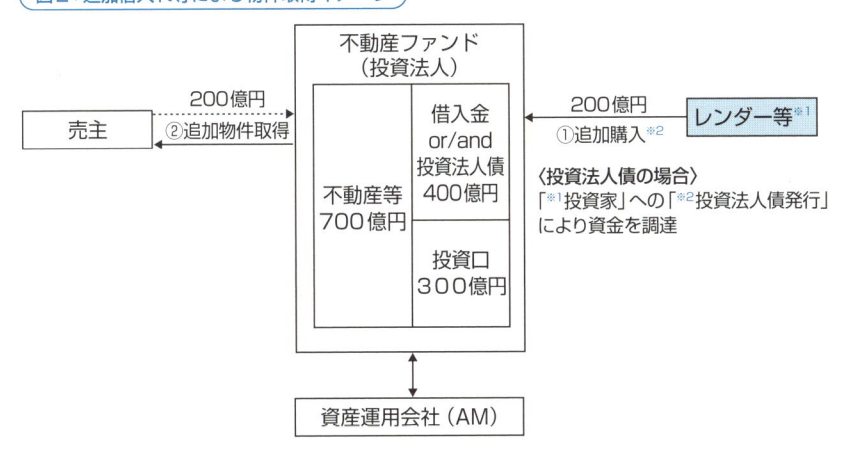

売主 ←200億円（②追加物件取得）― 不動産ファンド（投資法人）
- 不動産等 700億円
- 借入金 or/and 投資法人債 400億円
- 投資口 300億円

レンダー等※1 →200億円（①追加購入※2）

〈投資法人債の場合〉
「※1投資家」への「※2投資法人債発行」により資金を調達

資産運用会社（AM）

重要な専門用語

分散投資効果
➡様々な資産に投資して保有資産全体からの収益のブレを低めること。

LTV（Loan to Valueの略でエル・ティー・ヴィー）
➡借入金÷不動産評価額のこと。一般には借入比率。**担保掛目**も同義。

投資法人債
➡投資法人が発行する有価証券。株式会社の社債に相当。

社債
➡会社にお金を貸したときにもらえる「貸付証明書」のようなもの。

格付け
➡貸したお金を返してもらえる安全度をABCのランクで示したもの。

格付会社
➡貸したお金を返してもらえる安全度をランクで示してくれる会社。

11-6 商品販売後の追加物件取得② ―ビジネスの流れ⑤

投資法人の、「借入れ」「投資法人債発行」と並ぶ、もう一つの大きな資金調達手段は、投資家への「追加投資口発行」です。この追加投資口発行も、投資家からの投資を公に募る、つまり、**公募**であることから、**PO（ピー・オー）**と呼んでいます。

投資法人は、11-5で説明したとおり、LTV60％程度までは、追加の借入れや投資法人債の発行によって新たな物件を取得していくことができますが、それ以上は、レンダーからの追加借入れや、新たな投資法人債の発行は厳しくなります。一方、借入れや債券は期限が来ると、元本を返済する必要もあります。

したがって、投資法人は、LTVが高くなると、POによって新たな資金を調達し、その資金を追加の不動産の取得や、借入れの返済や債券の償還に充当するのです。

図2の例では、POで200億円を調達し（図2①）、物件の取得に100億円（図2②）、借入を100億円返済する（図2③）ことで、LTVは37.5％まで低下します。これにより、また、LTV60％程度に至るまで、借入等で新たな物件を取得することが可能となるというわけです。

つまり、J-REITは、IPOした後は、「①借入れや投資法人債発行による物件取得」→「②POによる物件取得、借入金返済、投資法人債償還」→「①借入れや投資法人債発行による物件取得」という風に、永遠に①と②を繰り返しながら保有物件を増やして成長していく仕組みと言えます。

なお、銀行借入は借り換えたり（**リファイナンス**したり）、新たな債券の発行により返済することも可能です。

なお、J-REITの資産運用会社の報酬も、私募ファンドと同様、物件を取得する際の**アクイジションフィー**、保有物件の運用による**アセットマネジメントフィー**、保有物件を売却した際の**ディスポジションフィー**の3つが挙げられます。

> **Point　J-REITの商品販売後の特徴②**
>
> 投資法人は、「借入や投資法人債発行による物件取得」→「POによる物件取得と借入返済・債券償還」を繰り返して規模を拡大していく。

11-6　商品販売後の追加物件取得②―ビジネスの流れ⑤

投資法人は追加の投資口発行でも物件取得が可能

図1：J-REITビジネスの流れ

顧客（投資家）ニーズの調査 ＞ 原材料（不動産）調達 ＞ 商品の組成 ＞ 販売（出資受入） ＞ **アフターサービス（アセットマネジメントサービス）**

追加投資口発行による物件取得

図2：追加投資口発行による物件取得イメージ

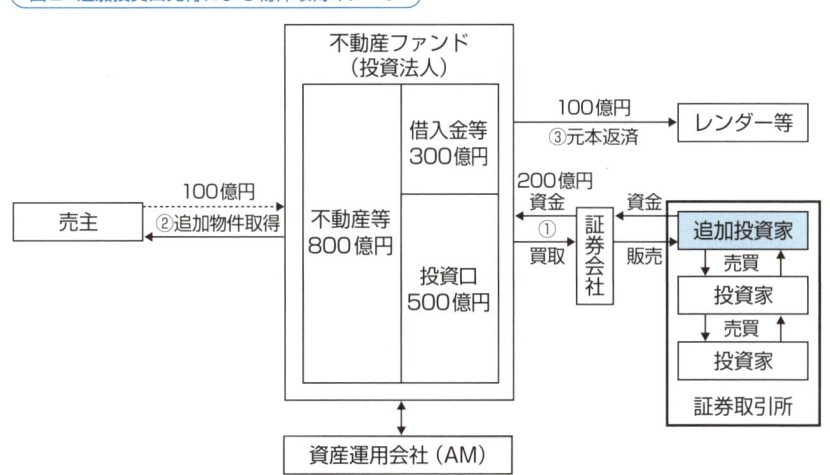

```
                  不動産ファンド
                  （投資法人）
                 ┌──────────┐
                 │ 借入金等    │   100億円
                 │ 300億円     │ ──────────→ レンダー等
                 │            │   ③元本返済
                 │            │   200億円
     100億円     │ 不動産等    │   資金    資金
  売主 ←────── │ 800億円     │ ←──  証券  ──→ 追加投資家
       ②追加物件取得│            │   ①    会社   販売    ↕売買
                 │ 投資口      │   買取          投資家
                 │ 500億円     │                 ↕売買
                 └──────────┘                 投資家
                      ↕                        証券取引所
                 資産運用会社（AM）
```

重要な専門用語

公募
➡公に幅広く投資家を募ること。**私募**。

PO（Public Offeringの略でピー・オー）
➡上場会社が有価証券を追加で発行して投資家資金を調達すること。

リファイナンス（Refinance）
➡借換えのこと。**リファイ**。

アクイジションフィー（Acquisition Fee）
➡不動産取得に伴う対価としてAMが収受する報酬のこと。**取得報酬**。

アセットマネジメントフィー（Asset Management Fee）
➡運用期間中の対価としてAMが収受する報酬のこと。**運用報酬**。

ディスポジションフィー（Disposition Fee）
➡不動産売却に伴う対価としてAMが収受する報酬のこと。**処分報酬**。

11-7 J-REITの分配金の仕組み

　J-REITにおいて、資産運用会社（AM）が販売する商品の売れ行きを決めるのは、投資法人がいかに安定的な収益（**分配金**）を継続的に投資家に提供できるかです。
　ここでは、図1及び図2のように仮定の数値を置いて、投資法人がどのように分配金を出すのか、また、何が分配金に影響を与えるのかを説明したいと思います。

　まずは、投資法人の保有不動産をテナントに貸して得られる賃料収入が主な収入となります（①）。そこから、必要な支出（②）を差し引いたものがNOI（③）です。
　このNOIからさらにCAPEXと呼ばれる資本的支出（④）を差し引いたものが、NCF（⑤）、一方、NOIから、会計上の費用項目である**減価償却費**（⑥）を差し引いたものが、**償却後利益**（⑦）です。投資法人の分配金は、通常、会計上の利益であるこの償却後利益をベースとしているため、**償却後利回り**は、投資法人が物件を選定するにあたって非常に重視する数値です。
　なお、不動産売却損益があれば、この償却後利益にプラスマイナスされます（⑧）。
　上記の償却後利益（⑦）に売却損益（⑧）を加えたものから、レンダー等への利息（⑨）とAMへの運用報酬等※（⑩）を控除したものが、投資法人の（税引前）純利益（⑪）になります。投資法人は法人税をほぼゼロにすることができるため（7-6参照）、この（税引前）純利益がほぼそのまま、投資家に分配されることになります。

※11-3で説明した資産保管会社や一般事務受託者への報酬含む。

　以上から、⑦償却後利益の向上、⑧売却益を得ること、⑨支払利息を少なくすることが、分配金総額の向上に重要なことが分かります。
　なお、投資家への分配金総額（⑪）を発行済の投資口数（⑫）で割ったものが、投資家が保有する投資口単位の分配金「**一口当たり分配金**」（⑬）です。したがって、⑬一口当たり分配金の向上には、⑫発行済投資口数も重要な影響を及ぼします。
　この一口当たり分配金を実際に取引されている投資口価格で割ったものが、「**分配金利回り**」で、これが、債券の利回りや株式の配当利回りと比較されるものです。

> **Point　J-REITの分配金に影響を与える要素**
>
> 「償却後利益」「売却損益」「支払利息」「発行済投資口数」が重要。

11-7 J-REITの分配金の仕組み

「償却後利益」「売却損益」「支払利息」「発行済投資口数」が分配金を左右

図1：分配金算定イメージ[※1]

収支項目	
①賃料収入等総収入（総収益）	+70億円
②総支出（総費用）	−20億円
③NOI（①−②）	50億円
NOI利回り：5%（③÷1,000億円）	
④資本的支出（≠会計上の費用）	−5億円
⑤NCF（③−④）	45億円
⑥減価償却費（≠実際の支出）	−10億円
⑦償却後利益（③−⑥）＝賃貸利益	40億円
償却後利回り：4%（⑦÷1,000億円）	
⑧売却損益	±0億円
⑨支払利息（500億円×金利2%）	−10億円
⑩運用報酬等（1,000億円×50bp）	−5億円
⑪純利益（⑦±⑧−⑨−⑩）≒分配金総額	25億円
⑫発行済投資口数	10万口
⑬一口当たり分配金（⑪÷⑫）	25千円

[※1] 投資法人の決算は通常半年毎のため、半年毎の数字は上記を2で割ったものとなる

図2：図1の資金の流れイメージ

（簡便化のため、資産＝不動産、負債＝借入、純資産＝投資口、LTV50%と想定）

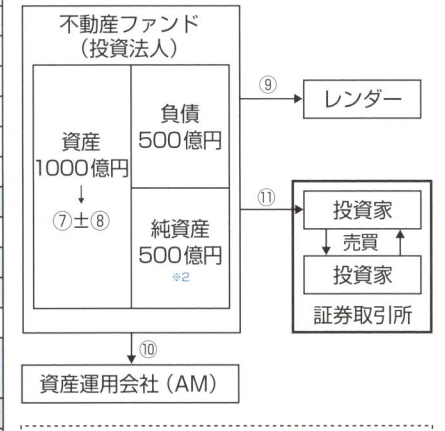

不動産ファンド（投資法人）
- 資産 1000億円
- 負債 500億円
- 純資産 500億円[※2]
- ⑦±⑧

⑨ → レンダー
⑪ → 投資家 ←売買→ 投資家（証券取引所）
⑩ → 資産運用会社（AM）

[※2]
500億円÷50万円（投資口発行価格）＝10万口（⑫）
↓
仮に100万円で発行できたとすると
500億円÷100万円＝5万口
一口当たり分配金は50千円（＝25億円÷5万口）に向上。
↓
公募での投資家からの資金調達条件も
一口当たり分配金に影響

重要な専門用語

分配金
➡ 投資家がもらえる不動産ファンドの利益の分け前（≒会社の配当）。

減価償却費
➡ 建物の価値下落分を損失とみなした会計上の費用。

償却後利益
➡ NOIから減価償却費を控除した額で会計上の利益。賃貸利益。

償却後利回り
➡ （NOI−減価償却費）÷不動産価格。REITが重要視する利回り。

一口当たり分配金
➡ 投資口一口当たりの分配金。株式会社の一株当たり配当額に相当。

分配金利回り
➡ 1年分の一口当たり分配金を投資口価格で割ったもの。

11-8 J-REIT保有不動産の3つの価値

投資法人が保有する不動産の価値には、実は、3つの異なる見方があります。

投資法人は、不動産だけでなく現金なども保有していますが、ほとんどは不動産であるため、ここでは、不動産＝投資法人の資産として考えます。

一つ目は、(1) 簿価ベースでの価値（**不動産簿価**）です（①A）。

コラム6でも説明したとおり、不動産簿価は、会計上の不動産価格と言え、投資時は取得価格に取得コストを加えた「取得原価」と呼ばれ、その後、毎年、減価償却費がマイナス、資本的支出がプラスされ、通常、徐々に減少していくものです。

二つ目は、(2) **不動産鑑定評価額**をベースにした時価ベースでの価値（不動産時価）です（①B）。上記の①Aより①Bが上回っている場合を**含み益**、逆に下回っている場合を**含み損**の状態と言います。図のケースでは100億円の含み益です。

三つ目は、(3) 投資家による評価（市場価格）をベースにした価値です（③）。

図のとおり、投資家から見た純資産価値は、**時価総額**（＝投資口価格×発行済投資口数）で示されますので、「時価総額＋借入額」が、投資家から見た投資法人の不動産価値と言えます。

つまり、投資口価格が40万円の場合には、時価総額が400億円で、これに借入金500億円を加えた900億円が投資法人の不動産価値となりますので、(1) や (2) で示される不動産価値よりも低いということになります。合併とは、この「時価総額＋借入額」で投資法人を買収する行為で、リーマンショック以降、投資口が下がった際に多くのJ-REITが合併されたのはこのような仕組みが背景にあります。

なお、純資産は**NAV**と呼ばれ、図のとおり、③A簿価純資産と、③B時価純資産があります。NAVを発行済投資口数で割ったものが一口当たりNAVで、投資口価格÷一口当たりのNAVを**NAV倍率**と呼び、1を超えていれば、投資家が考える不動産価値 (3) が、実際の不動産価値 (1) や (2) を上回っている状態と言えます。

> **Point　J-REITの3つの価値**
>
> J-REITの保有する不動産価値には、簿価ベース、時価ベース、市場価格ベースの3つがあることに留意が必要。

11-8 J-REIT保有不動産の3つの価値

「簿価ベース」「時価ベース」「市場価格ベース」の3つの価値

図：投資法人の3つの価値イメージ

(簡便化のため、資産＝不動産、負債＝借入、純資産＝投資口と想定)

(1) 簿価ベース

不動産ファンド（投資法人）
- ①A 簿価資産 1000億円 ÷ 不動産簿価
- ② 負債 500億円
- ③A 簿価純資産 500億円

③A 簿価純資産500億円 ÷ 発行済投資口数：10万口 = 一口当たり簿価純資産50万円

→ 一口当たりNAV 50万円

(2) 時価ベース

不動産ファンド（投資法人）
- ①B 時価資産 1100億円 ÷ 不動産鑑定評価額
- ② 負債 500億円
- ③B 時価純資産 600億円

③B 時価純資産600億円 ÷ 発行済投資口数：10万口 = 一口当たり時価純資産60万円

→ 一口当たりNAV 60万円

(3) 市場価格ベース

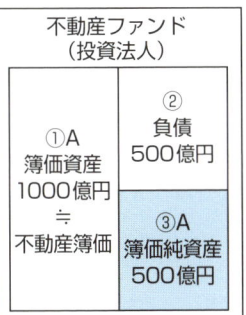

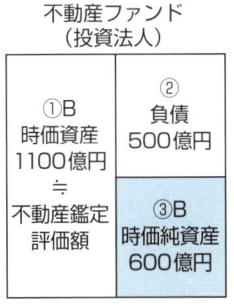

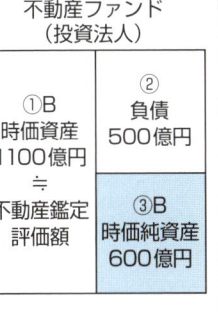

- ② 負債 500億円
- ④ 時価総額 400億円

- ② 負債 500億円
- ④ 時価総額 700億円

④時価総額400億円 or 700億円 = 発行済投資口数：10万口 × 投資口価格40万円 or 70万円

→ 投資口価格40万円 or 70万円

→ NAV倍率 0.67 or 1.17

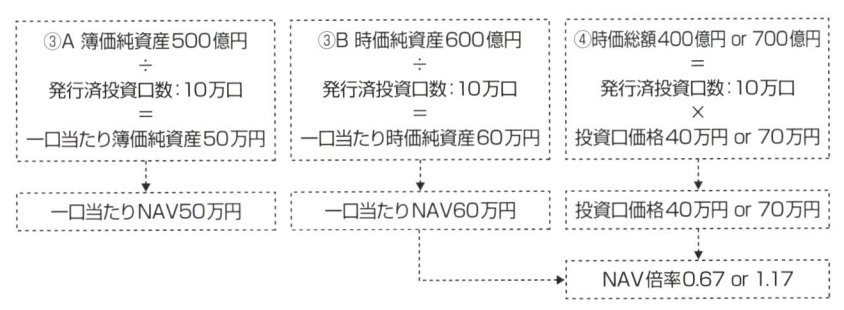

重要な専門用語

不動産簿価（簿価）
➡ 会計上の不動産価格。減価償却費は－、資本的支出は＋要因。

不動産鑑定評価額
➡ 不動産鑑定士が算定した不動産価値。会計上の不動産時価。

含み益
➡ 不動産鑑定評価額が不動産簿価を上回っている状態。逆が**含み損**。

時価総額
➡ 投資口価格×発行済投資口数で示される投資家から見た純資産価値。

NAV（Net Asset Valueの略でナブ）
➡ 純資産のこと。簿価ベースと時価ベースがあるが通常は時価ベース。

NAV倍率
➡ 投資口価格÷一口当たりNAV。株価純資産倍率に相当。

コラム13 「J-REIT」と「私募REIT」のビジネスモデルの違い

「J-REIT」と「私募REIT」は、どちらもREITスキームという投資法人を用いた不動産ファンドであるという共通点を持ちます。また、期間限定の不動産ファンドである「**私募ファンド（私募不動産ファンド）**」と異なり、どちらも、無期限の不動産ファンドです。

唯一の違いは、「J-REIT」は上場して誰もが投資可能であるため、投資家からの資金調達は幅広く**公募**で行うのに対し、「私募REIT」は上場しておらず、投資家からの資金調達は**私募**で限定的に主にプロ投資家（機関投資家）のみから行うことです。

したがって、図で示したJ-REITのビジネスモデルとは大きく2点が異なります。
一点目は、IPOがないことです（☆1）。
二点目は、POがないことです（☆2）。
私募REITの場合には、☆1においても☆2においても、私募で限定的にプロ投資家（機関投資家）のみから、資金調達を行うことになります。

「J-REIT」と「私募REIT」のビジネスモデルの違い

図：「J-REIT」ビジネスの流れと「私募REIT」との相違点（☆）

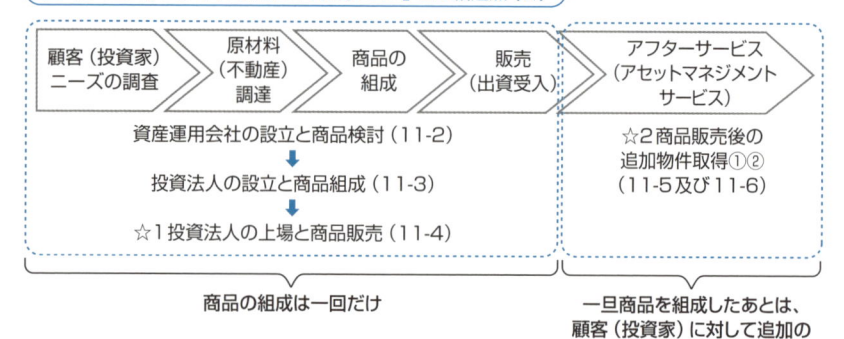

顧客（投資家）ニーズの調査 → 原材料（不動産）調達 → 商品の組成 → 販売（出資受入） → アフターサービス（アセットマネジメントサービス）

- 資産運用会社の設立と商品検討（11-2）
- 投資法人の設立と商品組成（11-3）
- ☆1 投資法人の上場と商品販売（11-4）
- ☆2 商品販売後の追加物件取得①②（11-5及び11-6）

商品の組成は一回だけ

一旦商品を組成したあとは、顧客（投資家）に対して追加の物件取得を継続（無期限）

Point 「J-REIT」と「私募REIT」のビジネスモデルの違いは？

ビジネスの流れは「J-REIT」も「私募REIT」も同様だが、「私募REIT」は上場していないため限定的な投資家からのみ資金を調達する。

第12講

投資の対象となる不動産のタイプ
―テナント①―

＜本講のポイント＞
誰か（テナント）に利用してもらえる不動産が投資の対象となる

図：不動産ファンドの5つの構成要素と本講の対象「テナント」

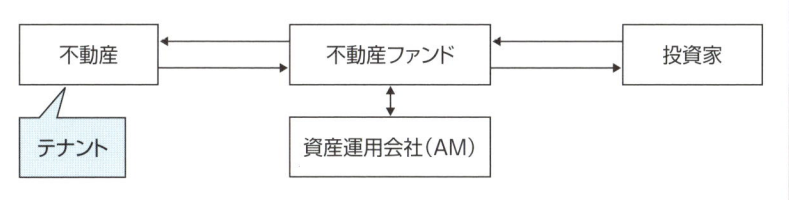

```
不動産 ⇔ 不動産ファンド ⇔ 投資家
  ↑            ↕
テナント    資産運用会社（AM）
```

＜講義の内容＞
- **12-1** 代表的な投資対象不動産のタイプ
- **12-2** オフィスビルの概要
- **12-3** 住宅（賃貸マンション）の概要
- **12-4** 商業施設の概要
- **12-5** その他の投資対象不動産
- **コラム14** 様々な会社のビジネスと密接に関連している不動産

12-1 代表的な投資対象不動産のタイプ

　投資の対象となる主要な不動産は、当該不動産を利用したいと考える**テナント**に貸すことで「賃料」という収入が得られる賃貸不動産、いわゆる**収益物件**です。
　ここでは、図を参考に、どのような立地にある不動産が、テナントが利用したいと考える不動産か？　という観点から、代表的な投資対象不動産のタイプを見ていきます。

　まず、人が働く場所として会社に利用される「**オフィスビル**」です。
　オフィス立地として人気があるのは、東京で言えば、丸の内や大手町のある千代田区、日本橋のある中央区、六本木、赤坂、汐留などがある港区という**都心3区**です。これらに新宿区と渋谷区を加えて、**都心5区**と呼んでいます。

　次に、人が住む場所として個人に利用される「**住宅**（主に**賃貸マンション**）」です。
　住宅立地のポイントは、働く場所（主にオフィス）への通勤のしやすさです。最寄駅が働く場所にアクセスしやすく、かつ、その最寄駅に近い立地が人気となります。

　また、上記の都心5区には、銀座（中央区）や表参道（渋谷区）をはじめ、商品を売る場所として小売業者に利用されている「**商業施設**」も集積しています。一方、人が多く住む場所には日用品を売る「**商業施設**」が集まり、逆に、そういった商業施設が多いところは住宅立地として人気がでるという関係もあります。

　さらに、商品を保管する場所として様々な会社に利用される「**物流施設**」は、商品を作る場所（工場）と、商品を届けるオフィス、住宅、商業施設に近く、高速道路、主要幹線道路、空港、港など交通網へのアクセスが良い立地にあることが重要です。

　以上のような各タイプの立地の関係は、各主要都市で見られますが、特に、各々が集積している東京を中心とする首都圏が最も代表的な投資対象エリアとなっています。

> **Point　投資対象となる主な不動産**
>
> 「オフィスビル」「住宅（賃貸マンション）」「商業施設」「物流施設」といった誰か（テナント）に利用される不動産が主な投資の対象。各々は密接に関連。

12-1 代表的な投資対象不動産のタイプ

主要な投資対象不動産と立地との関係イメージ

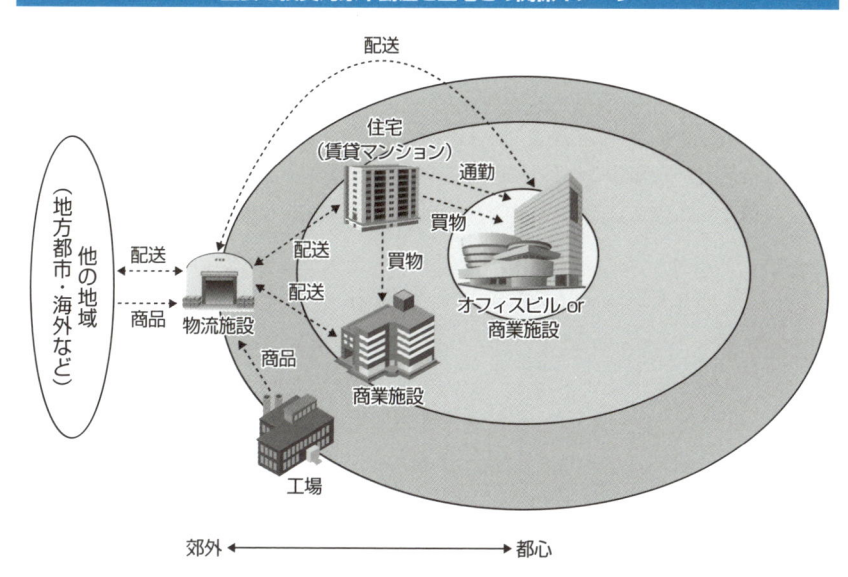

（図：中心に「オフィスビル or 商業施設」、その周囲に「住宅（賃貸マンション）」、外側に「商業施設」「工場」「物流施設」、さらに外側に「他の地域（地方都市・海外など）」を配置。矢印で「配送」「通勤」「買物」「商品」などの関係を示す。横軸は「郊外 ←→ 都心」）

重要な専門用語

テナント (Tenant)
→不動産（建物）の賃借人のこと。

収益物件
→誰か（テナント）に貸すことで賃料という収入が得られる不動産。

オフィスビル
→人が働く場所として主に会社に利用される不動産。

都心3区（主要3区）
→千代田区、中央区、港区のこと。渋谷区、新宿区を加えて**都心5区**（**主要5区**）。

商業施設（リテール）
→商品を売る場所として小売業者に利用される不動産。

住宅（レジ←レジデンスの略）
→人が住む場所として主に個人に利用される不動産。

賃貸マンション
→人が住む場所として主に個人に利用（賃借）されるマンション。

物流施設（ロジ←ロジスティクスの略）
→商品や郵送物を保管する場所として様々な会社に利用される不動産。

12-2 オフィスビルの概要

オフィスビルとは、12-1でも説明したように、人が働く場所として主に会社に利用される不動産のことです。

図1のように、利用する会社自身が所有している自社ビルと、利用する会社に賃貸されている賃貸ビルの2つのタイプがありますが、投資の対象となるのは後者です。

オフィスビルの収益の主な特徴は、図2のとおり、テナントが主に会社となるため、テナントから収受できる賃料水準が景気動向に大きく左右されるということです。

どういうことかと言うと、例えば、景気が良くなれば、多くの会社が儲かっているということですから、それらの会社は事業を拡大するため、従業員に働いてもらう場所を増やそうとします。すると、オフィスビルの**空室率**が下がり、賃料を他の会社よりも多く払わないと借りることができなくなります。つまり、景気が良くなると、**稼働率**が向上し、**賃料単価**も上昇するため、収益が増えるということになるのです。

一方で、景気が悪くなれば、逆のことが起こりますので、収益が減っていきます。

また、オフィスビルのタイプには、図3のとおり、大きくは、AクラスビルとBクラスビルがあります。

Aクラスビルとは、オフィス立地として有名な場所にあり、使用できる床面積が非常に大きく、築浅で最新鋭の設備を備えているといったイメージのビルです。そのようなビルは、高い賃料が得られますが、借りる方からすると賃料負担が大きくなるため、テナントが大企業など賃料負担力のある会社に限定されます。

なお、AクラスビルよりもさらにグレードのたかいビルをSクラスビルとも呼びます。

Bクラスビルは、Aクラスビルと比べると建物の規模が小さいビルで中規模ビルなどとも呼ばれます。結果として、大企業ほど大人数が利用するわけではない中小企業が借りるケースが多くなります。Aクラスビルと比べると高い賃料は得られませんが、テナント候補となる中小企業の数は非常に多いといった特徴があります。

Point　オフィスビルとは？

人が働く場所として会社に利用される不動産。景気動向に収益性が左右されるのが特徴。「Aクラスビル」「Bクラスビル」といったタイプがある。

12-2 オフィスビルの概要

オフィスビル：働く場所として「会社」が利用

図1：オフィスビルとは？

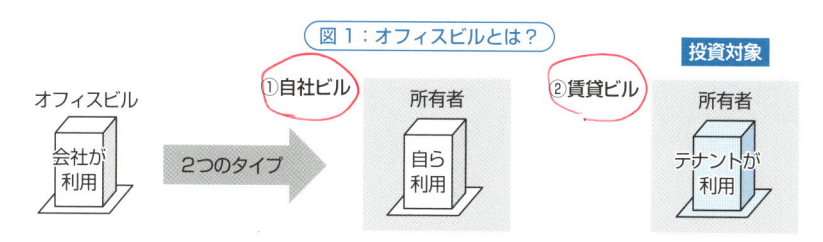

オフィスビル（会社が利用） → 2つのタイプ
- ①自社ビル：所有者が自ら利用
- ②賃貸ビル（投資対象）：所有者、テナントが利用

図2：オフィスビルの収益の特徴

テナント（会社） → 賃料（景気に大きく左右） → 所有者

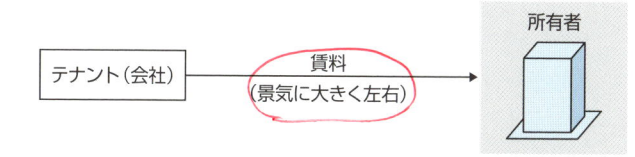

図3：投資の対象となる主なオフィスビルのタイプ

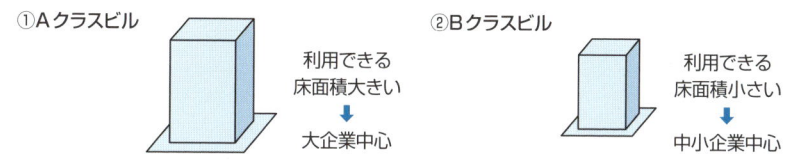

①Aクラスビル
利用できる床面積大きい
↓
大企業中心

②Bクラスビル
利用できる床面積小さい
↓
中小企業中心

重要な専門用語

オフィスビル
➡人が働く場所として主に会社に利用される不動産。

空室率
➡賃貸されていない面積÷賃貸可能な面積（賃貸可能面積）。

稼働率
➡実際に賃貸されている面積÷賃貸可能な面積（賃貸可能面積）。

賃料単価
➡実際の賃料総額÷実際に賃貸されている面積（坪 or ㎡）で算出。

Aクラスビル
➡建物が大きく、立地・設備にも優れ、主に大企業に利用されるビル。

Sクラスビル
➡Aクラスビルよりも更にグレードの高いビル。

Bクラスビル
➡Aクラスに比べ建物規模が小さく、主に中小企業に利用されるビル。

第12講 投資の対象となる不動産のタイプ ―テナント①―

12-3 住宅（賃貸マンション）の概要

　住宅とは、12-1でも説明したように、人が住む場所として主に個人に利用される不動産のことです。
　図1のように、住む人自身が所有している分譲マンションや戸建住宅と、住む人に賃貸されている賃貸マンションや賃貸アパートの2つのタイプがありますが、投資の対象となるのは後者で、特に**賃貸マンション**が主な投資対象とされます。

　賃貸マンションの収益の主な特徴は、図2のとおり、テナントが主に個人であり、生活の基盤として利用されることから、テナントから収受できる賃料水準が景気動向にあまり左右されず安定的だということです。
　なお、賃貸マンション投資では、オフィスビルにない収入として、**礼金**や契約更新時に受け取る**更新料**も考慮する必要があります。礼金は、**敷金**と同様に、入居時にテナントから支払われるものですが、敷金が基本的にテナントの退去時に返却しないといけないのに対して、礼金は収入として受け取れるものです（大阪では敷引きと呼ばれているものです）。

　また、賃貸マンションのタイプには、図3のように、主に単身者に利用されるワンルームマンションなどの**シングルタイプ**、家族で利用される3LDKなどの**ファミリータイプ**、その中間のコンパクトタイプ、などがあります。このほか、高級賃貸マンションを示す**ハイエンドタイプ**もあります。
　賃貸マンションは、景気動向で賃料水準が大きく変動するオフィスと比べると、上記のとおり、賃料水準が安定しているといった特徴があります。しかし、ハイエンドタイプは特に、外資系企業を中心とする会社が借りていたり、会社オーナーが借りていたりするケースが多く、オフィスと同様、景気変動により、稼働率や賃料単価が変動し、収益性が大きく変動するといった特徴があります。

> **Point 賃貸マンションとは？**
>
> 住む場所として個人に利用（賃借）される不動産。収益が安定しているのが特徴。「シングルタイプ」「ファミリータイプ」「コンパクトタイプ」「ハイエンドタイプ」などがある。

12-3 住宅（賃貸マンション）の概要

住宅：住む場所として「個人」が利用

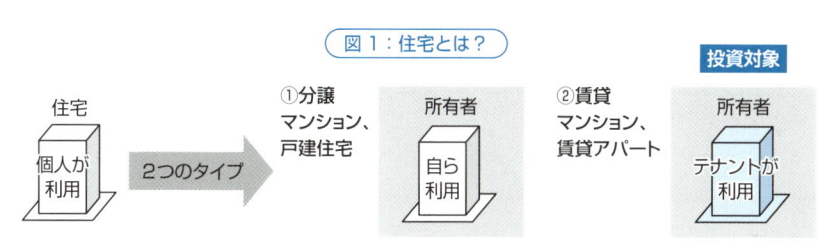

図1：住宅とは？

住宅（個人が利用）→ 2つのタイプ
- ①分譲マンション、戸建住宅：所有者が自ら利用
- ②賃貸マンション、賃貸アパート：所有者（テナントが利用）【投資対象】

図2：賃貸マンションの収益の特徴

テナント（個人）→ 賃料（安定的）→ 所有者

図3：投資の対象となる主な賃貸マンションのタイプ

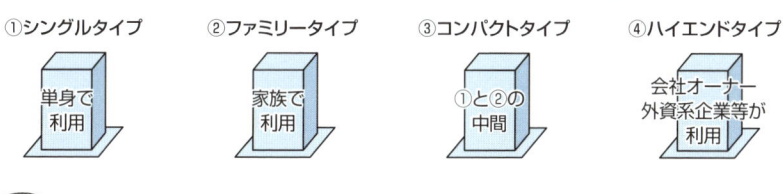

- ①シングルタイプ：単身で利用
- ②ファミリータイプ：家族で利用
- ③コンパクトタイプ：①と②の中間
- ④ハイエンドタイプ：会社オーナー、外資系企業等が利用

Technical term 重要な専門用語

住宅（レジ←レジデンスの略）
➡人が住む場所として主に個人に利用される不動産。

賃貸マンション
➡人が住む場所として主に個人に利用（賃借）されるマンション。

礼金
➡テナントから受け取る返済不要な一時金。大阪では敷引に相当。

敷金
➡テナントから受け取る返済必要な一時金。

更新料
➡テナントから賃貸借契約更新時に払われる一時金。

シングルタイプ／ファミリータイプ
➡単身者用の賃貸マンションのこと。／家族用の賃貸マンションのこと。

ハイエンドタイプ
➡高級賃貸マンションのこと。

第12講　投資の対象となる不動産のタイプ　—テナント①—

12-4 商業施設の概要

商業施設とは、12-1でも説明したように、商品を売る場所として小売業者に利用される不動産のことです。

図1のように、利用する小売業者自体が所有している自社施設と、利用する小売業者に賃貸されている賃貸施設の2つのタイプがありますが、投資の対象となるのは後者です。

商業施設の収益の主な特徴は、図2のとおり、テナントが支払う賃料は、当該施設を利用する小売業者が稼ぐ売上が原資になっているということです。また、小売業者が当該施設で商売することが前提であるため、長期契約が多いのも特徴です。

具体的なテナントとしては、ケース1のように、単独の小売業者が直接テナントとなっている場合と、大規模な商業施設でケース2のように、複数の小売業者を束ねる商業施設運営者がテナントとなっている場合の、2つのケースがあります。

いずれにしても、商業施設投資では、その施設で実際に商品を売っている小売業者がしっかりと稼ぐことができているかが重要です。テナントからの賃料は、売上を原資としつつ決まった固定賃料の場合、売上に応じて賃料も変動する**売上歩合賃料**の場合、両者のミックスの場合の3つがあります。

また、商業施設のタイプには、図3のように、大きくは、都心にありブランドショップなどが入居している**都市型商業施設**と、都市の郊外にあり食料品などの日用品を販売するスーパーなどが主に入居している**郊外型商業施設**の2つがあります。

郊外型商業施設の代表格としては、**総合スーパー**(GMS)や大型**ショッピングセンター**(SC)である**モール**(Mall)があります。特に、モールの中で中心的なテナントのことを**アンカーテナント(核テナント、キーテナント)**と呼び、日本では、前記のGMSがアンカーテナントとなっているケースが多くあります。

> **Point 商業施設とは？**
>
> 商品を売る場所として小売業者に利用される不動産。その施設での売上が賃料の原資となることや長期契約が多いのが特徴。「都市型商業施設」や「郊外型商業施設」などがある。

12-4　商業施設の概要

商業施設：商品を売る場所として「小売業者」が利用

図1：商業施設とは？

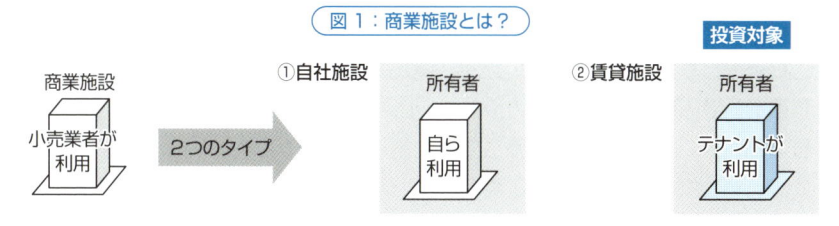

商業施設（小売業者が利用） → 2つのタイプ
- ①自社施設：所有者が自ら利用
- ②賃貸施設：所有者／テナントが利用 ← 投資対象

図2：商業施設の収益の特徴

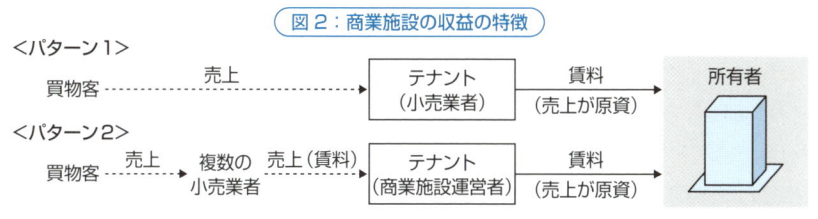

<パターン1>
買物客 ──売上──> テナント（小売業者） ──賃料（売上が原資）──> 所有者

<パターン2>
買物客 ──売上──> 複数の小売業者 ──売上（賃料）──> テナント（商業施設運営者） ──賃料（売上が原資）──> 所有者

図3：投資の対象となる主な商業施設のタイプ

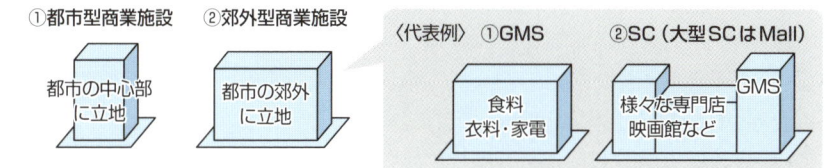

①都市型商業施設：都市の中心部に立地
②郊外型商業施設：都市の郊外に立地

〈代表例〉
①GMS：食料・衣料・家電
②SC（大型SCはMall）：様々な専門店・映画館など＋GMS

重要な専門用語

商業施設（リテール）
➡商品を売る場所として小売業者に利用される不動産。

売上歩合賃料
➡売上の増減に応じて増減する賃料。

都市型商業施設
➡都市の中心部にある商業施設。

郊外型商業施設
➡都市の郊外にある商業施設。

GMS（General Merchandize Storeの略でジー・エム・エス）
➡食料・衣料・家電など様々な日用品を扱う**総合スーパー**のこと。

SC（Shopping Center）
➡GMSなどを核に様々な専門店が集積した商業施設。大型SCは**モール**。

アンカーテナント（Anchor Tenant）
➡商業施設の中で集客の目玉となる**核テナント**（キーテナント）。

12-5 その他の投資対象不動産

　これまでに取り上げたオフィスビル、賃貸マンション、商業施設が特に知られている投資対象不動産ですが、その他にも、様々な投資対象不動産があります。
　基本的には、借りて賃料を払ってでも利用したいテナントがいるような不動産は全て投資対象になり得ます。ここでは、特に、最近、投資対象として認知度が高まっている「物流施設」「ホテル」「老人ホーム」の概要と収益の特徴を説明します。

　まず、図1の**物流施設**の場合には、顧客に運ぶ商品や郵送物を保管するための施設が必要な様々な「小売業者やメーカーなどの会社」、あるいは、それらの会社に保管スペースを提供して収益を得る「物流事業者」などがテナントとなります。

　次に、図2の**ホテル**の場合には、国内外のビジネス出張客や観光客に宿泊場所を提供して主に宿泊料という収益を得る「ホテル運営者」がテナントとなります。

　最後に、図3の**老人ホーム**の場合には、老人ホームを運営してその利用者である高齢者等から利用料という収益を得る「施設運営者」がテナントとなります。
　なお、老人ホームのほか、高齢者向け住宅や病院などの介護、福祉、医療に関連する施設を含めて**ヘルスケア施設**と呼んでいます。

　上記の「物流事業者」「ホテル運営者」「施設運営者」のほか、12-4で説明した商業施設の「商業施設運営者」がテナントとなる場合には、それらの事業者・運営者（**オペレーター**）が支払う賃料は、その施設から得られる売上が原資となっているのが特徴です。このような不動産を特に、**オペレーショナルアセット**と呼んだりします。
　オペレーショナルアセットへの投資にあたっては、オペレーターが賃料を支払うのに十分な信用力や施設運営能力を持つか否かにも十分に留意することが必要です。

> **Point　その他の主な投資対象不動産は？**
>
> 小売業者、メーカー、物流事業者がテナントとなる「物流施設」、ホテル運営者がテナントとなる「ホテル」、老人ホーム運営者がテナントとなる「老人ホーム」など。

12-5 その他の投資対象不動産

利用したい誰か（テナント）がいる不動産は全て投資対象

図1：物流施設のテナントの特徴

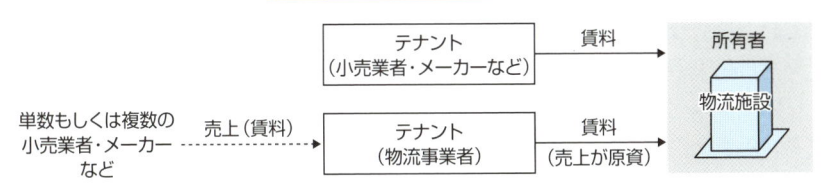

単数もしくは複数の小売業者・メーカーなど --売上（賃料）--> テナント（小売業者・メーカーなど） --賃料--> 所有者（物流施設）

テナント（物流事業者） --賃料（売上が原資）--> 所有者

図2：ホテルのテナントの特徴

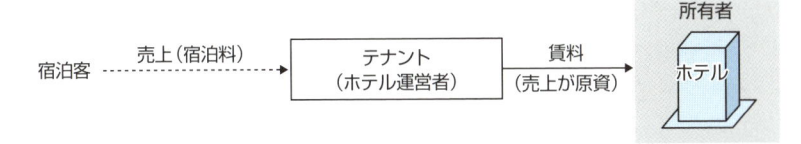

宿泊客 --売上（宿泊料）--> テナント（ホテル運営者） --賃料（売上が原資）--> 所有者（ホテル）

図3：老人ホームのテナントの特徴

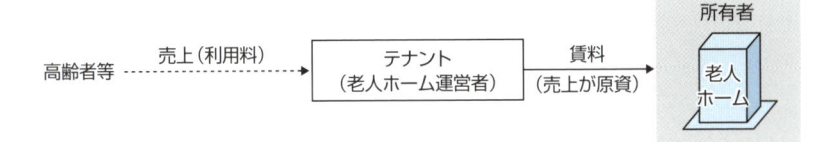

高齢者等 --売上（利用料）--> テナント（老人ホーム運営者） --賃料（売上が原資）--> 所有者（老人ホーム）

重要な専門用語

物流施設（ロジ←ロジスティクスの略）
➡商品や郵送物を保管する場所として様々な会社に利用される不動産。

ホテル
➡宿泊場所の提供ビジネスを行うホテル運営者に利用される不動産。

老人ホーム（シニア）
➡主に介護が必要な高齢者のための老人ホーム運営者に利用される不動産。

ヘルスケア施設
➡老人ホーム、高齢者住宅、病院など、高齢者向けや医療施設の総称。

オペレーター
➡商業施設、ホテル、老人ホームなどの施設運営者のこと。

オペレーショナルアセット（Operational Asset）
➡商業施設、ホテル、老人ホーム等施設運営能力で価値が動く不動産。

コラム14 様々な会社のビジネスと密接に関連している不動産

講義の概要で述べたように、「どのような会社」のビジネスにおいても、何らかの不動産を利用することが必要で、多くの場合、テナントとして利用がなされます。

したがって、不動産ファンドに関連するプレイヤーには、一見、不動産ファンドビジネスに関係ないような様々なビジネスについての専門用語の知識が必要になる場合があります。以下では、いくつかの例を取り上げてみました。

〈様々な会社が利用するオフィスに関連する用語〉

BCP（Business Continuity Plan／事業継続計画の略でビー・シー・ピー）
震災等の緊急事態の際にいかに事業を継続するかという計画。オフィス選定で重要。

〈物流ビジネスに関連する用語〉

BTS型物流施設（BTSはBuild To Suitの略でビー・ティー・エス）
特定の小売業者やメーカのための専用仕様で建てられた物流施設。

3PL（Third Party Logisticsの略）
自社以外の会社のために物流事業者が物流サービスを提供すること。

EC（Electric Commerceの略で電子商取引のこと）
インターネットを通じた商品取引のこと。物流施設利用ニーズの増加要因。

〈ホテルビジネスに関連する用語〉

ADR（Average Daily Rateの略でエー・ディー・アール）
ホテル収益指標の一つ。平均客室単価のこと。客室販売総額÷販売された客室数。

RevPAR（Revenue Per Available Roomの略でレブパー）
ホテル収益指標の一つ。販売可能客室当たり単価。客室販売総額÷販売可能客室数。

MICE（Meeting, Incentive Travel, Convention, Exhibitionの頭文字でマイス）
企業会議、企業旅行、国際会議、展示会等高いホテル収益が見込まれるイベント群。

IR（Integrated Resortの略で統合型リゾートのこと）
MICE施設、ホテル、商業施設等にカジノも含めた一体の複合観光施設。

〈ヘルスケアビジネスに関連する用語〉

サ高住（サービス付き高齢者向け賃貸住宅で「さこうじゅう」と読む）
賃貸借契約で賃借し、別途利用契約で様々な高齢者向けサービスが受けられる住宅。

第13講

投資対象不動産における主な留意事項
―テナント②―

<本講のポイント>
テナントに不動産を利用してもらうには様々な留意点がある
図：不動産ファンドの5つの構成要素と本講の対象「テナント」

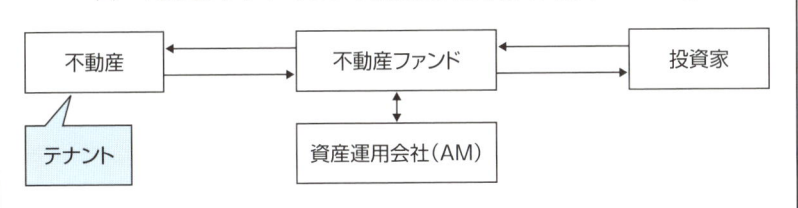

```
┌──────┐     ┌───────────┐     ┌──────┐
│ 不動産 │ ←→ │ 不動産ファンド │ ←→ │ 投資家 │
└──────┘     └───────────┘     └──────┘
   │                  ↕
┌──────┐     ┌───────────────┐
│ テナント │     │ 資産運用会社（AM） │
└──────┘     └───────────────┘
```

<講義の内容>
- **13-1** テナントに利用してもらうために必要な不動産の権利
- **13-2** 土地―テナントに利用してもらうための留意点①
- **13-3** 建物―テナントに利用してもらうための留意点②
- **13-4** 賃貸借契約―テナントに利用してもらうための留意点③
- **13-5** レントロールと坪単価の概要
- **コラム15** 世界中のテナントに利用されている不動産

13-1 テナントに利用してもらうために必要な不動産の権利

　図1にあるように、**不動産**とは、「建物」と「土地」から構成されます。
　投資対象となる不動産は、誰か（**テナント**）に貸して賃料収入が得られる**収益物件**ですから、この「建物」か「土地」を、誰かに貸せる権利をもっていることが重要です。

　但し、「建物」を貸すためには、当該建物が立っている「土地」を利用する権利を持っていることも必要です。
　また、建物は単なる箱では、誰かに貸すことは出来ません。建物を利用する人は、住む場所、働く場所、商売の場所などとして利用するため、台所の水やトイレの水、照明の電気、高い建物であればエレベーター等の各種設備が必要となります。

　不動産をテナントに貸すために必要な不動産の権利のパターンとしては、図2のとおり、主に5つのタイプがあります。
　一つ目は、**完全所有権**（①）です。「建物」も「土地」も所有しているケースで、所有している「建物」を誰かに貸して賃料収入を得ることができます。
　二つ目は、**借地権付建物**（②）です。**借地権**とは、土地を借りる権利のことで、借りた土地の上に建物を建てることができます。したがって、建物を誰かに貸して賃料収入を得ることができます。
　三つ目は、**区分所有建物**（③）です。区分所有建物とは、6階建ての建物であれば例えば4階から6階という風にきちんと区分できる場所を所有しているということで、土地は、全体建物に占める区分所有割合分の持分を所有することになります。これも所有している部分の建物を誰かに貸して賃料収入を得ることができます。
　四つ目は、**共有**（④）で、これも建物を誰かに貸して賃料収入を得ることができますが、賃料収入は、全体建物の賃料収入×自らの持分割合ということになります。
　最後は、**底地**（⑤）です。これは、土地を誰かに貸して賃料収入（**地代**）を得るというものです。借りる人は、通常②の借地権付建物を保有し、当該建物を誰かに貸すなどして利用します。

Point テナントに利用してもらうために必要なこと

貸すことができる建物を持っていることが重要。

13-1 テナントに利用してもらうために必要な不動産の権利

不動産（建物・土地）をテナントに貸すために必要な権利

図1：不動産の構成要素

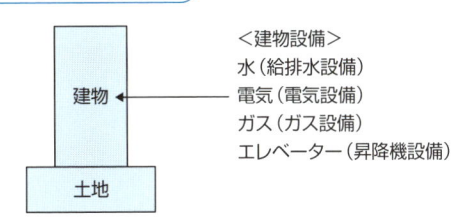

建物 ← ＜建物設備＞
水（給排水設備）
電気（電気設備）
ガス（ガス設備）
エレベーター（昇降機設備）

土地

図2：不動産をテナントに貸すために必要な5つの権利タイプイメージ

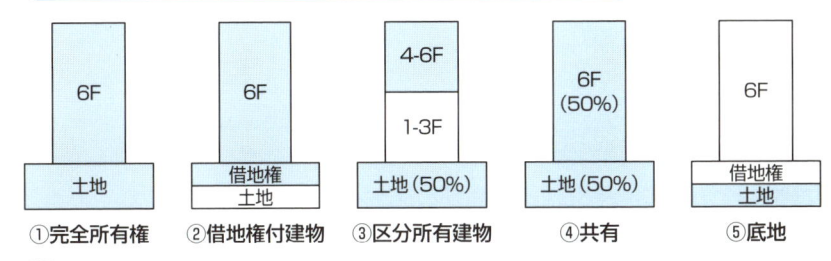

①完全所有権：6F／土地
②借地権付建物：6F／借地権・土地
③区分所有建物：4-6F／1-3F／土地(50%)
④共有：6F(50%)／土地(50%)
⑤底地：6F／借地権・土地

重要な専門用語

不動産
→土地と建物（電気や水道など使用に不可欠な設備を含む）のこと。

収益物件
→誰か（テナント）に貸すことで賃料という収入が得られる不動産。

テナント（Tenant）
→不動産（建物）の賃借人のこと。

完全所有権
→100％所有されている土地と建物のこと。

借地権付建物
→土地を借りて使う権利（**借地権**）と完全所有の建物。

区分所有建物
→区分された所有建物。通常当該区分割合と同様の土地持分を所有。

共有
→持分で所有されている土地と建物のこと。

底地
→土地を借りている者（**借地権者**）がいる場合の土地のこと。

地代
→土地を借りている者が利用料として土地の所有者に支払う対価。

13-2 土地 —テナントに利用してもらうための留意点①

　13-1では、「建物」を誰か（テナント）に貸すためには、当該建物が立っている「土地」を利用する権利を持っていることが重要だということを説明しました。
　ここでは、土地利用の権利確保のために重要な「境界」と「越境」、さらに、土地利用そのものに重要な影響を及ぼす「土壌汚染」の3つを留意点として取り上げます。

　土地は、車やパソコンのように、ひと目でどこからどこまでが対象か分かるものではありません。図1のように、土地を利用するためには、まず、どこからどこまでの土地を利用する権利を持っているのかを**境界**によって確定しておくことが必要です。
　この確定のために用いられるのが、隣地や道路などとの境目に設置される**境界標**と呼ばれる金属プレート、金属鋲、コンクリート杭などです。
　また、境界標と境界標を結ぶ線が境界で、道路など官有地（公有地）との境界は**官民境界**、民間地との境界は**民民境界**と呼ばれます。
　なお、境界標を結んで示される対象地の面積を示した図面を**測量図**と呼び、測量士が作成します。境界標の位置を記した測量図と、その図面に隣地所有者同士が合意した書面である**境界確認書**に基づき法務局に登記申請を行うのが土地家屋調査士です。

　次に、図2に示した**越境**です。境界を超えて対象地に入り込んでいる隣地の屋根、塀、樹木、建物のダクトなどが代表的なものです。逆に、対象地にあるそれらが隣地に入り込んでいる場合もあります。越境は紛争の原因になるほか、テナントに利用してもらうための建物に影響を及ぼす可能性もあるため、留意が必要です。

　最後に、図3に示すように、工場の排水などが原因で生ずる「**土壌汚染**」です。
　実際に土壌汚染があると除去のために多大な費用を要し、除去の間は、テナントに建物を利用してもらうこともできません。
　したがって、**エンジニアリングレポート（ER）**で土地の使用履歴（**地歴**）を調べて汚染の有無をチェックすることが必要です。

> **Point　土地の主な留意事項**
>
> 「境界」と「越境」の確認は必須。ERでの「土壌調査」も必須。

13-2 土地―テナントに利用してもらうための留意点①

土地に関する主な留意事項：「境界」「越境」「土壌汚染」

図1：境界のイメージ

図2：越境のイメージ

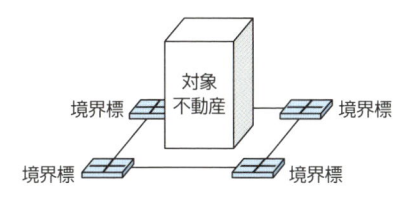

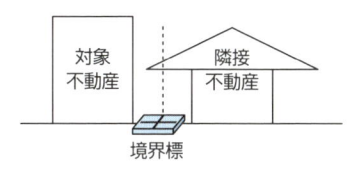

図3：土壌汚染のイメージ

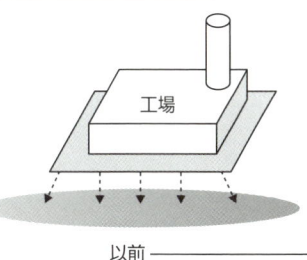

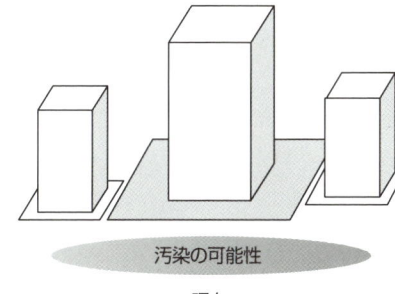

重要な専門用語

境界
➡隣地との境目（**民民境界**）。道路など官有地との境目は**官民境界**。

境界標（ポイント）
➡境界を示すために道路や隣地との境目に設置される金属プレートなど。

測量図
➡境界標を結んで示される対象地の面積を示した図面。測量士が作成。

境界確認書
➡境界標の場所及び測量図について隣地同士が合意した旨を示した書類。

越境
➡境界を跨いで何かが存在している状況。

土壌汚染
➡工場の排水や排煙などで土壌が汚染された状態。

エンジニアリングレポート（ER：Engineering Report）／エンジ
➡不動産の物理的な安全性を専門家が調査したレポート。

地歴（ちれき）
➡土地の使用履歴。地歴調査はエンジニアリングレポート調査の一部。

13-3 建物 —テナントに利用してもらうための留意点②

ここでは、建物をテナントに利用してもらうための留意事項を3点取り上げます。

まず、一つ目は、図1に示した「違法性」です。
違法な建物は、治癒しない限りテナントに利用してもらうことができませんので、違法性を満たした建物であるかどうかを確認することが必須です。
第一の確認事項は、違法性を満たした建物が検査機関から竣工時にもらえる**検査済証**の有無です。但し、竣工後に違法な増築が行われているケースもあるため、**エンジニアリングレポート（ER）**による定期検査報告書のチェックや現況調査も必須です。
なお、法律に違反していれば**違反建築物**ですが、竣工後に法律が改正されて適合しなくなった建物は**既存不適格建築物**と呼ばれ、現状のままの使用は許容されます。

二つ目は、図2及び図3に示した「耐震性」と「地震リスク」です。
これらに懸念があると、利用したいと思うテナントは少なくなります。
図2のとおり、1981年（6月）に施行された改正建築基準法以降の耐震基準が**新耐震基準**、それ以前の基準が**旧耐震基準**です。したがって、1983年頃までの建物は旧耐震の可能性があり、耐震補強がなされているか否か等の確認が必要です。
一方、地震による建物倒壊リスクは、建物の耐震性だけでなく、図3のとおり、①所在するエリア、②地盤や活断層の有無も、考慮する必要があります。これらを勘案したリスク指標が**PML**で、ERの必須調査項目となっています。

三つ目は、図4に示したアスベストやPCBなどの「有害物質」です。
有害物質が含まれている建物を利用したいと思うテナントは当然いないはずです。
アスベストとは、延焼を防ぐために建物の材料として用いられていたもので、ガンなどの原因となるものです。また、**PCB**とは、ポリ塩化ビフェニルという油状の人工物質で、従前、電気設備の中で用いられていたものです。いずれも、現在では使用が禁止され、既存のものは除外費用が必要になるため、事前の確認が必要です。

Point　建物の主な留意事項

ERでの「違法性」「耐震性・PML」「有害物質」に係る調査が必須。

13-3 建物―テナントに利用してもらうための留意点②

建物に関する主な留意事項：「遵法性」「耐震性・PML」「有害物質」

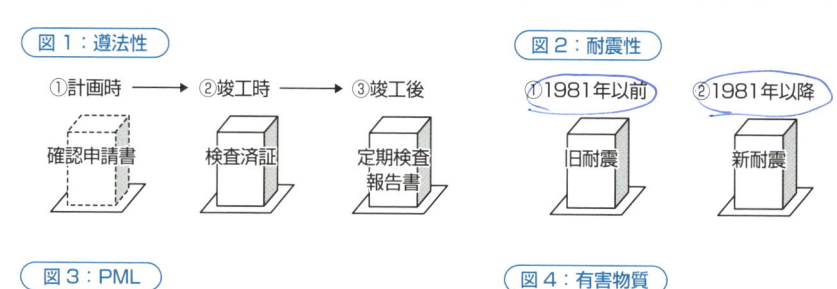

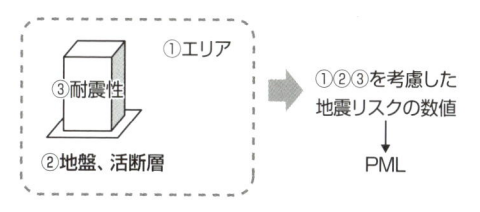

図1：遵法性
①計画時 → ②竣工時 → ③竣工後
確認申請書　　検査済証　　定期検査報告書

図2：耐震性
①1981年以前（旧耐震）　②1981年以降（新耐震）

図3：PML
①エリア
③耐震性
②地盤、活断層
→ ①②③を考慮した地震リスクの数値　PML

図4：有害物質
アスベスト　PCB

Technical term　重要な専門用語

遵法性
➡建物が法律を遵守しているか否かということ。

違法建築物
➡法律に違反している建物。

既存不適格建築物
➡法律改正の結果、現行の法律に適合していない建物。

検査済証（検済）
➡遵法性を満たして建てられたことを示す書面。役所等検査機関が発行。

エンジニアリングレポート（ER：Engineering Report）／エンジ
➡不動産の物理的な安全性を専門家が調査したレポート。

PML（Probable Maximum Lossの略でピー・エム・エル）
➡巨大地震で想定される建物の最大損失額を％で示した数値。

新耐震基準
➡1981年6月以降の建築基準法に基づく耐震基準。以前は**旧耐震基準**。

アスベスト
➡建物の天井や壁などに延焼防止で用いられていた有害物質。

PCB（ポリ塩化ビフェニルの英語名の略でピー・シー・ビー）
➡電気設備の中で用いられていた油状の人工的な有害物質。

13-4 賃貸借契約 ―テナントに利用してもらうための留意点③

　ここでは、「建物」をテナントに利用してもらうために必須となる賃貸借契約に係る留意事項を取り上げたいと思います。

　まず、賃貸借契約には図1に示すように、2つのタイプがあります。
　一つ目は、**普通借家契約**と呼ばれるタイプです。
　このタイプは、賃貸借の期間が定められているものの、通常は、テナントが望む限り、契約を更新することができるのが特徴です。期間満了時に両者が合意すれば、そのまま契約を更新することができます。実際には、賃貸人がテナントに出て行ってもらうためには、非常に難しく、テナントが強い立場にあるタイプです。
　二つ目は、**定期借家契約**と呼ばれるタイプです。
　このタイプは、賃貸借の期間が満了すると、そこでテナントは必ず退去しなければなりません。普通借家とは逆に、賃貸人が強い立場にある契約です。
　テナントが利用を継続したい場合には、賃貸人の合意を得て、新たな賃貸借契約書を締結する必要があります。

　次に、図2に示す「マスターリース」についてです。
　マスターリースとは、一括賃借のことで、複数の利用者（テナント）がいる場合に、ある一社がとりまとめて、賃貸借契約を締結することです。テナントの多い大型SC等の商業施設や賃貸マンション等でよく用いられています。
　この場合の、一社のことを**マスターレッシー（ML）**と呼び、複数の利用者のことを**エンドテナント**と呼びます。
　また、マスターレッシーがとりまとめはするものの、賃料はエンドテナントから支払われた額をそのまま支払う場合は、そのまま流すということで、**パススルー**型と呼びます。
　一方、固定賃料を支払う賃料保証型もあり、このタイプは、多くのケースで、**サブリース**型とも呼ばれています。

> **Point　賃貸借契約の主な留意事項**
>
> 「定借」「普通借」「マスターリース」といった用語の理解が必須。

13-4 賃貸借契約―テナントに利用してもらうための留意点③

賃貸借に関する主な留意事項:「普通借家」「定期借家」「マスターリース」

図1:普通借家と定期借家

①賃貸借契約(普通借家)の場合

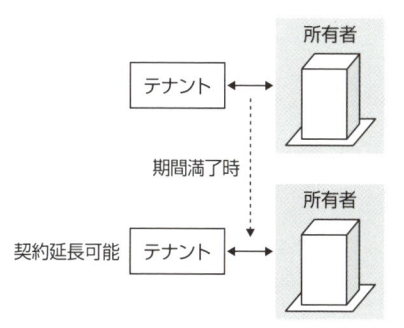

テナント ↔ 所有者

期間満了時

契約延長可能　テナント ↔ 所有者

②賃貸借契約(定期借家)の場合

テナント ↔ 所有者

期間満了時

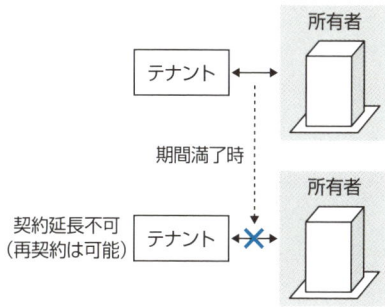

契約延長不可
(再契約は可能)　テナント ✕ 所有者

図2:マスターリースの2つの形態

①賃料保証型

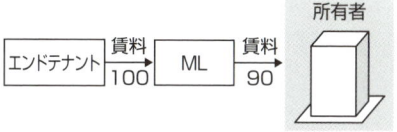

エンドテナント →賃料100→ ML →賃料90→ 所有者

②パススルー型

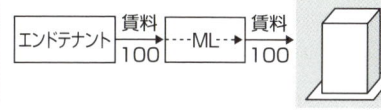

エンドテナント →賃料100→ ML →賃料100→ 所有者

重要な専門用語

普通借家契約(普通借)
　➡期間が満了しても更新可能な建物賃貸借契約。

定期借家契約(定借)
　➡期間が満了すると必ず終了する建物賃貸借契約。

マスターリース(ML:Master Lease)
　➡一括賃借のこと。

マスターレッシー(ML:Master Lessee)
　➡一括賃借人のこと。

エンドテナント(End Tenant)
　➡一括賃借人から転借している個々のテナントのこと。

パススルー(Pass Through)
　➡エンドテナントの賃料をそのままマスターレッシーが支払うこと。

サブリース(Sub Lease)
　➡賃料保証型の場合のマスターリースのこと。

13-5 レントロールと坪単価の概要

最後に、不動産投資で理解をしておく必須の業界用語として「坪」を取り上げます。

坪とは、畳2枚分に相当する広さと言われ、1㎡当たり0.3025坪に相当します（よく、1坪≒3.3㎡としても用いられますが、1㎡＝0.3025坪の方が正確です）。

したがって、100㎡を坪に変換するときには、100㎡×0.3025＝30.25坪で、30.25坪を㎡に変換するときには30.25坪÷0.3025＝100㎡と計算されます。

坪は、不動産業界で一般的に面積の単位として用いられ、各種**坪単価**が相場との比較において用いられています。

例えば、賃料であれば、月額賃料÷賃貸面積（坪）で算定される賃料坪単価が、また、売買価格であれば、売買価格÷賃貸可能面積（坪）で算定される坪単価が、他の不動産との比較において用いられます。

図のように、テナントの賃貸条件を一覧にした表（**レントロール**）では、必ず、㎡と合わせて坪が併記され、月額賃料（多くの場合、共益費も加えた共込賃料）÷賃貸面積（坪）で算定される賃料坪単価も記載されています。

図のケースでは、周辺の賃料相場（市場賃料）が、例えば、坪15000円であれば、相場に比べて割安、相場が7000円であれば割高ということになります。

ただし、**フリーレント**期間が設けられ、**実質賃料**が少なくなっているケースがありますので、その点も留意しておく必要があります。

また、「**一種いくら**」といった用語も相場比較でよく用いられます。

一種とは容積率100％のことで、土地単価の比較として用いられます。

つまり、坪200万円の土地で、その土地の容積率が200％であれば、一種100万円、例えば、容積率400％であれば、一種50万円となります。

> **Point　レントロールの留意事項**
>
> 賃料坪単価で相場との比較が重要。フリーレントなどを考慮した実質賃料に留意。

13-5 レントロールと坪単価の概要

投資対象不動産の基礎資料：レントロール

図：レントロールのイメージ

<単位：円>

階	テナント名	賃貸可能面積	賃貸面積	賃貸借期間	月額賃料	月額共益費	月額共込賃料	賃料(共込賃料)坪単価	保証金	備考
6	A	100㎡(30.25坪)	100㎡(30.25坪)	2014/4/1〜2016/3/31	302,500	30,250	332,750	11,000	3,025,000	
5	B	100㎡(30.25坪)	100㎡(30.25坪)	2014/4/1〜2016/3/31	302,500	30,250	332,750	11,000	3,025,000	
4	C	100㎡(30.25坪)	100㎡(30.25坪)	2014/4/1〜2016/3/31	302,500	30,250	332,750	11,000	3,025,000	
3	D	100㎡(30.25坪)	100㎡(30.25坪)	2014/4/1〜2016/3/31	302,500	30,250	332,750	11,000	3,025,000	
2	E	100㎡(30.25坪)	100㎡(30.25坪)	2014/4/1〜2016/3/31	302,500	30,250	332,750	11,000	3,025,000	
1	F	100㎡(30.25坪)	100㎡(30.25坪)	2014/4/1〜2016/3/31	302,500	30,250	332,750	11,000	3,025,000	
計		600㎡(181.50坪)	600㎡(181.50坪)		1,815,000	181,500	1,996,500	11,000	18,150,000	

Technical term 重要な専門用語

坪
➡ 不動産業界で用いられる面積の単位。1㎡＝0.3025坪。

坪単価
➡ 坪当たりの月額賃料や売買価格。周辺相場と比較するために使用。

レントロール (RR：Rent Roll)
➡ 収益物件のテナント名やその賃貸借条件を一覧にした表のこと。

フリーレント (FR：Free Rent)／レントホリデー (Rent Holiday)
➡ 賃料を一定期間免除すること。類似用語がレントホリデー。

実質賃料（実賃）
➡ 契約賃料月120万円でも年2ヶ月FRがあると、実質賃料は月100万円。

一種いくら
➡ 容積率100%当たりの土地単価。

コラム15 世界中のテナントに利用されている不動産

第1講で、不動産には世界中の投資家が投資しているという話をしました。

一方で、それらの投資家は、世界各国の不動産を投資の対象としていますが、その多くは各国の地元のテナントによっても利用されています。

したがって、各国ごとの独自の不動産ルールに留意することも必要です。

例えば、賃料相場を比較するのに、日本では、「月額賃料」÷「賃貸面積（坪）」での賃料単価が用いられるのが当たり前ですが、これは、あくまでローカル基準です。

英国では、「年額賃料」÷「賃貸面積（フィート）」での賃料単価が用いられますし、シンガポールでは、日本と同様、「月額賃料」が使われる一方で、それを「賃貸面積（フィート）」で割った賃料単価が用いられます。

さらに、台湾のように、日本と同様、「月額賃料」÷「賃貸面積（ping≒坪）」が賃料単価として用いられるものの、そもそも賃貸面積に共用部分が含まれている（日本では通常専有部分のみ）場合もあります。

各国ごとのローカルルールは、このような賃料相場比較の基準にとどまりません。

まず、権利関係で言えば、日本のように土地の完全所有権が認められず、使用権や借地が一般的な国もあったりします。

また、そもそも土地と建物を一体と見ている国も多くあり、日本のように底地のみを賃貸したり取引の対象にするという考え方が理解してもらえない国もあります。

さらに、日本のように2年間の賃貸借契約ではなく、オフィスでも10年、20年といった長期契約が当たり前の国もあったりします。

このように、不動産ファンドビジネスにおいては、各国のローカルな不動産慣行を理解しておくことも、ますます重要となっています。

> **Point クロスボーダー不動産取引における留意点**
>
> 投資の対象となる各国の不動産は、その多くが各国の地元のテナントによっても利用されているため、各国独自のローカル慣行の理解が必要。

講義形式でわかりやすい 不動産ファンドの教科書 Index

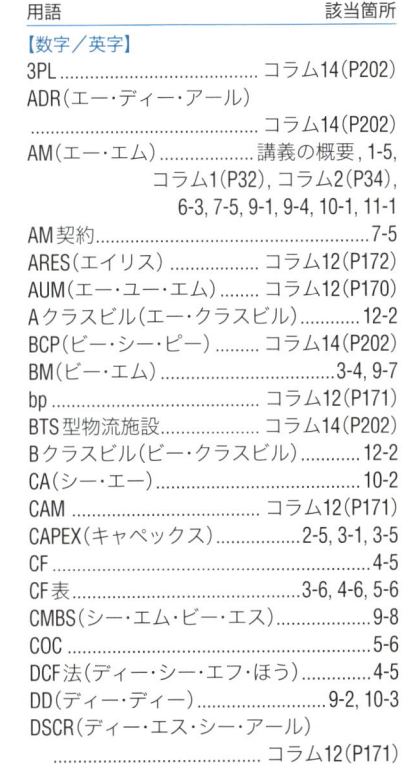

用語	該当箇所
【数字／英字】	
3PL	コラム14(P202)
ADR(エー・ディー・アール)	コラム14(P202)
AM(エー・エム)	講義の概要, 1-5, コラム1(P32), コラム2(P34), 6-3, 7-5, 9-1, 9-4, 10-1, 11-1
AM契約	7-5
ARES(エイリス)	コラム12(P172)
AUM(エー・ユー・エム)	コラム12(P170)
Aクラスビル(エー・クラスビル)	12-2
BCP(ビー・シー・ピー)	コラム14(P202)
BM(ビー・エム)	3-4, 9-7
bp	コラム12(P171)
BTS型物流施設	コラム14(P202)
Bクラスビル(ビー・クラスビル)	12-2
CA(シー・エー)	10-2
CAM	コラム12(P171)
CAPEX(キャペックス)	2-5, 3-1, 3-5
CF	4-5
CF表	3-6, 4-6, 5-6
CMBS(シー・エム・ビー・エス)	9-8
COC	5-6
DCF法(ディー・シー・エフ・ほう)	4-5
DD(ディー・ディー)	9-2, 10-3
DSCR(ディー・エス・シー・アール)	コラム12(P171)
EC	コラム14(P202)
ER(イー・アール)	9-3, 10-3, 13-2, 13-3
FM(エフ・エム)	コラム2(P34)
FOFs	コラム10(P134)
FR	13-5
FSA(エフ・エス・エー)	6-4, 11-2
GK(ジー・ケー)	7-2
GMS(ジー・エム・エス)	12-4
GP(ジー・ピー)	コラム1(P33)
GPIF(ジーピフ／ジー・ピー・アイ・エフ)	1-3
HNWI	1-7
IPO(アイ・ピー・オー)	11-4
IR	コラム14(P202)
IRR(アイ・アール・アール)	5-6
J-REIT(ジェイ・リート)	講義の概要, 7-4, 8-3, 8-5, 11-1, コラム13(P190)
LOI(エル・オー・アイ)	10-2
LP(エル・ピー)	コラム1(P33)
LTC(エル・ティー・シー)	5-4
LTP(エル・ティー・ピー)	5-4
LTV(エル・ティー・ヴィー)	5-4, 9-8, 10-4, 11-5
MICE(マイス)	コラム14(P202)
ML(エム・エル)	13-4
NAV(ナブ)	11-8
NAV倍率	11-8
NCF(エヌ・シー・エフ)	2-5, 3-1, 3-5, 6-1
NCF利回り	3-6, 5-2
NDA(エヌ・ディー・エー)	コラム12(P171)
NOI(エヌ・オー・アイ)	2-5, 3-1, 3-2, 3-5, 6-1
NOI利回り	3-6, 5-2
NRL	コラム6(P90), 9-8
PCB(ピー・シー・ビー)	13-3
PE(ピー・イー)	1-1, コラム1(P33)
PM(ピー・エム)	3-4, 9-3, 9-7, 10-7
PML(ピー・エム・エル)	13-3
PMレポート	9-7
PM会社	3-4, 9-3, 9-7, 10-7
PM報酬	3-4, 9-7
PO(ピー・オー)	11-6
PSA(ピー・エス・エー)	10-5
REIT(リート)	講義の概要, 1-1, 1-6, コラム1(P32), 2-1, 7-4
REITスキーム	7-4, 8-3, 8-4
REIT投信	1-7, コラム1(P33), コラム10(P134)

215

用語	該当箇所
RevPAR(レブパー)	コラム14(P202)
RR	10-2, 13-5
SC(エス・シー)	12-4
SPC(エス・ピー・シー)	コラム6(P90), 6-3, 7-1, 7-5, 11-3
SPE(エス・ピー・イー)	6-3
SPV(エス・ピー・ヴィー)	6-3
SWF	1-2
Sクラスビル(エス・クラスビル)	12-2
TBI(ティー・ビー・アイ)	コラム12(P171)
TK(ティー・ケー)	7-2, 7-6
TK-GKスキーム	コラム1(P33), 7-2, 8-1
TK出資持分	7-2, 9-1
TMK(ティー・エム・ケー)	7-3
TMKスキーム	コラム1(P32), 7-3, 8-2
UHNWI	1-7

【カタカナ】

用語	該当箇所
アクイジ	9-2, 10-6, 11-1
アクイジション	9-2, 10-6, 11-1
アクイジションフィー	9-4, 10-6, 11-6
アズイズ	コラム12(P172)
アスキング	コラム12(P171)
アスベスト	13-3
アセット	2-4
アセットアロケーション	1-2
アセット・マネジメント[狭義]	9-2, 10-7, 11-1
アセットマネジメント[広義]	9-1
アセットマネジメント会社	コラム2(P34)
アセットマネジメント契約	7-5
アセットマネジメントフィー	9-4, 10-7, 11-6
アセットマネジャー	コラム2(P34)
アセマネ	コラム2(P34),9-2,10-7,11-1
アモチ	10-4
アモチゼーション	10-4
アンカーテナント	12-4
イールドギャップ	5-2, 5-3, 5-5, 9-8
イールドスプレッド	5-2, 5-3, 5-5, 9-8
インカムゲイン	2-6, 3-1, 3-5, 4-1, 4-3
インカムリターン	2-6, 4-1, 4-2, 4-3
インセンティブフィー	9-4, 10-8
インフラ資産	1-1
インフレ	2-6
インフレーション	2-6
インフレヘッジ	2-6
ウォーターフォール	コラム12(P171)
ウルトラハイネットワース	1-7
エクイティ	2-4

用語	該当箇所
エクスクルーシブ	10-2
エンジ	9-3, 10-3, 13-2,13-3
エンジニアリングレポート	9-3, 10-3, 13-2,13-3
エンドテナント	13-4
オープンエンドファンド	8-5
オープンビッド	コラム12(P171)
オフィスビル	12-1, 12-2
オペレーショナルアセット	10-3, 12-5
オペレーター	12-5
オポ	10-1
オポチュニスティック	10-1
オポチュニティ	10-1
オルタナティブアセット	1-1
オルタナティブ投資	1-1
キーテナント	12-4
キャッシュ・オン・キャッシュ	5-6
キャッシュフロー	4-5
キャッシュフロープロジェクション	3-6, 4-6, 5-6
キャップレート	4-4
キャップレートコンプレッション	コラム12(P170)
キャピタルゲイン	4-1, 4-2
キャピタルリターン	4-2
キャピタルロス	4-1, 4-2
クロージング	9-2, 10-6
クローズドエンドファンド	8-5
クローズドビッド	コラム12(P170)
グロス	コラム4(P62)
グロス収入	3-2, コラム4(P62)
グロス利回り	3-6, コラム4(P62)
コア	10-1
コアプラス	10-1
コベナンツ	10-4
コミングルファンド	1-5
コンプス	コラム12(P171)
コンフリクト	9-5
サブリース	13-4
サ高住(さこうじゅう)	コラム14(P202)
シールドビッド	コラム12(P170)
シニア	12-5
シニアレンダー	コラム7(P91)
シニアローン	コラム7(P91)
シングルタイプ	12-3
スキーム	コラム1(P32)
スタッキングプラン	コラム12(P171)
ストラクチャー	コラム1(P32)
スプレッド	10-4

Index

用語	該当箇所
スポンサー	9-4, 11-2
セイムボート	コラム12(P170)
セール＆リースバック	コラム12(P172)
セパレートアカウント	1-5
セラーズエージェント	コラム12(P171)
ソーシング	9-2, 10-2
ソブリン・ウェルス・ファンド	1-2
タームシート	10-4
タックス・オピニオン	10-6
ディスポジ	9-2, 10-8, 11-1
ディスポジション	9-2, 10-8, 11-1
ディスポジションフィー	9-4, 10-8, 11-6
デット	2-4
テナント	講義の概要, 2-5, 3-1, 3-3, 12-1, 13-1
デベ	9-3, 9-5
デベロッパー	9-3, 9-5
デューデリ	9-2, 10-3
デューデリジェンス	9-2, 10-3
トータルリターン	4-2
ドキュメン	9-2, 10-5
ドキュメンテーション	9-2, 10-5
トラックレコード	コラム12(P170)
ネット	コラム4(P62)
ネット収入	2-5, 3-1, 3-2, 3-5, コラム4(P62), 4-3, 5-1, 6-1
ネット利回り	3-6, コラム4(P62), 4-3, 5-2, 5-3
ノンリコ	コラム6(P90), 9-8
ノンリコースローン	コラム6(P90), 9-8
ハイエンドタイプ	12-3
ハイネットワース	1-7
ハイレバ	5-4
パススルー	13-4
パッケージ	コラム12(P171)
バリューアッド	10-1
バルク	コラム12(P170)
ファミリーオフィス	1-7
ファミリータイプ	12-3
ファンド	講義の概要, 1-2, コラム1(P32), コラム8(P106), 7-1
ファンド・オブ・ファンズ	コラム10(P134)
ファンドマネジメント会社	コラム2(P34)
ファンドマネジャー	コラム2(P34)
ファンドレイズ	コラム12(P170)
ファンマネ	コラム2(P34)
プライベートエクイティ	1-1, コラム1(P33)

用語	該当箇所
フリーレント	13-5
ブリッジファンド	11-3
フルエク	コラム12(P171)
フルエクイティ	コラム12(P171)
ブレット	10-4
ブローカー	9-3, 9-6
プロジェクション	3-6, 4-6, 5-6
プロジェクト契約	10-5
プロパティマネジメント	3-4, 9-7
プロパティマネジメントフィー	3-4, 9-7
プロパティマネジメント会社	3-4, 9-3, 9-7, 10-7
プロラタ	コラム12(P171)
プロ契(ぷろけい)	10-5
ベーシス	コラム12(P171)
ベーシス・ポイント	コラム12(P171)
ベースレート	10-4
ヘッジファンド	1-1
ヘルスケア施設	12-5
ペンション・ファンド	1-3
ポイント	13-2
ホテル	12-5
ボラ	10-1
ボラティリティ	10-1
ボロワー	5-1, 5-4, 6-1, 9-3, 9-8, 10-4
マーケットレポート	10-3
マスターリース	13-4
マスターレッシー	13-4
マルチプル	コラム12(P170)
マンデート	コラム12(P171)
メザニン	コラム7(P91)
メザニンレンダー	コラム7(P91)
メザニンローン	コラム7(P91)
メズ	コラム7(P91)
モール	12-4
リーガル	10-5
リーガル・オピニオン	10-6
リーガルカウンセル	10-5
リーシング	3-4
リート	講義の概要, 1-1, 1-6, 2-1, 7-4
リコースローン	コラム6(P90), 9-8
リスク	コラム3(P48)
リスクフリーレート	4-4
リスクプレミアム	4-4
リターン	コラム3(P48)
リテール	12-1, 12-4
リファイ	5-3, 10-8, 11-6
リファイナンス	5-3, 10-8, 11-6
レジ	12-1, 12-3

用語	該当箇所
レバ	5-1
レバレッジ	5-1
レバレッジ効果	5-1, 5-5
レプワラ	コラム12(P172)
レンダー	5-1, 5-4, 6-1, 9-3, 9-8, 10-4
レントグロース	コラム12(P170)
レントロール	10-2, 13-5
ロールアップ	コラム12(P171)
ローレバ	5-4
ロジ	12-1, 12-5

【漢字】

用語	該当箇所
相対(あいたい)	コラム12(P171)
委託者	6-6
違法建築物	13-3
一口当たり分配金	11-7
一種いくら	13-5
一般事務受託者	11-3
一般社団法人	7-7
一般投資家	1-5
売上歩合賃料	12-4
売渡(うりわたし)	10-2
売渡承諾書	10-2
運用会社	コラム2(P34)
運用報酬	9-4, 10-7, 11-6
営業者	コラム1(P33), 7-2
越境	13-2
買付(かいつけ)	10-2
買付証明書	10-2
外部運用型REIT	1-6, コラム1(P32)
格付け	2-3, 11-5
格付会社	2-3, 11-5
核テナント	12-4
貸付実行前提条件	10-6
稼働率	3-6,12-2
株式	2-4, 6-2
株式投信	コラム10(P134)
株主	2-4, 6-2
完全所有権	13-1
官民境界	13-2
還元利回り	4-4
間接金融	2-3
間接不動産投資	6-3
企業年金	1-3
既存不適格建築物	13-3
期待利回り	4-3
機関投資家	1-5, 8-1
逆レバ	5-3
旧耐震基準	13-3

用語	該当箇所
共益費	3-3
共込み(きょうこみ)賃料	3-3
共有	13-1
境界	13-2
境界確認書	13-2
境界標	13-2
業者	9-3, 9-6
金商法(きんしょうほう)	6-4, 7-5, 9-6, 11-2
金消(きんしょう)	10-5
金銭消費貸借契約	10-5
金融商品取引業	6-4, 7-5
金融商品取引業者	6-4, 7-5
金融商品取引法	6-4, 7-5, 9-6, 11-2
金融庁	6-4, 11-2
区分所有建物	13-1
空室率	3-6, 12-2
検査済証	13-3
検済(けんずみ)	13-3
減価償却費	3-5, コラム5(P76), 11-7
現在価値	4-5
現物(げんぶつ)	6-5, 7-3, 8-2
現物不動産	6-5, 7-3, 8-2
固都税(ことぜい)	3-4
公社債投信	コラム10(P134)
公的年金	1-3
公認会計士	コラム11(P152)
公募	11-6, コラム13(P190)
公募ファンド	8-3
更新料	12-3
購入意向表明書	10-2
郊外型商業施設	12-4
合同会社	コラム1(P33), 7-2
国交省(こっこうしょう)	6-4, 11-2
国債	2-2
国土交通省	6-4, 11-2
債券	2-2
財務局	7-3
指図権	10-7
敷引(しきびき)	12-3
敷金	12-3
司法書士	コラム11(P152)
私募	11-6, コラム13(P190)
私募REIT	講義の概要, 8-4, 8-5, コラム13(P190)
私募ファンド	講義の概要, 8-1, 8-2, 8-5, 11-1, コラム13(P190)
私募取り(しぼとり)	コラム12(P172)
私募不動産ファンド	講義の概要, 8-1, 8-2, 8-5, 11-1, コラム13(P190)

Index

用語	該当箇所
資産の流動化に関する法律	7-3
資産運用会社	講義の概要, 1-5, コラム1(P32), コラム2(P34), 6-3, 7-5, 9-1, 9-4, 10-1, 11-1
資産管理会社	1-7
資産保管会社	11-3
資産流動化計画	7-3
資産流動化法	7-3
資本的支出	2-5, 3-1, 3-5, コラム5(P76)
事業継続計画	コラム14(P202)
時価総額	11-8
実質利回り	3-6, 4-3, 5-2, 5-3
社債	2-3, 11-5
借地権	13-1
借地権者	13-1
借地権付建物	13-1
主幹事証券会社	11-4
主要3区	12-1
主要5区	12-1
取得原価	4-6, コラム5(P76)
取得報酬	9-4, 10-6, 11-6
受益権	6-5, 6-6, 7-2, 8-1
受益者	コラム1(P33), 6-6
受託	9-3, 10-7
受託者	コラム1(P33), 6-6, 9-3, 10-7
収益還元法	4-4
収益物件	2-5, 6-2, 12-1, 13-1
住宅	12-1, 12-3
重説(じゅうせつ)	コラム12(P172)
純収益	2-5, 3-1, 3-5, 4-3, 5-1, 6-1
遵法性	13-3
処分報酬	9-4, 10-8, 11-6
償却後利益	3-5, 11-7
償却後利回り	11-7
商業施設	12-1, 12-4
証券取引所	1-6, 4-1, 8-3, 11-4
上場	11-4
信託	コラム1(P33), 6-6
信託銀行	コラム1(P33), 6-5
信託財産	6-6
信託受益権	6-6
信託配当	6-5
信託報酬	6-5
新耐震基準	13-3
政府系ファンド	1-2
正のレバレッジ効果	5-2
生命保険	1-4
生命保険会社	1-4
税務意見書	10-6

用語	該当箇所
税理士	コラム11(P152)
前提条件	10-6
総支出	3-2
総収入	3-2
測量図	13-2
底地	13-1
損害保険	1-4
損害保険会社	1-4
損金算入	7-6
代替資産	1-1
代替投資	1-1
第二種金融商品取引業	9-6
宅建業法(たっけんぎょうほう)	6-4, 9-6, 11-2
宅地建物取引業	6-4, 9-6
宅地建物取引業者	6-4, 9-6
宅地建物取引業法	6-4, 9-6, 11-2
担保掛目	5-4, 9-8, 10-4, 11-5
地代	13-1
地歴(ちれき)	13-2
仲介手数料	9-6
超富裕層	1-7
直還(ちょっかん)	4-4
直接還元法	4-4
直接還元利回り	4-4
直接金融	2-3
直接不動産投資	6-1
賃契(ちんけい)	コラム12(P172)
賃貸マンション	12-1, 12-3
賃貸借契約書	3-3
賃料	2-5, 3-1, 3-3
賃料単価	12-2
坪	13-5
坪単価	13-5
定款	7-7
定期借家契約	13-4
出口	コラム12(P170)
出口戦略	コラム12(P170)
定借(ていしゃく)	13-4
伝統的資産	1-1
都市型商業施設	12-4
都心3区	12-1
都心5区	12-1
土壌汚染	13-2
倒産隔離	コラム6(P90)
投資運用業	7-5
投資口	7-4, 8-3, 9-1, 11-4
投資口価格	8-3
投資主	7-4

用語	該当箇所
投資助言業	7-5
投資証券	7-4, 8-3, 9-1, 11-4
投資信託	講義の概要, コラム10(P134)
投資信託及び投資法人に関する法律	7-4, コラム10(P134), 11-2, 11-3
投資法人	7-4, 11-3
投資法人債	8-3, 11-5
投信法	7-4, コラム10(P134), 11-2, 11-3
導管性要件	7-6
取引利回り	4-3
匿名組合	コラム1(P33), 7-2, 7-6
匿名組合員	コラム1(P33), 7-2
匿名組合契約	7-2
匿名組合事業	7-2
匿名組合出資持分	7-2, 9-1
特定社債	8-2
特定目的会社	7-3
特別目的会社	6-3, 7-1, 7-5, 11-3
鳥かご	コラム12(P171)
内部運用型REIT	1-6, コラム1(P32)
内部留保	6-2
二重課税の回避	コラム8(P106)
年金	1-3
年金ファンド	1-3
年金基金	1-3
配当	2-4, 6-2
売契(ばいけい)	コラム12(P172)
表面利回り	3-6
含み益	コラム5(P76),11-8
含み損	コラム5(P76),11-8
不動産	2-5, 13-1
不動産ファンド	講義の概要, 1-1, 1-6, コラム1(P32), 2-1, 2-3, 6-3, 7-1, 8-5, 9-5
不動産ファンド運用会社	1-5, コラム2(P34)
不動産運用会社	1-5, コラム2(P34)
不動産鑑定士	コラム11(P152)
不動産鑑定評価額	コラム5(P76), 8-4, 11-8
不動産鑑定評価書	3-2, 9-3, 10-3
不動産証券化商品	9-1
不動産信託受益権	6-5, 6-6, 7-2, 8-1
不動産仲介会社	9-3, 9-6
不動産投資信託	講義の概要, 1-1, 1-6, 2-1, 7-4
不動産特定共同事業	コラム9(P122)
不動産特定共同事業者	コラム9(P122)
不動産特定共同事業法	コラム9(P122), 8-1
不動産売却損益	4-6
不動産売買損益	4-6

用語	該当箇所
不動産簿価	4-6, コラム5(P76), 11-8
不動産利回り	5-2, 5-3
不特法(ふとくほう)	コラム9(P122), 8-1
富裕層	1-7
普通借(ふつうしゃく)	13-4
普通借家契約	13-4
負のレバレッジ効果	5-3
物流施設	12-1, 12-5
分散投資効果	2-6, 11-5
分配金	6-3, 7-6, 11-7
分配金利回り	11-7
弁護士	コラム11(P152)
保険	1-4
保険会社	1-4
簿価	4-6, コラム5(P76), 11-8
法人税	1-6, 6-2
法律意見書	10-6
満室想定収入	3-6
民民境界	13-2
目論見書	11-4
優先エクイティ	コラム7(P91)
優先出資	7-3, 8-2, 9-1
優先出資社員	7-3
優先出資証券	7-3, 8-2, 9-1
優先劣後	コラム12(P171)
有価証券	6-4
有限責任	コラム6(P90)
預金	2-1
利ざや	2-1
礼金	12-3
劣後エクイティ	コラム7(P91)
老人ホーム	12-5
割引率	4-5

> おわりに

― 今後の不動産ファンド ―

　本講義で説明した不動産ファンドの5つの構成要素のうち、今後の不動産ファンドを考える上で特に重要なのは、①投資家と⑤テナントです。

不動産ファンドの5つの構成要素（番号は本書で説明した順番）

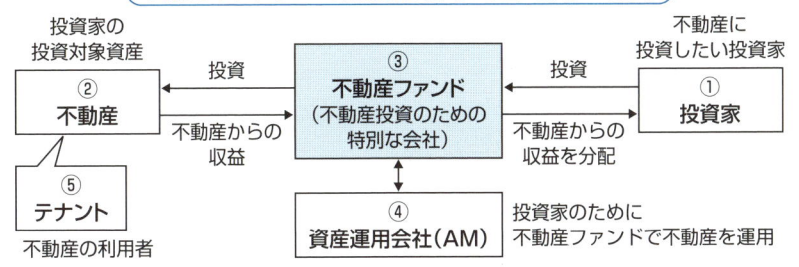

```
投資家の                                              不動産に
投資対象資産      投資                      投資      投資したい投資家
   ②        ←――――    ③不動産ファンド    ←――――      ①
  不動産          (不動産投資のための              投資家
            不動産からの   特別な会社)    不動産からの
   │         収益                      収益を分配
   ⑤                    ↕
 テナント              ④資産運用会社(AM)      投資家のために
不動産の利用者                              不動産ファンドで不動産を運用
```

1. 投資家（①）の需要

　まず、不動産を買いたい投資家としては、第1講で説明したように、世界各国の政府系ファンド、年金基金、保険会社、資産運用会社、REITなどが挙げられます。特に、REITにはREIT投信などを通じて多くの個人資金も流入しています。

　したがって、「石油収入や外貨が増える」「年金や保険金を支払う人が増える」「投資に向かう個人資金が増える」、あるいは、第2講で説明した預金・債券・株式といった伝統的資産から「不動産への投資割合（アロケーション）が増える」といった事情があると、不動産に向かう資金が増える、つまり、投資家は増加します。

2. テナント（⑤）の需要

　一方、不動産を利用したいテナントとしては、第12講で説明したように、人が働く場所として利用する会社、人が住む場所として利用する個人、商売をする場所として利用する小売業者などが挙げられます。

　つまり、人が増えれば、不動産を利用したいテナントは必然的に増えます。

　但し、「単純な人口増」だけでなく、「都市部への移動」「家族の細分化」「再開発による集客」「観光客の増加」といったことでも、不動産を利用する人が増える、つまり、その場所で不動産を利用したいテナントは増加します。

3. 不動産（②）の供給

第3講及び第4講で説明したとおり、不動産（収益物件）の価格は下記の基本式（収益還元法）で決まってきます。

$$\frac{純収益 \uparrow \downarrow}{期待利回り（還元利回り） \downarrow \uparrow} = 不動産価格 \uparrow \downarrow$$

つまり、不動産を買いたい投資家が増えると、低い期待利回りでも我慢して、より高い金額を提示しないと買えませんので、不動産価格は上がっていきます。

また、不動産を利用したいテナントが増えると、より高い利用料（賃料）を提示しないと利用できませんので、純収益が増え、不動産価格は上がっていきます。

これに、第5講で説明したレバレッジ効果が得られるような環境があれば、さらに不動産価格が上がる要因が増えることになります。

但し、買いたい投資家以上に、不動産の供給があると、競争の必要はなく価格は上がりません。さらに、利用したいテナント以上に、不動産の供給があると、競争の必要はなく賃料も上がりません。ですから、不動産の供給量には留意が必要です。

4. 不動産ファンド（③）と資産運用会社（④）の役割

不動産を買いたい投資家と、不動産を利用したいテナントの需要があれば、不動産（収益物件）が供給され、結果、投資家と不動産を結びつけるツールとして「不動産ファンド」が必要とされるのは第6講で説明したとおりです。

現在、日本では、第7講及び第8講で説明した3つの「不動産ファンド」があり、国内外の投資家資金と主に国内不動産とを結びつけています。特に、アベノミクス効果や2020年東京オリンピック開催などにより、様々なテナント需要が高まることが想定され、日本不動産への注目が高まっていることは周知のとおりです。

さらに、海外に展開する企業も増加傾向で、海外不動産にも日本企業によるテナント需要が生まれてきている状況があります。第13講のコラムでも取り上げたようにテナントは世界中に存在し、今後は、魅力的な海外不動産と国内投資家資金を結びつける新たな不動産ファンドの仕組みも出てくるかも知れません。

つまり、不動産ファンドを活用して、投資家資金と不動産を結びつける役割を担っている資産運用会社（AM）、同じく、第9講から第11講で取り上げた関連する様々なプレイヤーにも、多くのビジネス機会が広がっていると言えるでしょう。

2014年8月

脇本　和也

【著者紹介】

脇本　和也（わきもと　かずや）

1970年生まれ。岡山県出身。92年早稲田大学法学部卒業。同年三井信託銀行（現三井住友信託銀行）入社後、大阪不動産部、横浜駅西口支店で主に土地信託、有効利用コンサル、仲介業務を担当。01年6月より米国クレアモント大学院大学ドラッカー・スクールへ留学。03年5月に帰国後、不動産信託受託のほか、REITの組成サポート、不動産流動化コンサル、私募ファンドアレンジメント、REITのM&Aコンサル、海外投資家による本邦不動産投資サポートなど不動産ファンドに関連する様々な業務を担当。11年から12年には、業務の傍ら、大阪電気通信大学金融経済学部アセットマネジメント学科客員教授として「不動産投資特論」の講義を担当。現在は、三井住友信託銀行グローバル不動産業務部業務推進チーム長として、クロスボーダー不動産取引業務の企画推進を統括担当している。
不動産鑑定士、MBA（Drucker School of Management at Claremont Graduate University）、社団法人不動産証券化協会認定マスター

【著書】
「図解入門ビジネス不動産ファンドがよ～くわかる本（秀和システム、2006年）」
「図解入門ビジネスJ-REITの基本と仕組みがよ～くわかる本（秀和システム、2008年）」
「図解入門ビジネス不動産ファンドがよ～くわかる本［第2版］（秀和システム、2010年）」
「図解事典英語で学ぶ不動産ビジネス（共著、秀和シテム、2011年）」

講義形式でわかりやすい
不動産ファンドの教科書

発行日　2014年 9月 1日　　　第1版第1刷

著 者　脇本　和也

発行者　斉藤　和邦
発行所　株式会社 秀和システム
　　　　〒107-0062　東京都港区南青山1-26-1 寿光ビル5F
　　　　Tel 03-3470-4947（販売）
　　　　Fax 03-3405-7538

印刷所　三松堂印刷株式会社　　　Printed in Japan

ISBN978-4-7980-4171-1 C2034

定価はカバーに表示してあります。
乱丁本・落丁本はお取りかえいたします。
本書に関するご質問については、ご質問の内容と住所、氏名、電話番号を明記のうえ、当社編集部宛FAXまたは書面にてお送りください。お電話によるご質問は受け付けておりませんのであらかじめご了承ください。